浙江省哲学社会科学规划
后期资助课题成果文库

马克思的哲学革命及其时代价值

——《关于费尔巴哈的提纲》理解史的研究

潘惠香　著

U0330360

中山大学出版社
SUN YAT-SEN UNIVERSITY PRESS

· 广州 ·

图书在版编目（CIP）数据

马克思的哲学革命及其时代价值：《关于费尔巴哈的提纲》理解史的研究/潘惠香著 . —广州：中山大学出版社，2021.4

ISBN 978 - 7 - 306 - 07187 - 3

Ⅰ. ①马…　Ⅱ. ①潘…　Ⅲ. ①马克思主义哲学—研究 ②费尔巴哈，L. A.（1804～1872）—哲学思想—研究　Ⅳ. ①B0 - 0 ②B516.36

中国版本图书馆 CIP 数据核字（2020）第 067309 号

MAKESI DE ZHEXUE GEMING JIQI SHIDAI JIAZHI

出 版 人：	王天琪
策划编辑：	潘惠虹
责任编辑：	潘惠虹
封面设计：	曾　斌
责任校对：	姜星宇
责任技编：	何雅涛

出版发行：中山大学出版社

电　　话：编辑部 020 - 84110283，84113349，84111997，84110779，84110776

　　　　　　发行部 020 - 84111998，84111981，84111160

地　　址：广州市新港西路 135 号

邮　　编：510275　传　　真：020 - 84036565

网　　址：http：//www. zsup. com. cn　E-mail：zdcbs@ mail. sysu. edu. cn

印 刷 者：佛山市浩文彩色印刷有限公司

规　　格：787mm×1092mm　1/16　17. 25 印张　300 千字

版次印次：2021 年 4 月第 1 版　2021 年 4 月第 1 次印刷

定　　价：40. 00 元

目　　录

绪　论 ……………………………………………………………… 1

一、文本理解视野 ……………………………………………… 2

二、思想史视野 ………………………………………………… 3

三、解释学视野 ………………………………………………… 3

四、价值观视野 ………………………………………………… 8

第一章　传统马克思主义视域中的《提纲》 ……………… 10

一、《提纲》的写作及发表 ………………………………… 11

二、恩格斯对《提纲》的理解 ……………………………… 18

三、从普列汉诺夫到哲学教科书对《提纲》的理解 ……… 36

四、小结 ………………………………………………………… 52

第二章　第二国际理论家视域中的《提纲》 ……………… 64

一、梅林对《提纲》的理解及其影响 ……………………… 65

二、其他第二国际理论家对《提纲》的态度 ……………… 75

三、小结 ………………………………………………………… 84

第三章　国外马克思主义视域中的《提纲》 ……………… 90

一、国外马克思主义对《提纲》的关注 …………………… 91

二、国外马克思主义对《提纲》的理解 …………………… 95

三、小结 ………………………………………………………… 120

第四章　我国"反思哲学"时期的《提纲》 ……………… 132

一、"反思哲学"前期对《提纲》的重视和理解 ………… 133

二、"反思哲学"中后期对《提纲》的疏远 ……………… 154

三、新时代对《提纲》的再度关注 ················· 164

四、小结 ·· 176

第五章 《提纲》在马克思思想中实现的变革及时代价值 ·········· 188

一、终结"哲学",转变研究立场 ················· 189

二、清算最后的"哲学信仰",创立"新唯物主义"世界观 ······ 206

三、《提纲》的时代价值 ·························· 246

参考文献 ··· 255

后 记 ·· 271

绪　论

　　被恩格斯誉为"包含着新世界观的天才萌芽的第一个文献"①,《关于费尔巴哈的提纲》（以下简称《提纲》）是马克思 1845 年春在布鲁塞尔重读了费尔巴哈的著作后，意识到自己的世界观与包括费尔巴哈的思想在内的旧唯物主义思想有本质的区别而在笔记本上写下的供进一步研究用的提纲。马克思当初写《提纲》时并没有打算把它发表，他把手稿记录在1844—1847 年的笔记本中，标题为《1. 关于费尔巴哈》。

　　马克思在世时，《提纲》一直没有公开过。马克思逝世后，恩格斯在整理马克思的遗物时发现了这一提纲，并把它作为他的《路德维希·费尔巴哈和德国古典哲学的终结》1888 年单行本的附录第一次公开发表。为了能让读者更容易理解，恩格斯还对这篇《提纲》进行了一些文字上的修改，并把它命名为《马克思论费尔巴哈》。而《关于费尔巴哈的提纲》这一标题是苏共中央马列主义研究院在发表它时根据恩格斯的《路德维希·费尔巴哈和德国古典哲学的终结》的序言加上的。自《提纲》发表以来，正如恩格斯所言，《提纲》"作为包含着新世界观的天才萌芽的第一个文献，是非常宝贵的"②，因而其理论意义和历史地位一直是国内外学术界研究和争论的重要问题。

　　130 多年来，研究《提纲》的论著已无以计数，国内外的马克思主义研究者从不同立场、角度先后以不同的研究方法探索这个问题，以期解开"新世界观"之谜，澄明马克思的哲学革命。然而，正如一千个读者读《红楼梦》，就有一千个林黛玉一样，不同的读者立足于不同的视野考察《提纲》，就会得出不同的理解。从《提纲》公开发表至今，这 130 多年的历史里已经形成了多少种理解？对《提纲》的诸种理解应做出何种评

---

① 《马克思恩格斯选集（第 4 卷）》，人民出版社 2012 年版，第 219 页。
② 《马克思恩格斯选集（第 4 卷）》，人民出版社 2012 年版，第 219 页。

价？以什么标准评价？各种理解与对马克思主义哲学的理解之间有什么关系？这些理解是否解开了"新世界观"之谜，是否澄清了马克思的哲学革命的实质？对这些问题的研究和解答不仅能够梳理哲学界130多年来研究《提纲》的成果，彰显《提纲》在哲学史上的地位和理论价值，还能澄清学界对马克思哲学革命的各种曲解，推进马克思主义哲学理论研究的发展。基于此，笔者按时间先后顺序和学派关系，认真翔实地考察了自恩格斯发表《提纲》以来的传统马克思主义、第二国际理论家、国外马克思主义和我国"反思哲学"时期的学者对《提纲》的理解，以期重新解读马克思的哲学革命。

要考察《提纲》的理解史，首先要解决的重要问题是以什么视野来考察的方法论问题。从某种意义上说，对《提纲》的理解离不开对马克思主义哲学的理解。为全面翔实地把握学术界对《提纲》的理解，笔者试图以文本理解视野、思想史视野、解释学视野、价值观视野等①多维视角来考察学界对《提纲》和马克思主义哲学的理解。

一、文本理解视野

此视野是研究马克思主义哲学最基础的视野，要研究和理解马克思主义哲学就必须去阅读他们的文本，把握他们在文本中所传达的思想。

以文本理解视野考察马克思、恩格斯等人的著作时必须弄清：他们是在何时、何地、何种历史条件下针对什么而说，文本的意义是什么等客观问题。只有弄清楚这些内容，才能把握他们在文本中所传达的真实思想。如果缺乏此视野，根本无法弄清马克思主义哲学是什么，就更不可能正确理解马克思主义哲学。本书正是基于这种视野客观地介绍传统马克思主义、第二国际理论家、国外马克思主义和我国"反思哲学"时期的学者对《提纲》的著作和思想的理解，客观全面地展示《提纲》在被理解中的各种命运。

---

① 王金福：《马克思主义研究中的多维视野》，载《哲学研究》2005年第3期，第3-7页。

二、思想史视野

要追问"什么是马克思主义哲学"的问题，就必须进入思想史的视野。以思想史视野研究马克思主义哲学就是要从马克思、恩格斯等人的思想发展的历史中把握马克思主义哲学，不仅要把马克思主义哲学当作随着历史时代的发展而发展着的思想体系，还要把马克思的思想当作发展着的思想来研究。所以，以此视野研究马克思主义哲学就要考察：马克思是否就是作为马克思主义者的马克思，马克思的思想是否就是马克思主义的思想，马克思的全部思想是否具有同质性等问题。

基于此视野的研究，我们会看到在马克思的思想发展中存在着"两个马克思"的事实：马克思主义者的马克思和非马克思主义者的马克思。当我们讲马克思的时候，我们通常是指作为马克思主义者的马克思。但马克思并不是生来就是马克思主义者的马克思，也并非在其思想发展的任何阶段都是马克思主义者的马克思。只有在思想史的视野中研究马克思思想的全部发展，区分马克思思想发展中的前马克思主义时期和后马克思主义时期，我们才能在宏观的、历史的尺度上解决理解马克思主义哲学的文本依据是什么的问题。缺乏思想史的视野，就会把马克思视为马克思主义者的马克思，把马克思的所有著作直接视为马克思主义的著作，从而把马克思受别的思想家影响的思想（马克思"从前的哲学信仰"）直接理解为马克思主义哲学的思想，例如，把马克思曾经有过的理想主义、黑格尔主义、费尔巴哈的人本主义、"超越"的思想当作真正的马克思主义哲学思想。马克思主义哲学理解史上存在的对马克思主义哲学的"人道主义"理解、"类哲学"理解、超越的"实践哲学"理解，这些理解就是以马克思的非马克思主义时期的著作（其中最主要的是《1844年经济学哲学手稿》）为基本依据的。

三、解释学视野

解决了"什么是马克思主义哲学"的问题后是否就正确理解了马克思主义哲学？纵观130多年的马克思主义哲学理解史，我们发现"马克思主义哲学"在不同人的理解中有着诸多的差异。传统马克思主义认为马克思主义哲学的实质是辩证唯物主义或辩证唯物主义和历史唯物主义；"西方马克思主义"认为马克思创立的新唯物主义的实质是"实践唯物主义"或狭义的"历史唯物主义"；我国"反思哲学"时期有人认为马克思的新哲学的实质不是唯物主义，而是超越了唯物主义和唯心主义对立的"实践哲学"，也有人认为马克思的哲学是一种"人道主义"，但有不少人却认为马克思在理论上是反人道主义的；等等。如何看待马克思主义哲学理解史上的这种多样性？这就必须对各种理解本身进行研究和反思。反思马克思主义哲学的理解和研究，就进入了解释学的视野。

所谓"解释学（Hermeneutics，又译诠释学、阐释学、释义学），是一门以理解为对象的特殊学科，可以简单地规定为对理解的理解"[①]。此学科是以理解为自己的特殊研究对象，主要研究理解的目的、理解的主体、理解的对象、理解的条件、理解的性质、理解的方法等问题。通过对这些问题的研究，帮助人们克服在理解过程中出现的理解的自我遗忘，以保持清醒的解释学意识。以正确的解释学意识来理解马克思主义哲学史，将有助于正确理解《提纲》。以此视野来考察马克思主义哲学史，就要研究以下几个方面的问题。

（1）哪些文本是理解马克思主义哲学的文本？即对马克思主义哲学著作的定位问题。

在传统的马克思主义哲学研究中，有两类著作被理解为马克思主义的著作：第一类是"马克思主义哲学原著"，包括马克思、恩格斯、列宁的著作，在中国的哲学界还包括毛泽东、邓小平的著作；第二类是马克思主义哲学教科书。马克思主义哲学教科书是20世纪30年代由苏联的马克思主义哲学工作者根据对马克思、恩格斯、列宁、斯大林等的著作的理解编写而成的。

在"西方马克思主义"的哲学研究中，由于解释学意识的觉醒，他们认为马克思主义哲学是由马克思创立的，所以理解马克思主义哲学需要"回到马克思"，只有马克思本人的著作才是理解马克思主义哲学的真正文本。恩格斯、列宁和斯大林的著作及以后的马克思主义著作，不过是对马克思主义哲学的理解而已，它们都只是原著的副本。

---

① 王金福：《马克思的哲学在理解中的命运——对马克思主义哲学史的解释学考察》，苏州大学出版社2003年版，第1页。

　　的确，副本作为理解者的理解，其在创作过程中会发生意义上的丢失或增加，因而总会和作者的原意有差异，所以不能把作为副本的著作如恩格斯、列宁、斯大林、毛泽东、邓小平的著作和马克思主义哲学教科书当成理解马克思哲学思想的依据。只有马克思本人的著作才能作为理解马克思主义哲学思想的依据。但是，由于马克思本人并非一直都是马克思主义者的马克思，其思想曾经有过非马克思主义的思想，所以不能把马克思本人的所有著作都作为理解马克思主义哲学的依据，只有马克思成为马克思主义者后的著作才是理解马克思主义哲学的真正文本。

　　（2）马克思的著作是否具有确定不变的不依赖于读者的意义？这些著作的意义是由作者赋予的还是由读者赋予的？这些著作的原意能否被研究者正确把握？

　　在解释学语境中，人们对文本意义的理解存在差异。有人把文本意义理解为作者的主观意图，有人理解为文本的字面意义，有人理解为文本所"显现的意义"，有人理解为文本的价值意义即对实际生活的作用和影响。而持客观性立场的解释学家认为，文本意义是作者赋予的，是作者通过文本所表达的思想感情，其是文本自身固有的，不依赖于读者的改变而变化。文本意义的客观性为文本的有效理解提供了前提，使得正确理解得以可能。理解主体的历史性和理解过程的条件性表明了理解的可知性。人类实际的理解活动也证明，文本的意义具有可知性，人们能够正确把握文本的意义。但正确理解不等于绝对的完全理解，也不能以否定绝对的完全理解而否定正确理解的可能。笔者赞成对文本意义进行客观性理解，文本意义是作者赋予的，不会随着读者的变化和时间的流逝而变化，读者具备一定的条件是可以正确理解文本意义的。因而，马克思的著作具有确定的不依赖于读者的意义，读者可以正确把握这些意义。

　　（3）阅读马克思的著作的目的是什么？是仅仅为了实用而不必顾及文本自身的意义，还是在尊重文本的基础上把握文本自身的意义？

　　在解释学语境中，人们对理解目的的理解有三种观点：第一种是"复原说"或"重建说"，此观点肯定文本有独立于理解者的意义，认为理解的目的在于绝对地把握文本的意义；第二种是哲学解释学的"意义创造说"，此观点不承认文本有独立于理解者的意义，认为文本的意义依赖于读者，在读者阅读文本之前，文本的意义处于待生状态，理解的目的是达到"视界的融合"，即作品的视界和读者视界的融合；第三种是以罗蒂为代表的当代实用主义解释学的观点，认为理解的目的是实用，完全不必去考虑文本自身的意义。

笔者认为，人们是为了实际需要才去理解文本的，实用是理解的最终目的。但是，为了实现实用的目的，面对文本时又必须首先把握文本的固有意义，只有在尊重文本的意义的基础上才能实现服务现实这一最终目的。所以，在研究马克思主义哲学时，阅读马克思著作的最终目的无非是为了实际的研究需要，但必须以对马克思著作的文本意义的理解为基础，必须在尊重文本的基础上把握文本自身的意义。

（4）人们对马克思著作的理解是否有正确与错误之分？能否找到判定理解正确与错误的标准？如果能，这个标准是什么？

"在解释学的语境中，理解的基本目标是为了把握文本的意义，把文本的意义在理解主体的头脑中再现出来。作为对特定文本的理解，就必然存在这种理解是否与文本对象符合的问题，对同一对象的不同理解之间也存在哪种理解更为正确的问题，即理解总是存在着正确与否。"[①] 所以，人们对马克思的著作的理解也是存在正确与错误之分的。"既然理解是对文本的理解，理解的目的是把握文本的意义，那么，检验理解是否正确的唯一标准就只能是文本意义。"[②] 也就是说，对马克思主义哲学的理解正确与否的检验标准只能是马克思在文本中所传达的思想。

（5）研究、理解马克思主义哲学需要什么样的历史条件？这些历史条件对马克思主义的研究、理解会产生什么样的影响？

根据哲学解释学的研究成果，理解的发生需要一系列的条件，即构成理解过程的理解的主体、理解的对象及主体对对象的理解。其一，"从主体方面来看，理解者是表现为有一定理解能力、有一定知识水平、有自己的经验、世界观等精神因素的具体的历史的存在"[③]。这些先于理解的存在，我们把它称为"前理解"（"前见""先见""先知""先在"等）。"前理解"提供了理解的视域或视界，规定了理解的可能性及理解的广度和深度。其二，从理解的对象方面看，理解的对象是文本。对马克思主义哲学的理解，理解的对象就是马克思主义的原著。"从理解的具体过程看，

---

① 陈海飞：《解释学基本理论研究》，中共党史出版社 2005 年版，第 205 页。

② 陈海飞：《解释学基本理论研究》，中共党史出版社 2005 年版，第 218 页。

③ 陈海飞：《解释学基本理论研究》，中共党史出版社 2005 年版，第 4 页。

主体和对象构成了理解的两极，在两极之间是间距的存在，间距本质上是一种差异、不同，理解之所以必要正是由于间距的存在。间距表现为历时性和同时性两种基本向度，前者一般称之为时间间距，后者表现为同时性的语言的间距、文化的间距等等。"① 理解的过程同时还表现为一种从整体到局部、又由局部到整体的循环进程，即解释学循环。理解必然是于解释学循环中进行的。其三，理解还需要语言，理解必须通过语言才得以进行和存在。"理解就是在语言中的理解和对语言的理解，理解的主体在解释学语境中是作为语言的存在，前理解、传统是作为语言而进入主体，文本也是语言的存在，解释学循环是在语言中的循环，理解本质上就是一种语言的转换。"② 而语言中存在语词和意义的矛盾、语言的社会性和个人使用之间的矛盾，这些矛盾常表现为一词多义，或在同一民族的语言中，同一词在不同时代具有不同的意义，即语言的同时性与历时性的差异。此外，还有口头语言和书面语言的差异等。

（6）我们对马克思主义哲学的研究、理解所得的结果具有什么样的性质？理解是绝对的还是相对的？如果说是相对的，相对是否包含着绝对？

在解释学语境中，理解具有绝对性和相对性两种性质。"所谓理解的绝对性是指理解主体对文本意义把握的正确性，理解结果与文本意义的相符合性、一致性。在既定的条件下，理解者对文本的理解是确定的，人们能够正确地把握文本的原意。理解的相对性是指理解的主观性、条件性、不完善性、不确定性、历史开放性。在程度上，理解结果与文本原意只能部分地符合而不能完全重合，只是达到了对文本意义的部分的正确把握。理解者从特定的角度、从自己的前理解出发的理解，这使理解总是有着自己的主观性与片面性，因此，理解者对文本的理解又总是一种片面的理解；理解者自身是历史的存在，理解者的'前见'也会随着历史条件的变化而改变，从而理解者对文本理解的正确性也总是暂时的，随着时间的推移，理解也会发生变化。"③ 据此笔者认为，对马克思主义哲学的理解是绝对与相对的统一，即对马克思主义哲学相对的理解中包含着绝对的成分。我们应承认，理解的条件性使得对马克思主义哲学的任何理解都具有

---

① 陈海飞：《解释学基本理论研究》，中共党史出版社 2005 年版，第 4 页。
② 陈海飞：《解释学基本理论研究》，中共党史出版社 2005 年版，第 5 页。
③ 陈海飞：《解释学基本理论研究》，中共党史出版社 2005 年版，第 5 页。

相对性。但马克思的文本不依赖于读者而存在，其文本中具有不依赖于读者的意义，此意义是可以正确理解的，我们的理解与对象之间不仅具有差异性，也有同一性。对马克思主义哲学的每一种相对的理解中都包含着正确理解的成分。因而，马克思主义哲学理解史上的多种理解，每一种都包含了马克思思想的一些成分，都提供了一种独特的理解视野。

四、价值观视野

此视野是任何研究马克思主义哲学的学者都不可回避的，因为马克思主义哲学研究的根本目的是解决我们实际生活中的问题。因此，马克思主义哲学研究者总会在研究的过程中考察这些问题：研究马克思主义哲学是否还有价值，其中哪些因素、成分能为现实生活服务，现实生活需要在哪些方面发展马克思主义哲学理论等。而对这些问题的研究也就进入了价值观视野。

在价值观视野中研究马克思主义哲学的当代价值的时候，有三个问题是应该追问的。第一，主体代表谁的利益，站在什么立场来理解马克思主义哲学的时代价值？马克思主义哲学是关于无产阶级解放的科学理论，是为无产阶级的根本利益服务的，只有站在这样的立场上才能发现马克思主义哲学的真正的"时代价值"，而站在别的立场上就会否定马克思主义哲学的时代价值，或者根据主体自身的利益需要来曲解马克思主义哲学。第二，什么是马克思主义哲学？即使主体是确定的，如果对马克思主义哲学的理解不同，人们也会对马克思主义哲学的时代价值做出不同的理解，因而只有正确理解了马克思主义哲学，才能发现马克思主义哲学的真正的时代价值。第三，怎样对待马克思主义哲学？是教条主义，还是发展马克思主义哲学？教条主义地对待马克思主义哲学，不可能发现和实现马克思主义哲学的时代价值，只有把马克思主义哲学看作随着时代的发展而发展的理论，并且在时代的条件下真正发展了马克思主义哲学，才能发现马克思主义哲学的时代价值。

本书正是基于这种视野，本着发展马克思主义理论的目的，站在无产阶级的立场上来研究《提纲》的理解史。基于此视野的研究，我们会发现，在对《提纲》的理解过程中，有些学者的理解明显带有价值倾向，以致偏离了《提纲》的客观思想。

　　以上四种视野，分别从不同角度给我们提供了不同的研究马克思主义理解史的问题和原则，它们之间是相互补充、相互促进的。掌握了这四种视野，我们就可以全面翔实地展开对《提纲》130多年的理解史的研究，真正揭开马克思主义哲学革命之谜，共同推进21世纪中国的马克思主义研究事业的发展。

第一章　传统马克思主义视域中的《提纲》

自从马克思主义哲学在 19 世纪四五十年代创立以来，恩格斯就担负着阐述马克思主义哲学的任务。他把马克思主义哲学理解为辩证唯物主义，由此开辟了对马克思主义进行"辩证唯物主义"理解的倾向。此后，普列汉诺夫、列宁等人继续这种理解方式，在二者的宣传和影响下，"辩证唯物主义"理解逐渐在国际共产主义运动中占据主导地位。其后，在苏联一大批马克思主义研究者的理解下，"辩证唯物主义"理解变形为"辩证唯物主义和历史唯物主义"理解，尤其是 1938 年以斯大林参与编写的《苏联共产党（布）历史简要读本》的第四章第二节，即《辩证唯物主义和历史唯物主义》的单行本的发表，标志着以《辩证唯物主义和历史唯物主义》哲学教科书为代表、以辩证唯物主义和历史唯物主义为经典内容的东方传统马克思主义哲学体系的形成。自此以后，传统马克思主义哲学就在苏联和中国成为马克思主义哲学理解史上一种影响较大的理解方式。

这种理解方式把马克思主义哲学理解为"辩证唯物主义"，认为马克思在哲学上实现的根本变革是把唯物主义和辩证法结合起来，实现了唯物主义与辩证法的高度统一、唯物主义的自然观与历史观的高度统一。马克思的新唯物主义与包括费尔巴哈在内的旧唯物主义的主要区别在于，前者是辩证唯物主义，后者是机械的、形而上学的唯物主义；前者把辩证唯物主义世界观彻底贯彻推广于社会历史，创立了历史唯物主义，后者仍停留在自然唯物主义，在历史观上仍然是唯心主义。在这种前理解的影响下，传统马克思主义哲学理解者关注《提纲》中的"实践观""人的本质"问题和哲学的实践功能等思想（《提纲》的第二、三、六、八、十一条）。对《提纲》第一、五、九条所揭示的新唯物主义进行了辩证唯物主义和历史唯物主义的理解。

一、《提纲》的写作及发表

《提纲》是马克思 1845 年春于布鲁塞尔写在笔记本上供进一步研究用的提纲。这个提纲写得高度浓缩，全文只有 11 条内容，译成汉字不足 1500 字。马克思在世时，《提纲》一直没有公开过。马克思逝世后，恩格斯在整理马克思的遗物时发现了这一提纲，并于 1888 年把《提纲》作为他的《路德维希·费尔巴哈和德国古典哲学的终结》（简称《费尔巴哈论》）一书的附录第一次予以发表。为了能让读者更容易理解，恩格斯在基本保持原貌的基础上对这篇《提纲》进行了一些文字和细节上的修改，并把它命名为《马克思论费尔巴哈》。而现在我们所见到的《关于费尔巴哈的提纲》这一标题，是苏共中央马列主义研究院在发表它时根据恩格斯 1888 年《费尔巴哈论》的单行本序言中提到的"十一条关于费尔巴哈的提纲"修改而成的。

（一）《提纲》写作的时间

《提纲》究竟是何时所写？由于《提纲》是以草稿的方式保存于 1844—1847 年的笔记本中，马克思在文中并没有标明时间，只是写了《1. 关于费尔巴哈》来表明写作的顺序。而恩格斯也只是根据回忆，笼统地说《提纲》是写于"1845 年春天"。这就给后来的研究者留下了很大的研究空间。

苏联学者巴加图利亚通过考察 1844—1847 年笔记本，发现《提纲》写在 1844—1847 年笔记本的第 51—55 页上，而在第 42 页上出现过恩格斯的笔迹，所以他断定《提纲》写作的时间是在恩格斯来到布鲁塞尔之后，即 1845 年 4 月 5 日之后。同时，他根据恩格斯回忆《提纲》是写于"1845 年春天"的论断，把日期定为 4 月。①

德国的马克思文献学研究专家英格·陶贝特同意巴加图利亚认为《提纲》是恩格斯到达布鲁塞尔之后才写成的观点，但她断然否定《提纲》的写作时间是 1845 年 4 月，而认为由于许多学者在《维干德季刊》第 2

---

① ［苏］巴加图利亚：《〈关于费尔巴哈的提纲〉和〈德意志意识形态〉》，载《马列主义研究资料》1984 年第 1 期，第 36 页。

卷上批判费尔巴哈，这种情况促使马克思认识到费尔巴哈的不足，他为和费尔巴哈划清界限而写下了《提纲》。由于《维干德季刊》第 2 期是在 1845 年 6 月至 7 月间出版，由此，陶贝特认为《提纲》应写于 1845 年 6 月至 7 月初之间，但可能是 7 月初。① 北京大学的聂锦芳教授认同陶贝特的观点，他也认为《提纲》应写于 1845 年 7 月初。他明确指出："《提纲》不可能写于 1845 年 5 月中旬以前，而很可能是在 1845 年 7 月初写成的。"②

法国学者科尔纽、南京大学的孙伯鍨教授、北京大学的王东教授都认为《提纲》是恩格斯来到布鲁塞尔之前即 1845 年 3 月份就已经写好了的。科尔纽说："这些提纲是在 1845 年将近 3 月的时候，就是说差不多在恩格斯完成了《英国工人阶级状况》这本书的时候起草的。"③ 当恩格斯到达布鲁塞尔之后，"马克思把他刚刚在《关于费尔巴哈的提纲》中草拟的，并且无疑在写作《政治和政治经济学批判》过程中加以补充的关于辩证唯物主义和历史唯物主义的基本要点，向恩格斯作了阐明。"④ 孙伯鍨说："最迟在 1845 年 3 月，马克思就在着手考虑一个批判费尔巴哈的计划。所以当恩格斯在 4 月初从巴门来到布鲁塞尔的时候，他已看到马克思草拟的'提纲'。"⑤ 王东说："《提纲》写在 1845 年 4 月 5 日马克思与恩格斯会面交谈前后，其中最大的可能性是写在 4 月会面之前。"⑥ 他们的依据是恩格斯晚年回忆写作《德意志意识形态》（以下简称《形态》）背景时说的一段话："当我们 1845 年春天在布鲁塞尔再次见面时，马克思已经从上述基本原理出发大致完成了发挥他的唯物主义历史理论的工作，于是我们就

---

① 参见单提平《〈关于费尔巴哈的提纲〉：写作缘由及时间的探析》，载《福建论坛》2006 年第 7 期，第 59 页。

② 聂锦芳：《清理与超越：重读马克思文本的意旨、基础与方法》，北京大学出版社 2005 年版，第 124 页。

③ ［法］科尔纽：《马克思恩格斯传（第 3 卷）》，管士滨译，生活·读书·新知三联书店 1980 年版，第 155 页。

④ ［法］科尔纽：《马克思恩格斯传（第 3 卷）》，管士滨译，生活·读书·新知三联书店 1980 年版，第 171 页。

⑤ 孙伯鍨：《探索者道路的探索》，南京大学出版社 2002 年版，第 261 页。

⑥ 王东：《马克思学新奠基——马克思哲学新解读的方法论导言》，北京大学出版社 2006 年版，第 298 页。

着手在各个极为不同的方面详细制定这些新观点了。"①

2010 年以来，随着《马克思恩格斯全集》历史考证版（MEGA2）的问世，国内的学者开始注意版本和文献的重要性，认识到马克思主义研究还需从文献考证的基础工作做起。学者们从 MEGA2 入手去重新解读《提纲》。有学者依据马克思原始手稿和 MEGA2 的重新考证提出，《提纲》内在的、固有的文献联系证明，第三条的写作时间不早于 1845 年夏马克思访问曼彻斯特，第六条的写作时间不早于 1845 年 8 月，因此《提纲》主体部分的写作时间应不早于 1845 年 8 月。②

从国内外的知名学者对《提纲》的写作日期的考证来看，各有各的说法和依据，我们很难评判哪一种说法是最确切的。不管是把《提纲》写作的时间定在恩格斯到达布鲁塞尔之前的 1845 年 3 月，还是定在恩格斯到达布鲁塞尔之后的 4 月或 7 月，抑或是不早于 1845 年 8 月，其界限都是在《神圣家族》写作完稿之后、《形态》写作之前这段时间内。也就是说，《提纲》是独立于《神圣家族》和《形态》的著作。

（二）《提纲》写作的动机

了解了《提纲》的写作时间后，还要进一步弄清楚的问题是马克思为何突然写作《提纲》。巴加图利亚通过考察《提纲》和《形态》的内容，猜测《提纲》是为《形态》的写作而拟定的提纲。他说："在 1845 年 4 月，马克思和恩格斯关于写作未来的《德意志意识形态》的意图显然已经形成了。假定马克思正是由于这一意图才写作关于费尔巴哈的提纲，这是很自然的。"③

陶贝特认为《提纲》是《神圣家族》思想的延续。她的依据是写有《提纲》第一条的笔记本的第 53 页有"四行文字"，这四行文字是：

① ［德］马克思、［德］恩格斯：《马克思恩格斯全集（第21卷）》，中共中央马克思恩格斯列宁斯大林著作编译局译，人民出版社 1965 年版，第 247 页。

② 梁爽：《对〈关于费尔巴哈的提纲〉写作时间的再探讨——根据马克思原始手稿和 MEGA2 的重新考证》，载《甘肃社会科学》2017 年第 6 期，第 15 页。

③ ［苏］巴加图利亚：《〈关于费尔巴哈的提纲〉和〈德意志意识形态〉》，载《马列主义研究资料》1984 年第 1 期，第 36 页。

神灵的利己主义者同利己主义的人相对立。

革命时期关于古代国家的误解。

"概念"和"实体"。

革命——现代国家起源的历史。

陶贝特认为，笔记本上的这"四行文字"和接着"四行文字"之后而写《提纲》是《神圣家族》论法国革命与论法国唯物主义等两个论题的延续。①

聂锦芳认同陶贝特的观点，他认为《提纲》写作的动因与《神圣家族》有关，因为在《神圣家族》中马克思揭示了费尔巴哈的人道主义有法国和英国唯物主义的谱系渊源，但是对费尔巴哈的哲学剖析非常不够，这恰恰是《神圣家族》未完成的，所以对费尔巴哈的分析就成为《神圣家族》的后续工作。他说："《神圣家族》并没有完全实现这一计划，因为它对作为社会主义哲学基础的唯物主义的清理，过多地叙述了法国唯物主义，而对同属于这一谱系的费尔巴哈哲学的剖析非常不够，这是一个缺憾。此外，在当时德国的社会思潮里，同属于青年黑格尔派别的鲍威尔思辨哲学与费尔巴哈哲学的关系也还需要甄别清楚的，《神圣家族》着眼于前者、用力在前者身上，这样，对后者的论述就理应成为《神圣家族》的后续工作。"②

英国著名的马克思学研究者戴维·麦克莱伦认为赫斯的思想影响了马克思。在《青年黑格尔派与马克思》中，他说："马克思在写自己的文章以前想必读过赫斯的大部分文章……估计赫斯的论文不会发表因而做了大量抄录……从赫斯那里吸取了所有重要的论点。"赫斯的"生活就是行动"的行动哲学影响了马克思的"实践"观点。③

北京师范大学的鲁克俭教授认同麦克莱伦的观点，他认为马克思写作

---

① 参见单提平《〈关于费尔巴哈的提纲〉：写作缘由及时间的探析》，载《福建论坛》2006年第7期，第59页。

② 聂锦芳：《清理与超越：重读马克思文本的意旨、基础与方法》，北京大学出版社2005年版，第124页。

③ ［英］戴维·麦克莱伦：《青年黑格尔派与马克思》，夏威仪、陈启伟等译，商务印书馆1982年版，第163－164页。

《提纲》正是由于受到了赫斯的影响，其论据有三点。其一，马克思所阐释的"实践"概念与赫斯的哲学概念相似。马克思的"感性活动""对象性活动"和"劳动"等概念分别对应于赫斯的"行动""活动"和"生活"等概念。其二，马克思的实践概念与赫斯的"实践"概念都是从两个维度去分析。赫斯的"实践"概念有两层意思：一是"从它的卑污的犹太人的表现形式去理解和确定"的实践，即异化状态的实践；二是从"'革命的''实践批判的'活动"的角度来理解的实践，即符合人的本质的本真状态的实践。马克思在《提纲》中对实践概念的论述也是从两个维度分析，即作为"感性活动"的"革命的实践"与社会交往实践。其三，马克思《提纲》第十一条的观点与赫斯的观点相同，《提纲》第十条"旧唯物主义的立脚点是市民社会，新唯物主义的立脚点则是人的社会或社会的人"，直接来自赫斯的《最近的哲学家》，而且之前恩格斯在给马克思的信中特别提到了赫斯《最近的哲学家》中的这一思想。①

王东教授则提出了四层原因：第一层是"时代主题和当务之急"的需要；第二层是马克思弄清楚问题，梳理自己思路的需要；第三层是马克思要同费尔巴哈划清界限，"自立旗帜的需要"；第四层是"为了在和恩格斯会面时，更好地确立共同立场，并帮助恩格斯更彻底地同费尔巴哈旧唯物主义划清界限，更自觉地弄清新唯物主义出发点和新哲学世界观"。②北京大学的单提平也认为《提纲》的写作缘由至少可以从起始原因、内在原因、外在原因、实际原因四个方面来加以说明。起始原因是马克思建构新世界观的需要。内在原因是马克思对费尔巴哈一直持保留批判态度的必然逻辑结果。外在原因是同时代哲学家的探索给马克思带来的冲击。实际原因是马克思与恩格斯交换哲学意见的需要。③

究竟《提纲》写作的动因是什么？巴加图利亚猜测《提纲》是为《形态》的写作而拟定的写作提纲，但这也只是猜测，并没有确切文献依

① 鲁克俭：《〈关于费尔巴哈的提纲〉的写作原因及其再评价》，载《马克思主义与现实》2008年第5期，第66页。

② 王东：《马克思学新奠基——马克思哲学新解读的方法论导言》，北京大学出版社2006年版，第299页。

③ 单提平：《〈关于费尔巴哈的提纲〉：写作缘由及时间的探析》，载《福建论坛》2006年第7期，第58-64页。

据。不过可以确定的是，《提纲》中的许多思想在《形态》中都有体现，《提纲》中的思想在《形态》中得到了进一步的阐述和发展。有学者通过对《马克思恩格斯全集》历史考证版（MEGA2）的再考察得出结论，从马克思主义思想史定位的层面看，《提纲》显示出与《形态》之间更紧密的联系。①

陶贝特认为《提纲》写作的动因与《神圣家族》有关。南京大学的姚顺良和夏凡对此进行了反驳，他们指出，"在对法国唯物主义的评价和对费尔巴哈的评价上，《神圣家族》和《提纲》在理论主旨、立场、观点和方法上都截然不同。从理论主旨上看，从《神圣家族》对法国唯物主义和费尔巴哈的双重肯定转向了对法国唯物主义和费尔巴哈的双重批判"。"从哲学观点上看，《提纲》第一条表明，旧唯物主义，不管是法国唯物主义还是费尔巴哈的唯物主义，都不再像《神圣家族》中那样，被马克思认为是超越形而上学，高于唯心主义的东西。从政治立场上看，《神圣家族》认定法国唯物主义'直接成为社会主义和共产主义的财产'，是社会主义和共产主义的哲学基础，费尔巴哈的人类学则为德国的哲学共产主义奠定基础；但是，《提纲》第十条已经讲'旧唯物主义的立脚点是市民社会，新唯物主义的立脚点则是人类社会或社会的人类'，显然把它们视为资产阶级意识形态！"所以，他们认为，"紧挨着《提纲》前面的'四行文字'虽然延续了《神圣家族》中关于革命、唯物主义、社会主义等论题，但是其理论目的、哲学观点和政治立场已经发生了根本变化。这样来看，与其说'四行文字'是《神圣家族》的延续，不如说是对《神圣家族》的否定和超越"。②

他们强调，《提纲》的写作动机是1844年马克思研究了经济学、哲学和社会主义后，思想发生转变的结果。"马克思的思想发展决不会只是看了某篇文章之后'灵机一动'的结果，而是他从1844年夏天开始的经济学研究、哲学研究和社会主义研究互相支撑、互相推动带来的'深思熟

---

① 梁爽：《对〈关于费尔巴哈的提纲〉写作时间的再探讨——根据马克思原始手稿和 MEGA2 的重新考证》，载《甘肃社会科学》2017 年第 6 期，第 15 页。
② 姚顺良、夏凡：《〈关于费尔巴哈的提纲〉写作时间的判定及其思想史定位：兼论文献考证与马克思主义思想史研究的关系》，载《马克思主义研究》2008 年第 8 期，第 91－92 页。

虑'的结果。因此，只有放在马克思这一段时间前后的思想转变的大语境下才能理解《提纲》的写作。"①

聂锦芳的依据是在《神圣家族》中马克思对费尔巴哈的哲学剖析非常不够，所以对费尔巴哈的分析就成为《神圣家族》的"后续工作"。但是，考察《神圣家族》可以发现，马克思在《神圣家族》中还是迷信费尔巴哈的人本主义哲学的，他高度肯定费尔巴哈的人本主义思想，并以此来论证社会主义的人道主义思想。由于他还没有形成自己的新世界观思想，因而还不可能客观地分析费尔巴哈的哲学。而在《提纲》中，马克思已经形成了自己的新世界观思想，并明确地批判费尔巴哈的直观唯物主义的缺点。所以，《提纲》的论题和《神圣家族》的论题是不一样的，说《提纲》是《神圣家族》的"后续工作"是不合理的。

麦克莱伦和鲁克俭强调《提纲》的写作主要是受赫斯的影响。王东和单提平从多方面考虑《提纲》写作的原因。学者们对《提纲》写作动机的分析，从逻辑上和文本依据上都有一定的合理性。笔者不否定马克思的思想演变受多方面因素的影响，但起关键作用的还是内部因素即马克思自身的世界观思想发展的变化。

马克思从完成《神圣家族》的写作到起草《提纲》批判费尔巴哈，时间间隔不到半年，是什么促使马克思对费尔巴哈的态度发生了如此急剧的变化？笔者认为关键在于马克思自身的世界观思想发生了突破性的变化。1844 年 11 月，在马克思和恩格斯完成了《神圣家族》的写作的同时，施蒂纳出版了其《唯一者及其所有物》。此书一出版就遭到了费尔巴哈、赫斯和施里加等人的强烈反驳和批判。《维干德季刊》第 2 卷上发表了费尔巴哈的《因"唯一者及其所有物"而论"基督教的本质"》一文，1845 年 5 月的《北德意志杂志》上发表了施里加的《论"唯一者及其所有物"》一文，1845 年达姆斯达出版了赫斯的《晚近的哲学家》一书。② 这些论著在对施蒂纳的《唯一者及其所有物》的批判中涉及了对费尔巴哈的讨论，这使马克思开始重读费尔巴哈的著作，反思自己对费尔巴哈哲学

① 姚顺良、夏凡：《〈关于费尔巴哈的提纲〉写作时间的判定及其思想史定位：兼论文献考证与马克思主义思想史研究的关系》，载《马克思主义研究》2008 年第 8 期，第 89 页。

② 孙伯鍨：《探索者道路的探索》，南京大学出版社 2002 年版，第 253 页。

的迷信。与此同时，马克思自身在写作《神圣家族》和《1844年经济学哲学手稿》（以下简称《1844年手稿》）时就已经体现出来的新世界观思想的萌芽因素发生了突破性的变化（这些新世界观思想萌芽在本书第五章有详细的介绍），自觉意识到自己的世界观与包括费尔巴哈在内的旧唯物主义有本质的区别，所以才在笔记本上写下《提纲》，以供以后的进一步研究用。

二、恩格斯对《提纲》的理解

1888年，恩格斯把马克思命名为《1. 关于费尔巴哈》的《提纲》作为他的《费尔巴哈论》的附录予以公开发表。在发表前，为了让读者更容易理解，恩格斯对《提纲》的原稿进行了一些文字和细节上的修改，并把它命名为《马克思论费尔巴哈》。

（一）恩格斯对《提纲》原稿的修改

关于恩格斯的修改，学术界有三种评论。第一种是"统一论"。有学者以 MEGA2 中《提纲》德文的两个稿本为依据，通过对马克思、恩格斯文本的具体比较与分析，发现两份稿本的基本思想一致。在思想、脉络根本一致的前提下，恩格斯对马克思的原始文本进行了技术性修改。恩格斯的修改可以使读者更好地理解马克思文本的意蕴。但是，恩格斯的修改稿有两处细微的差异（第三和第十一条）。如果仅仅依据恩格斯的文本，而不对照马克思的原始文本来理解这些差异，可能会削弱马克思主义哲学变革的意义。①

第二种是"对立论"。有学者把马克思的《提纲》和恩格斯的《费尔巴哈论》进行比较，认为马克思和恩格斯的思想之间存在巨大差异：前者从实践出发，后者从自然界出发；前者从本体论维度理解实践，后者从认识论维度理解实践；前者从人的问题着眼研究，后者从纯粹哲学问题着眼研究。②

第三种是"差异论"。有学者比较了马克思的《提纲》的原始文本和

---

① 王东、郭丽兰：《〈关于费尔巴哈的提纲〉的新解读》，载《武汉大学学报（人文科学版）》2007年第6期，第733－738页。

② 俞吾金：《重新理解马克思》，北京师范大学出版社2005年版，第88－89页。

恩格斯修改的文本后指出，恩格斯与马克思在哲学思维所达到的深度、理论视野所展示的领域以及表述方式的侧重点等方面，均表现出程度不同的差别。① 有学者经过认真比对原始稿和修改稿的差异所反映的内容分歧后指出，在对待马克思、恩格斯原始文本的态度上，不能用恩格斯的修改稿取代马克思的原始稿。②

为了弄清楚马克思的原稿和恩格斯的修改稿之间的关系，笔者把《马克思恩格斯选集》2012 年版中《提纲》的两个文本逐一对比。

1. 第一条

原始稿：

> 从前的一切唯物主义（包括费尔巴哈的唯物主义）的主要缺点是：对对象、现实、感性，只是从客体的或者直观的形式去理解，而不是把它们当做感性的人的活动，当做实践去理解，不是从主体方面去理解。因此，和唯物主义相反，唯心主义却把能动的方面抽象地发展了，当然，唯心主义是不知道现实的、感性的活动本身的。费尔巴哈想要研究跟思想客体确实不同的感性客体，但是他没有把人的活动本身理解为对象性的〔gegenständliche〕活动。因此，他在《基督教的本质》中仅仅把理论的活动看做是真正人的活动，而对于实践则只是从它的卑污的犹太人的表现形式去理解和确定。因此，他不了解"革命的""实践批判的"活动的意义。③

修改稿：

> 从前的一切唯物主义——包括费尔巴哈的唯物主义——的主要缺点是：对对象、现实、感性，只是从客体的或者直观的形式去理解，而不是把它们当做人的感性活动，当做实践去理解，不是从主体方面

---

① 聂锦芳：《清理与超越：重读马克思文本的意旨、基础和方法》，北京大学出版社 2005 年版，第 129 页。

② 刘同舫、黄漫：《在何种意义上区分马克思文本与恩格斯文本——基于〈关于费尔巴哈的提纲〉之思》，载《人文杂志》2012 年第 1 期，第 8–12 页。

③ 《马克思恩格斯选集（第 1 卷）》，人民出版社 2012 年版，第 133 页。

去理解。因此，结果竟是这样，和唯物主义相反，唯心主义却把能动的方面发展了，但只是抽象地发展了，因为唯心主义当然是不知道现实的、感性的活动本身的。费尔巴哈想要研究跟思想客体确实不同的感性客体，但是他没有把人的活动本身理解为对象性的〔gegenständliche〕活动。因此，他在《基督教的本质》中仅仅把理论的活动看做是真正人的活动，而对于实践则只是从它的卑污的犹太人的表现形式去理解和确定。因此，他不了解"革命的""实践批判的"活动的意义。①

　　第一条有两处明显的修改。第一处是把手稿中第一句话里的"感性的人的活动"改为"人的感性活动"。第二处修改，在第二句话中增加了"结果竟是这样"。这两处修改并没有改变马克思原稿中的主要思想。

　　马克思在这里开宗明义地批评了包括费尔巴哈在内的所有旧唯物主义的根本缺点：直观性，指出他们对对象的理解是一种直观的理解，即把意识的对象——"对象、现实、感性"仅仅理解为既成的自然存在物，而不是理解为主体的能动的创造性活动即感性活动（实践）。马克思所说的"感性的人的活动"和恩格斯所说的"人的感性活动"，都是指实践活动。实践活动是主体改造世界的能动的、创造性的活动。马克思的"感性的人的活动"强调实践活动中的人具有能动性和创造性。而恩格斯的"人的感性活动"也是强调实践活动是人的能动性和创造性的活动。

　　在对意识对象的理解问题上，唯心主义不同于旧唯物主义，因为"唯心主义却发展了能动的方面"。这里的"能动的方面"是指主体能动地创造对象。唯心主义否认对象的先在性、既成性，认为对象是主体创造的。这与旧唯物主义对意识对象的直观理解不同，旧唯物主义认为意识的对象不是主体创造的，所以旧唯物主义对对象的理解是非能动的；而唯心主义认为意识的对象是主体创造的，所以唯心主义对对象的理解是能动的，它"发展了能动的方面"。但唯心主义"只是抽象地发展了，因为唯心主义当然是不知道现实的、感性的活动本身"是指唯心主义虽然认为是主体创造了对象，但这个主体是精神主体，精神主体能动地创造了一切，现实的

---

① 《马克思恩格斯选集（第1卷）》，人民出版社2012年版，第137页。

一切都是精神的产物。所以，唯心主义"不知道现实的、感性的活动本身"，也就是说，唯心主义的精神主体的活动只是精神活动，而不是"现实的、感性的活动"。唯心主义把主体的创造性活动理解为精神创造性活动，而不是理解为真正的现实的主体的能动的活动，即现实的人的实践活动。马克思从唯心主义哲学中吸取主体能动性的思想，使之与唯物主义相结合，这就使唯物主义从缺乏主体能动性思想的旧唯物主义发展为具有主体能动性思想的新唯物主义。恩格斯在修改稿中增加了"结果竟是这样"，也是强调唯心主义哲学的主体能动性思想，但此主体的创造性活动仅是精神主体的创造性活动，而不是现实的主体的能动的活动。

2. 第二条

原始稿：

> 人的思维是否具有客观的〔gegenständliche〕真理性，这不是一个理论的问题，而是一个实践的问题。人应该在实践中证明自己思维的真理性，即自己思维的现实性和力量，自己思维的此岸性。关于思维——离开实践的思维——的现实性或非现实性的争论，是一个纯粹经院哲学的问题。①

修改稿：

> 人的思维是否具有客观的〔gegenständliche〕真理性，这不是一个理论的问题，而是一个实践的问题。人应该在实践中证明自己思维的真理性，即自己思维的现实性和力量，自己思维的此岸性。关于离开实践的思维的现实性或非现实性的争论，是一个纯粹经院哲学的问题。②

第二条修改了最后一句，恩格斯把马克思的"关于思维——离开实践的思维——的现实性或非现实性的争论"，改成"关于离开实践的思维的现实性或非现实性的争论"。恩格斯的修改并没有改变马克思的原意，只

---

① 《马克思恩格斯选集（第1卷）》，人民出版社2012年版，第134页。
② 《马克思恩格斯选集（第1卷）》，人民出版社2012年版，第137–138页。

是把马克思的句子改得更通俗易懂。

3. 第三条

原始稿：

> 关于环境和教育起改变作用的唯物主义学说忘记了：环境是由人来改变的，而教育者本人一定是受教育的。因此，这种学说必然会把社会分成两部分，其中一部分凌驾于社会之上。
>
> 环境的改变和人的活动或自我改变的一致，只能被看做是并合理地理解为革命的实践。①

修改稿：

> 有一种唯物主义学说，认为人是环境和教育的产物，因而认为改变了的人是另一种环境和改变了的教育的产物，——这种学说忘记了：环境正是由人来改变的，而教育者本人一定是受教育的。因此，这种学说必然会把社会分成两部分，其中一部分凌驾于社会之上。（例如，在罗伯特·欧文那里就是如此。）
>
> 环境的改变和人的活动的一致，只能被看做是并合理地理解为变革的实践。②

第三条的第一处修改是第一句话。恩格斯把马克思的"关于环境和教育起改变作用的唯物主义学说"修改为"有一种唯物主义学说，认为人是环境和教育的产物，因而认为改变了的人是另一种环境和改变了的教育的产物"。

马克思的原意是，人、环境和教育的改变是相互作用的过程：人改变环境，环境也改变人；教育改变人，人也改变教育。马克思在这里批判的是法国的爱尔维修唯物主义的环境决定论和教育决定论。这种唯物主义学说只看到了环境和教育对人的改造的作用，而没有看到人对环境和教育的影响作用。恩格斯的修改主要是解释了这种唯物主义学说的思想，以便读

---

① 《马克思恩格斯选集（第1卷）》，人民出版社2012年版，第134页。
② 《马克思恩格斯选集（第1卷）》，人民出版社2012年版，第138页。

者更好地理解，并没有改变马克思的原意。

第三条的第二处修改是恩格斯加了一个注释性的说明"例如，在罗伯特·欧文那里就是如此"。恩格斯认为马克思所批判的唯物主义学说是罗伯特·欧文的唯物主义学说。这个说法是值得商榷的，"文献学家陶伯特通过考证认为不应该把欧文加进来"①。

第三条的第三处修改在最后一句话。恩格斯修改了两处地方，一处是把"环境的改变和人的活动或自我改变"这三项删去了"自我改变"，改成"环境的改变和人的活动"这两项；一处是把"革命"改为"变革"。

恩格斯认为，"环境的改变"与"人的活动"这两项中的"人的活动"就包括"自我改变"了，所以删去"自我改变"。按照马克思的原意，"人的活动"不仅改造外部客观世界，也改造内部的主观世界。改造外部客观世界，就是改造自然，导致"环境的改变"；而改造内部的主观世界，就是"自我改变"，使人在实践活动中认知能力和水平得到提高。马克思的原稿"实践功能的外在对象性和内在指向性的双重特征凸现出来，这一点体现了马克思关于人在改造客体和主体的过程中人的自我发展的思想，体现了马克思新唯物主义哲学的创新观、发展观"。这样的一种改变就是"革命"，而不是恩格斯的"变革"。恩格斯的修改，会使我们"对马克思主义哲学的变革意蕴也会理解不够"②。

4. 第四条

原始稿：

> 费尔巴哈是从宗教上的自我异化，从世界被二重化为宗教世界和世俗世界这一事实出发的。他做的工作是把宗教世界归结于它的世俗基础。但是，世俗基础使自己从自身中分离出去，并在云霄中固定为一个独立王国，这只能用这个世俗基础的自我分裂和自我矛盾来说明。因此，对于这个世俗基础本身应当在自身中、从它的矛盾中去理解，并在实践中使之发生革命。因此，例如，自从发现神圣家族的秘

---

① 王巍：《"马克思—恩格斯关系"的文本学审视——以〈关于费尔巴哈的提纲〉原始稿与修改稿的比较为例》，载《贵州师范大学学报》2016年第2期，第20页。

② 王东、郭丽兰：《〈关于费尔巴哈的提纲〉新解读——马克思原始稿与恩格斯修订稿的比较研究》，载《武汉大学学报（人文科学版）》2007年第6期，第736页。

密在于世俗家庭之后，世俗家庭本身就应当在理论上和实践中被消灭。①

修改稿：

> 费尔巴哈是从宗教上的自我异化，从世界被二重化为宗教的、想象的世界和现实的世界这一事实出发的。他做的工作是把宗教世界归结于它的世俗基础。他没有注意到，在做完这一工作之后，主要的事情还没有做。因为，世俗基础使自己从自身中分离出去，并在云霄中固定为一个独立王国，这一事实，只能用这个世俗基础的自我分裂和自我矛盾来说明。因此，对于这个世俗基础本身首先应当从它的矛盾中去理解，然后用消除矛盾的方法在实践中使之发生革命。因此，例如，自从发现神圣家族的秘密在于世俗家庭之后，对于世俗家庭本身就应当从理论上进行批判，并在实践中加以变革。②

第四条的第一处修改在第一句话。恩格斯把马克思的"宗教世界和世俗世界"改为"宗教的、想象的世界和现实的世界"。这一改动并没有改变原意，只是对原文进行了解释性的修改。马克思所说的"宗教世界"正是恩格斯所解释的"宗教的、想象的世界"，是虚构的产物。而马克思所说的"世俗世界"正是与"宗教世界"相对立的"现实的世界"。

第四条的第二处修改是在第二句话和第三句话的中间加了一句"他没有注意到，在做完这一工作之后，主要的事情还没有做"。恩格斯加这句话是想让读者更容易理解马克思对费尔巴哈的宗教异化观的批判，并没有改变马克思的愿意。

第四条的第三处修改在原稿的第三句话。恩格斯改动了两处，第一处删去了"自身中"，第二处添加了"用消除矛盾的方法"，并且改变了句子的结构，用"首先……然后……"的句式来表达。

第一处修改的地方，马克思的原意有两层：一层是应该从世俗基础"自身中"去理解世俗基础；另一层是从"它的矛盾"中去理解世俗基

---

① 《马克思恩格斯选集（第1卷）》，人民出版社2012年版，第134 – 135页。
② 《马克思恩格斯选集（第1卷）》，人民出版社2012年版，第138 – 139页。

础。从这两个层次去理解世俗基础比恩格斯删去第一层，只从世俗基础的矛盾出发去理解要更深刻。

第二处修改的地方，恩格斯增加了"用消除矛盾的方法"。增加的这个内容是恩格斯所理解的解决世俗基础分裂和矛盾的方法。其实，马克思所说的解决世俗基础分裂和矛盾的方法就是"在实践中使之发生革命"，具体的方法未必就是消除矛盾的方法。此外，依据马克思的辩证法，矛盾只能通过自身的发展来转化，而不是靠外力来消除。

第四条的第四处修改在原稿的最后一句话。恩格斯把马克思的"世俗家庭本身就应当在理论上和实践中被消灭"改为"对于世俗家庭本身就应当从理论上进行批判，并在实践中加以变革"。恩格斯的修改，把马克思的原意从"消灭"变成了"理论上的批判"和"实践的变革"。这不符合马克思批判宗教观的本意。

5. 第五条

原始稿：

> 费尔巴哈不满意抽象的思维而喜欢直观；但是他把感性不是看做实践的、人的感性的活动。①

修改稿：

> 费尔巴哈不满意抽象的思维而诉诸感性的直观；但是他把感性不是看做实践的、人的感性的活动。②

第五条改动的内容很少，恩格斯把马克思的"喜欢直观"改为"诉诸感性的直观"，修改的内容符合马克思的原意，修改后更易于读者理解。

6. 第六条

原始稿：

> 费尔巴哈把宗教的本质归结于人的本质。但是，人的本质不是单

---

① 《马克思恩格斯选集（第1卷）》，人民出版社2012年版，第135页。
② 《马克思恩格斯选集（第1卷）》，人民出版社2012年版，第139页。

个人所固有的抽象物，在其现实性上，它是一切社会关系的总和。

费尔巴哈没有对这种现实的本质进行批判，因此他不得不：

（1）撇开历史的进程，把宗教感情固定为独立的东西，并假定有一种抽象的——孤立的——人的个体。

（2）因此，本质只能被理解为"类"，理解为一种内在的、无声的、把许多个人自然地联系起来的普遍性。①

修改稿：

费尔巴哈把宗教的本质归结于人的本质。但是，人的本质不是单个人所固有的抽象物，在其现实性上，它是一切社会关系的总和。

费尔巴哈没有对这种现实的本质进行批判，所以他不得不：

（1）撇开历史的进程，把宗教感情固定为独立的东西，并假定有一种抽象的——孤立的——人的个体；

（2）因此，他只能把人的本质理解为"类"，理解为一种内在的、无声的、把许多个人纯粹自然地联系起来的普遍性。②

第六条修改的地方是最后一句。恩格斯把马克思的原稿"因此，本质只能被理解为'类'，理解为一种内在的、无声的、把许多个人自然地联系起来的普遍性"改为"因此，他只能把人的本质理解为'类'，理解为一种内在的、无声的、把许多个人纯粹自然地联系起来的普遍性"。恩格斯的修改没有改变马克思的原意。马克思原文所说的"本质"正是指"人的本质"，修改后的句子更易于让读者理解费尔巴哈的人的本质观的不足。

7. 第七条
原始稿：

因此，费尔巴哈没有看到，"宗教感情"本身是社会的产物，而

---

① 《马克思恩格斯选集（第1卷）》，人民出版社2012年版，第135页。
② 《马克思恩格斯选集（第1卷）》，人民出版社2012年版，第139页。

他所分析的抽象的个人，是属于一定的社会形式的。①

修改稿：

　　因此，费尔巴哈没有看到，"宗教感情"本身是社会的产物，而他所分析的抽象的个人，实际上是属于一定的社会形式的。②

第七条的修改也没有改变原意，增加的"实际上"这几个字使原意表达更加明晰。

8. 第八条
原始稿：

　　全部社会生活在本质上是实践的。凡是把理论引向神秘主义的神秘东西，都能在人的实践中以及对这种实践的理解中得到合理的解决。③

修改稿：

　　社会生活在本质上是实践的。凡是把理论诱入神秘主义的神秘东西，都能在人的实践中以及对这种实践的理解中得到合理的解决。④

第八条修改了两处地方。第一处是第一句。恩格斯把马克思的原稿"全部社会生活在本质上是实践的"的"全部"二字删掉。在马克思看来，社会生活是对人们各种社会活动的总称，其包括物质生活、政治生活和精神生活等各领域。无论从哪个领域看，社会生活的本质都是实践的。恩格斯的修改虽然没有改变原意，但却体现不出马克思所强调的社会生活的各方面本质上都是实践的意思。

---

① 《马克思恩格斯选集（第1卷）》，人民出版社2012年版，第135页。
② 《马克思恩格斯选集（第1卷）》，人民出版社2012年版，第139页。
③ 《马克思恩格斯选集（第1卷）》，人民出版社2012年版，第135－136页。
④ 《马克思恩格斯选集（第1卷）》，人民出版社2012年版，第139－140页。

第二处是把第二句中的"引向"改为"诱入"。恩格斯的修改对理解原意并没有多大的作用。

9. 第九条

原始稿：

> 直观的唯物主义，即不是把感性理解为实践活动的唯物主义，至多也只能达到对单个人和市民社会的直观。①

修改稿：

> 直观的唯物主义，即不是把感性理解为实践活动的唯物主义，至多也只能做到对"市民社会"中的单个人的直观。②

第九条修改的地方在最后半句。恩格斯把马克思的"只能达到对单个人和市民社会的直观"改成"只能做到对'市民社会'中的单个人的直观"。马克思的原意是，以费尔巴哈为代表的直观的唯物主义，不能把感性对象理解为实践，所以在认识对象时只能从直观个人开始，进而直观市民社会。而恩格斯修改之后的意思就变成，直观的唯物主义就不能直观市民社会，只能直观市民社会中的"单个人"。恩格斯的修改对马克思的原意有细微的改变。

此外，恩格斯给"市民社会"一词加上引号是为了区别马克思的市民社会概念。市民社会这个概念是马克思从黑格尔那里借用过来的概念。在马克思不同时期的著作里，市民社会的含义是不一样的。在《黑格尔法哲学批判》《〈黑格尔法哲学批判〉导言》中，为了同批判的对象保持一致，马克思的市民社会主要指资产阶级社会。而在《形态》中，马克思把市民社会界定为社会的物质关系的总和。此后，马克思基本上是在社会的物质关系的总和这个意义上使用这个概念。

10. 第十条

原始稿：

---

① 《马克思恩格斯选集（第1卷）》，人民出版社2012年版，第136页。
② 《马克思恩格斯选集（第1卷）》，人民出版社2012年版，第140页。

旧唯物主义的立脚点是市民社会，新唯物主义的立脚点则是人类社会或社会的人类。①

修改稿：

旧唯物主义的立脚点是"市民"社会；新唯物主义的立脚点则是人类社会或社会化的人类。②

第十条修改的地方有两处。一处是把马克思的"市民社会"一词的"市民"加上引号。恩格斯在"市民"上加引号，是强调马克思此处的"市民社会"的含义指的是资产阶级的市民社会。

另一处是把马克思的"社会的人类"改为"社会化的人类"。马克思的原意是强调新唯物主义立足于社会的人类，或人类社会这个人类的集合体。而恩格斯改成了"社会化的人类"后就意指共产主义社会的人类了。这个修改与马克思的原意有一定的差异。

11. 第十一条

原始稿：

哲学家们只是用不同的方式解释世界，问题在于改变世界。③

修改稿：

哲学家们只是用不同的方式解释世界，而问题在于改变世界。④

第十一条的修改就是在"解释世界"和"改变世界"之间加了一个转折词"而"。马克思的原意是，哲学家不仅要解释世界，还要改变世界，解释世界和改变世界是哲学的两种基本的功能，不能仅仅停留在解释世界

---

① 《马克思恩格斯选集（第1卷）》，人民出版社2012年版，第136页。
② 《马克思恩格斯选集（第1卷）》，人民出版社2012年版，第140页。
③ 《马克思恩格斯选集（第1卷）》，人民出版社2012年版，第136页。
④ 《马克思恩格斯选集（第1卷）》，人民出版社2012年版，第140页。

的层面。这两部分之间是递进关系，而不是一种转折关系。变成转折关系之后，就是肯定后面，而否定前面了。恩格斯的修改与马克思的原意有细微的差异。

经过对比可知，马克思的原始文本和恩格斯的修改文本，两者在基本思想上还是一致的。恩格斯对《提纲》所进行的技术性、细节性的修改对于读者正确理解马克思的原始文本起了一定的辅助作用。而两者在修改中所体现出的差异表明，马克思和恩格斯在哲学素养、思维水平、理论深度和表述方式等方面还是存在一定的差距的。

（二）恩格斯对《提纲》的评价和理解

恩格斯在1888年发表《提纲》时，给了《提纲》一个很高的评价。他说《提纲》"作为包含着新世界观的天才萌芽的第一个文献，是非常宝贵的"[①]。"新世界观的天才萌芽"是什么？恩格斯没有进一步说明。但是从《形态》的内容以及恩格斯在1893年2月7日写给弗·雅·施穆伊洛夫的信中提到了《提纲》的内容可以猜测到，此"新世界观的天才萌芽"是指历史唯物主义的思想。他在信中说："关于历史唯物主义的起源，在我看来，您在我的《费尔巴哈论》（《路德维希·费尔巴哈和德国古典哲学的终结》）中就可以找到足够的东西——马克思的附录（指《提纲》——原编者注）其实就是这一起源！"[②] 在此后的著作中，恩格斯很少提到过《提纲》。

恩格斯虽然说《提纲》"包含着新世界观的天才萌芽"，但他对新世界观的理解和马克思的理解还是存在差别的。具体表现在以下两个方面。

1. 对旧唯物主义缺点的理解不同

马克思在《提纲》中所揭示的旧唯物主义缺点是对意识对象的直观理解，即："从前的一切唯物主义（包括费尔巴哈的唯物主义）的主要缺点是：对对象、现实、感性，只是从客体的或者直观的形式去理解，而不是把它们当做感性的人的活动，当做实践去理解，不是从主体方面去理解。"[③]"费尔巴哈想要研究跟思想客体确实不同的感性客体，但是他没有

---

① 《马克思恩格斯选集（第4卷）》，人民出版社2012年版，第219页。
② 《马克思恩格斯全集（第39卷）》，人民出版社1974年版，第24-25页。
③ 《马克思恩格斯选集（第1卷）》，人民出版社2012年版，第133页。

把人的活动本身理解为对象性的〔gegenständliche〕活动。"①（第一条）
"费尔巴哈不满意抽象的思维而喜欢直观；但是他把感性不是看做实践的、
人的感性的活动。"②（第五条）"直观的唯物主义，即不是把感性理解为
实践活动的唯物主义，至多也只能达到对单个人和市民社会的直观。"③
（第九条）这些都是《提纲》指出的旧唯物主义对意识对象的直观理解。
所以马克思把旧唯物主义称为"直观的唯物主义"，即"不能把感性理解
为实践活动的唯物主义"，而把自己的称为"新唯物主义"，即把意识的
对象理解为人的感性活动，理解为实践的唯物主义。

在《形态》中，马克思进一步批判了费尔巴哈对意识对象的直观理解
的缺点，阐述了他对意识对象的实践理解。马克思指出："费尔巴哈对感
性世界的'理解'一方面仅仅局限于对这一世界的单纯的直观，另一方面
仅仅局限于单纯的感觉。"④当仅仅依靠"单纯的感觉"和"单纯的直观"
无法认识复杂的社会现象时，为了解决这种矛盾，他又提出多种直观。
"在对感性世界的直观中，他不可避免地碰到与他的意识和感觉相矛盾的
东西……为了排除这些东西，他不得不求助于某种二重性的直观，这种直
观介于仅仅看到'眼前'的东西的普通直观和看出事物的'真正本质'
的高级的哲学直观之间。"⑤然而，他的企图并不能消除他的矛盾。费尔
巴哈把"他周围的感性世界"看成是"某种开天辟地以来就直接存在的、
始终如一的东西"⑥，是"先于人类历史而存在的自然界"，他认为他意识
到的一切都是既成的、先在的自然物，他的这种理解方式就是一种直观的
理解方式。

马克思明确指出，"先于人类历史而存在的那个自然界，不是费尔巴
哈生活于其中的自然界"⑦，费尔巴哈所意识到的这些感性世界"是工业
和社会状况的产物，是历史的产物，是世世代代活动的结果"，"甚至连最
简单的'感性确定性'的对象也只是由于社会发展、由于工业和商业交往

---

① 《马克思恩格斯选集（第 1 卷）》，人民出版社 2012 年版，第 133 页。
② 《马克思恩格斯选集（第 1 卷）》，人民出版社 2012 年版，第 135 页。
③ 《马克思恩格斯选集（第 1 卷）》，人民出版社 2012 年版，第 136 页。
④ 《马克思恩格斯选集（第 1 卷）》，人民出版社 2012 年版，第 155 页。
⑤ 《马克思恩格斯选集（第 1 卷）》，人民出版社 2012 年版，第 155 页。
⑥ 《马克思恩格斯选集（第 1 卷）》，人民出版社 2012 年版，第 155 页。
⑦ 《马克思恩格斯选集（第 1 卷）》，人民出版社 2012 年版，第 157 页。

才提供给他的"①。也就是说，就像"樱桃树只是由于一定的社会在一定时期的这种活动才为费尔巴哈的'感性确定性'所感知"②，费尔巴哈意识的对象只能是"世世代代活动的结果"，即历史的实践。实践"是整个现存的感性世界的基础，它哪怕只是中断一年，费尔巴哈就会看到，不仅在自然界将发生巨大的变化，而且整个人类世界以及他自己的直观能力，甚至他本身的存在也会很快就没有了"③。"先于人类历史而存在的自然界，不是费尔巴哈生活其中的自然界；这些除去在澳洲新出现的一些珊瑚岛以外今天在任何地方都不再存在的、因而对于费尔巴哈来说也是不存在的自然界。"④ 马克思在《形态》中通过批判费尔巴哈对意识对象的直观理解，进一步论证了其对意识对象的实践理解。这是马克思的新唯物主义和费尔巴哈的旧唯物主义最典型的区别。

而恩格斯却没有理解马克思从旧唯物主义的直观性的缺点来理解新旧唯物主义的区别这个视角，他把旧唯物主义的缺点归结为机械性、形而上学性和历史观上的唯心主义。恩格斯在《费尔巴哈论》中指出："上一世纪的唯物主义主要是机械唯物主义"。机械性，即"仅仅运用力学的尺度来衡量化学性质的和有机性质的过程"，"这是法国古典唯物主义的一个特有的，但在当时不可避免的局限性"。⑤ "这种唯物主义的第二个特有的局限性在于：它不能把世界理解为一种过程，理解为一种处在不断的历史发展中的物质。这是同当时的自然科学状况以及与此相联系的形而上学的即反辩证法的哲学思维方法相适应的。"⑥ 恩格斯还批判费尔巴哈，指出他的历史观的唯心主义性质。"作为一个哲学家，他也停留在半路上，他下半截是唯物主义者，上半截是唯心主义者；他没有批判地克服黑格尔，而是简单地把黑格尔当做无用的东西抛在一边，同时，与黑格尔体系的百科全书式的丰富内容相比，他本人除了矫揉造作的爱的宗教和贫乏无力的道德以外，拿不出什么积极的东西。"⑦

---

① 《马克思恩格斯选集（第1卷）》，人民出版社2012年版，第155页。
② 《马克思恩格斯选集（第1卷）》，人民出版社2012年版，第156页。
③ 《马克思恩格斯选集（第1卷）》，人民出版社2012年版，第157页。
④ 《马克思恩格斯选集（第1卷）》，人民出版社2012年版，第157页。
⑤ 《马克思恩格斯选集（第4卷）》，人民出版社2012年版，第234-35页。
⑥ 《马克思恩格斯选集（第4卷）》，人民出版社2012年版，第235页。
⑦ 《马克思恩格斯选集（第4卷）》，人民出版社2012年版，第248页。

恩格斯在出版《费尔巴哈论》之前，为了给此书写序言，他重新浏览了《形态》中关于费尔巴哈的第一章，其目的是想在序言中进一步说明马克思新世界观与费尔巴哈哲学的关系。可惜，手稿虽在，却不合适其用，因为"其中关于费尔巴哈的一章没有写完。已写好的部分是阐述唯物主义历史观的；这种阐述只是表明当时我们在经济史方面的知识还不够。旧稿中缺少对费尔巴哈学说本身的批判；所以，旧稿对现在这一目的是不适用的"①。所以恩格斯仅仅把《提纲》作为附录发表。其实，马克思在《形态》中已经表述了对费尔巴哈唯物主义直观性的批判（上文已列举了大量的事实），可是恩格斯却没能看出来，这就表明马克思在《提纲》中对费尔巴哈的意识对象的直观性的批判是在恩格斯的视野之外的。

恩格斯是第一个公开发表《提纲》的人，他把《提纲》作为《费尔巴哈论》单行本的附录发表。但是，在《费尔巴哈论》中，恩格斯既没有提到《提纲》第一条的思想，也没有体现此思想。如果《费尔巴哈论》是在恩格斯发现《提纲》之前写的，恩格斯在《费尔巴哈论》中没提到《提纲》是可以理解的。可是，在《费尔巴哈论》的序言中，恩格斯除了说《提纲》是"匆匆写成的供以后研究用的笔记，根本没打算付印。但是它作为包含着新世界观的天才萌芽的第一个文献，是非常宝贵的"② 之外没有再说什么。如果恩格斯真的理解了《提纲》中所提到的新旧唯物主义的区别，意识到自己在对旧唯物主义的缺点的认识上与马克思有区别，那他就应该利用发表《提纲》这个机会在序言中对自己与马克思关于旧唯物主义的缺点的看法不同做一个合理的说明。然而，恩格斯没有那样做，这些都进一步表明恩格斯并未真正理解《提纲》中马克思所批判的旧唯物主义的缺点。

2. 对哲学出发点的理解不同

恩格斯在《费尔巴哈论》一书中，在谈到哲学的出发点问题时，他对哲学出发点的理解就与马克思的《提纲》第一条的理解有所不同。他在书中说："全部哲学，特别是近代哲学的重大的基本问题，是思维和存在的关系问题。"③ "哲学家依照他们如何回答这个问题而分成了两大阵营。凡

---

① 《马克思恩格斯选集（第4卷）》，人民出版社2012年版，第218页。
② 《马克思恩格斯选集（第4卷）》，人民出版社2012年版，第219页。
③ 《马克思恩格斯选集（第4卷）》，人民出版社2012年版，第229页。

是断定精神对自然界说来是本原的，从而归根到底承认某种创世说的人（而创世说在哲学家那里，例如在黑格尔那里，往往比在基督教那里还要繁杂和荒唐得多），组成唯心主义阵营。凡是认为自然界是本原的，则属于唯物主义的各种学派。除此之外，唯心主义和唯物主义这两个用语本来没有任何别的意思，它们在这里也不是在别的意义上使用的。"① 从这里可以看出，恩格斯是从自然界（存在）出发来解释精神（思维）的。这和马克思在《提纲》中第一条所说的"从主体方面"、从"实践"出发来解释一切不同。从两者在哲学出发点上的差异可以看出，恩格斯理解的新唯物主义与马克思所理解的新唯物主义不同。

恩格斯并不是从旧唯物主义的直观性的角度来理解新唯物主义，而是从唯物主义和辩证法的关系的角度来理解的。他从唯物主义和辩证法的关系来划分唯物主义的形态，认为古代唯物主义是和辩证法原始朴素结合的古代朴素唯物主义，近代唯物主义是与辩证法分离的机械的形而上学的唯物主义，马克思创立的新唯物主义是在新的科学基础上达到统一的辩证唯物主义。他说："马克思和我，可以说是唯一把自觉的辩证法从德国唯心主义哲学中拯救出来并运用于唯物主义的自然观和历史观的人。"② 恩格斯把这种唯物主义称为"现代的唯物主义"，他说，"现代唯物主义本质上都是辩证的"。③ 从恩格斯的理解可以看出，他虽然没有使用"辩证唯物主义"这一术语，但他这种理解方式就是"辩证唯物主义"的理解方式。在恩格斯发表《提纲》之前，他已经形成了这种"辩证唯物主义"的理解方式。这种理解方式认为马克思在哲学上实现的根本变革是把唯物主义和辩证法结合起来，实现了唯物主义与辩证法的高度统一、唯物主义的自然观与历史观的高度统一，马克思的新唯物主义与包括费尔巴哈在内的旧唯物主义的主要区别是前者是辩证唯物主义，后者是机械的、形而上学的唯物主义；前者把辩证唯物主义世界观彻底贯彻推广于社会历史，创立了历史唯物主义，后者仍停留在自然唯物主义，在历史观上仍然是唯心主义。在这种前理解的影响下，恩格斯对《提纲》的理解就戴上了一副有色眼镜，只关注《提纲》中的历史唯物主义思想和实践观思想，不

① 《马克思恩格斯选集（第4卷）》，人民出版社2012年版，第231页。
② 《马克思恩格斯选集（第3卷）》，人民出版社2012年版，第385页。
③ 《马克思恩格斯选集（第3卷）》，人民出版社2012年版，第400页。

重视《提纲》其他思想，特别是《提纲》第一条的意识对象观思想。

　　恩格斯关注《提纲》中的历史唯物主义思想。他注意到了马克思在《提纲》中阐述的历史唯物主义的一些基本观点，如人的本质、社会生活的本质和历史唯物主义的社会基本矛盾等。恩格斯在《形态》中就多次批判费尔巴哈的抽象的"人"的观点，阐述马克思的现实的历史的"人"的思想。他在批判费尔巴哈的直观性时就说道："费尔巴哈对感性世界的'理解'一方面仅仅局限于对这一世界的单纯的直观，另一方面仅仅局限于单纯的感觉。费尔巴哈设定的是'人'，而不是'现实的历史的人'。"①"诚然，费尔巴哈与'纯粹的'唯物主义者相比有巨大的优点：他承认人也是'感性对象'。但是，他把人只看做是'感性对象'，而不是'感性活动'，因为他在这里也仍然停留在理论的领域内，没有从人们现有的社会联系，从那些使人们成为现在的这种样子的周围生活条件来观察人们——这一点且不说，他还从来没有看到现实存在着的、活动的人，而是停留在抽象的'人'，并且仅仅限于在感情范围内承认'现实的、单个的、肉体的人'，也就是说，除了爱与友情，而且是理想化了的爱与友情以外，他不知道'人与人之间'还有什么其他的'人的关系'。"②

　　恩格斯在批判费尔巴哈的抽象的"人"的观点同时，还进一步阐述了马克思关于人的本质的观点，"人的本质不是单个人所固有的抽象物，在其现实性上，它是一切社会关系的总和"③。他说："个人怎样表现自己的生命，他们自己就是怎样。因此，他们是什么样的，这同他们的生产是一致的——既和他们生产什么一致，又和他们怎样生产一致。因而，个人是什么样的，这取决于他们进行生产的物质条件。"④"但是，这里所说的个人不是他们自己或别人想象中的那种个人，而是现实中的个人，也就是说，这些个人是从事活动的，进行物质生产的，因而是在一定的物质的、不受他们任意支配的界限、前提和条件下活动着的。"⑤

　　恩格斯还强调《提纲》中的实践观思想。他指出，人们改造自然的活

---

① 《马克思恩格斯选集（第1卷）》，人民出版社2012年版，第155页。
② 《马克思恩格斯选集（第1卷）》，人民出版社2012年版，第157页。
③ 《马克思恩格斯选集（第1卷）》，人民出版社2012年版，第135页。
④ 《马克思恩格斯选集（第1卷）》，人民出版社2012年版，第147页。
⑤ 《马克思恩格斯选集（第1卷）》，人民出版社2012年版，第151页。

动（实践）是最切近思维（意识）的基础："自然科学和哲学一样，直到今天还全然忽视人的活动对于人的思维的影响；它们在一方面只是知道自然界，在另一方面只知道思维。但是，人的思维的最本质和最切近的基础，正是人所引起的自然界的变化，而不单独是自然界本身；人的智力是按照人如何学会改变自然界而发展的。"① 他还提出了实践对于思维的能动作用，他说："从笛卡尔到黑格尔和从霍布斯到费尔巴哈这一长时期内，推动哲学家前进的，决不像他们所想象的那样，只是纯粹思想的力量。恰恰相反，真正推动他们前进的，主要是自然科学和工业的强大而日益迅猛的进步。"② 他还提出了实践对思维真理性的检验作用，他说，"对这些以及其他一切哲学上的怪论的最令人信服的驳斥是实践，即实验和工业"③。

恩格斯对《提纲》的理解，对马克思主义哲学的"辩证唯物主义"理解，影响到了以后的马克思主义研究者。此后，普列汉诺夫、列宁等人继续这种理解方式，在二者的宣传和影响下，"辩证唯物主义"理解逐渐在国际共产主义运动中占据主导地位。其后，在俄国一大批马克思主义研究者的理解下，"辩证唯物主义"理解变形为"辩证唯物主义和历史唯物主义"理解，尤其是1938年斯大林的《辩证唯物主义和历史唯物主义》单行本的发表，标志着"辩证唯物主义和历史唯物主义"理解模式和以辩证唯物主义和历史唯物主义为主要内容的哲学教科书体系的最终确立。自此以后，由于官方意识形态的作用，这种理解模式就在苏联和中国成为马克思主义哲学理解史上长期占统治地位的一种传统的马克思主义理解方式。

三、从普列汉诺夫到哲学教科书对《提纲》的理解

（一）对《提纲》第一条的理解

在传统马克思主义者中，普列汉诺夫和列宁是少数提到《提纲》第一条的人，此后的斯大林和哲学教科书体系，都没有提到《提纲》第一条的

---

① 《马克思恩格斯选集（第4卷）》，人民出版社2012年版，第329页。
② 《马克思恩格斯选集（第4卷）》，人民出版社2012年版，第226页。
③ 《马克思恩格斯选集（第4卷）》，人民出版社2012年版，第232页。

思想。

在普列汉诺夫的著作中，有三处地方谈到对《提纲》第一条的理解。在《论一元论历史观的发展问题》一书中，普列汉诺夫在"现代唯物主义"这一章中针对那些"责备马克思忽视历史中的思想和情感因素的先生们"认为"马克思不理解自我意识的意义及其力量"的观点，普列汉诺夫说："实际上马克思认为解释人类的'自我意识'乃是社会科学的最重要的任务。"① 他还引证了马克思的《提纲》第一条来说明，他说："'包括费尔巴哈的唯物主义在内的唯物主义的主要缺点，迄今为止都是，它仅仅在客体的形式中，或者在直观的形式中，而不是在具体的人类活动的形式中，不是在实践形式中，不是从主体方面考查现实，考察对象的、为外部感官所把握的世界。因此，能动的方面，和唯物主义相反，迄今为止都是由唯心主义发挥的，不过是抽象地发挥的，因为唯心主义自然不承认具体活动本身。'先生们你们是否仔细考虑过马克思的这些话呢？我们来告诉你们它们是什么意思。"② 普列汉诺夫的解释是："人只有在历史中才会成为'主体'，因为只有在历史中他的自我意识才得到发展。局限于把人看作动物王国的一员，意味着局限于把他看作'客体'，忽视他的历史发展，忽视他的社会'实践'，忽视具体的人类活动。然而忽视这一切，意味着使唯物主义变成'枯燥的、昏暗的、可悲的'（歌德）。……马克思看到了法国唯物主义甚至费尔巴哈唯物主义的这个缺点，于是给自己提出了纠正它的任务。他的'经济'唯物主义乃是对人的'具体活动'怎样发展、他的自我意识怎样由于这种活动而发展起来、历史的主体方面怎样形成这一问题的回答。"③

从普列汉诺夫的解释可以看出，他针对那些"责备马克思忽视历史的思想和情感因素的先生们"的观点而说明马克思并没有忽视思想（意识）因素，引用了《提纲》第一条的内容，目的是要说明马克思已经认识到自

①　［俄］普列汉诺夫：《论一元论历史观的发展问题》，王荫庭译，商务印书馆2012年版，第214页。

②　［俄］普列汉诺夫：《论一元论历史观的发展问题》，王荫庭译，商务印书馆2012年版，第215页。

③　［俄］普列汉诺夫：《论一元论历史观的发展问题》，王荫庭译，商务印书馆2012年版，第215－216页。

我意识是在实践中历史地发展起来的。从这里就可以看出，普列汉诺夫只是强调实践对意识的作用，强调实践在区别新旧唯物主义方面的重要，并没有把实践理解为意识的对象。

在《马克思的基本问题》中，普列汉诺夫又谈到了马克思的《提纲》第一条的思想。他说："就是马克思在他的提纲里批评费尔巴哈的时候，也常常对费尔巴哈的思想加以发展和补充。这里就从'认识论'方面引一个例子。根据费尔巴哈的意见，人在思考一种事物以前，就体验到它的作用，直观到它，感觉到它。……马克思指费尔巴哈的这种思想说：'从前一切唯物主义——包括费尔巴哈的唯物主义在内——的主要缺点，就在于它只是以客观或直观的形式，而不是以具体的人的活动的形式，不是以实践的形式，不是从主观上，来考察现实，考察外感觉器官所感受的实物世界。'马克思还说，唯物主义所以会有这种缺点，是因为费尔巴哈在他的《基督教的本质》一书里只是把理论活动看作人的真正的活动。换句话说，费尔巴哈说我们的'我'只是因为受客体的影响才认识了客体。马克思反驳道：我们的'我'因为自己对客体的影响才认识了客体。马克思的思想是完全正确的；浮士德早就说过：'事业在先。'当然，替费尔巴哈辩护的人可以反驳道，在我们作用于事物的过程中，我们能够认识事物的本性只是因为事物作用于我们。在这两种情形之下，都是感觉先于思维。在这两种情形之下，都是我们先感觉到事物的本性，然后才想到它们。但是马克思也不否认这一点。马克思认为问题不在于感觉先于思考这个不可争辩的事实，而在于推动人去思考的主要是人作用于外界过程中所体验到的那些感觉。而且因为这种对外界的作用是受生存竞争所驱使的，所以马克思的认识论是跟他对于人类文化史的唯物主义观点有着密切联系的。无怪乎这位写了一份有趣的提纲来反对费尔巴哈的思想家，在他的《资本论》第一卷中写道：'人在作用于外部自然界的时候，他便改变了他自己的本性。'这个原理只有在马克思的认识论的照耀之下才能显出它的全部深刻的意义。我们在以后还要看到，他的这个理论怎样强有力地被文化发展史甚至语言科学所证实。不过我们还应该承认，马克思的认识论是直接从费尔巴哈的认识论发生出来的，或者要是你愿意的话，也可以说马克思的认识论实际就是费尔巴哈的认识论，只不过因为马克思做了天才的修正而更加深刻罢了。……顺便补充一句：这个天才的修正是由'时代精神'所提示的。马克思和恩格斯的世界观所形成的那个时代的社会潮流，就在这种从主体起积极作用方面来观察客体和主体相互关系的欲望中表现出来了。"①

在这段话中，普列汉诺夫从认识论的角度理解《提纲》第一条提到的费尔巴哈的缺点，认为费尔巴哈的缺点是不懂得"从主体起积极作用方面来观察客体和主体相互关系"，而以直观的形式认识客体，即"我们的'我'只是因为受客体的影响才认识了客体"，而不懂得以实践的形式来认识客体，即从"我们的'我'因为自己对客体的影响才认识了客体"。普列汉诺夫的这种认识是正确的，但是他说"马克思的认识论实际就是费尔巴哈的认识论，只不过因为马克思做了天才的修正而更加深刻罢了"，这就证明了他不理解马克思的意识对象观。他把意识的对象理解为先在客体，先在客体作用于人的感官而形成感觉，然后才产生认识，这个过程即"感觉先于思维"。而马克思的意识对象观认为意识对象是实践，认识就是实践的认识，在实践的作用下产生认识。所以说普列汉诺夫并没有理解马克思的意识对象观。

普列汉诺夫在评价努阿莱的思想时再次表示了对《提纲》第一条的理解。他针对努阿莱的一个观点"一切对象只有随着它们受到人的作用，才呈入人的视野，就是说，才成为事物，因此它们才能获得了自己的名称"，评价说："据努阿莱的意见，人的活动给语言的原始语根提供了内容。有趣的是，努阿莱找到他的理论的最初萌芽是在费尔巴哈的下面一种思想中间，即人的本质是在于社会性，在于人与人的一致性。他大概一点也不知道马克思。不然的话，他也许会看到，他对于活动在语言形成上的作用的观点是接近于马克思的（因为马克思在他的认识论中是强调人的活动的），而跟费尔巴哈相反（因为费尔巴哈所谈论的主要是'直观'）。"② 从普列汉诺夫对努阿莱思想的评价可知，普列汉诺夫已经理解了马克思所强调的实践活动对于认识的作用，即"马克思在他的认识论中是强调人的活动的"，除此之外并没有超出认识论的范围来理解实践。

列宁在《唯物主义与经验批判主义》中也提到了《提纲》第一条的思想。列宁引用了专门研究费尔巴哈哲学的学者莱维教授对马克思《提

---

① ［俄］普列汉诺夫：《普列汉诺夫哲学著作选集（第3卷）》，生活·读书·新知三联书店1962年版，第145－147页。

② ［俄］普列汉诺夫：《论一元论历史观之发展》，博古译，生活·读书·新知三联书店1965年版，第172页。

纲》的理解的话："……另一方面，马克思认为遗憾的是：唯物主义曾经让唯心主义去评价能动力（即人的实践）的作用。"① "马克思认为：应该把这些能动力从唯心主义手中夺过来，也把它导入唯物主义的体系中，但是，当然必须把唯心主义所不能承认的那种实在的和感性的特质给予这些能动力。"② 对于这些评论，列宁评价道："当莱维说马克思认为'物的活动'和人类的'现象活动'相符合，即人类的实践不仅具有（休谟主义和康德主义所谓的）现象的意义而且还具有客观实在的意义的时候，他的话在本质上是正确的。"③ 从列宁的评价可以看出，列宁认识到旧唯物主义不懂得实践的缺点，因为"唯物主义曾经让唯心主义去评价能动力（即人的实践）的作用"；列宁还认识到实践具有"客观实在的意义"，这都是正确的。但是，列宁并没有提出实践与意识的关系，并没有认识到实践是意识的对象。

斯大林在他的著作中从未提到过《提纲》的内容。他把马克思主义理解为是"辩证唯物主义和历史唯物主义"。在《辩证唯物主义与历史唯物主义》一书中，他说："辩证唯物主义是马列主义党的世界观。其所以叫做辩证唯物主义，是因为它对自然界现象的看法，它研究自然界现象的方法，它认识这些现象的方法，是唯物辩证的，而它对自然界现象的解释，它对自然界现象的了解，它的理论，是唯物主义。历史唯物主义就是把辩证唯物主义原理推广去研究社会生活，把辩证唯物主义原理应用于社会生活现象，应用于研究社会，应用于研究社会历史。"④ 而马克思的"辩证唯物主义"是吸取了黑格尔的辩证法的"合理内核"和费尔巴哈的唯物主义的"基本内核"而形成的。他说："其实，马克思与恩格斯仅仅从黑格尔辩证法中探取了它的'合理内核'，而摒弃了黑格尔唯心主义的外壳，并向前发展了辩证法，因而赋予了辩证法一个现代的科学的形态。……马克思与恩格斯是从费尔巴哈唯物主义中探取了它的'基本内核'，把它向前发展成了科学的哲学唯物主义理论，而摒弃了它那唯心主义的和宗教的

---

① 《列宁全集（第2卷）》，人民出版社1972年版，第103页。
② 《列宁全集（第2卷）》，人民出版社1972年版，第103页。
③ 《列宁全集（第2卷）》，人民出版社1972年版，第103-104页。
④ ［苏］斯大林：《辩证唯物主义与历史唯物主义》，唯真译，解放社1949年版，第1页。

伦理杂质。"① 其后，他还详细地介绍了马克思主义哲学的唯物主义的基本特征。在他的视域内，从来没有提到过费尔巴哈的唯物主义的直观性的缺点，没提到过《提纲》的内容，《提纲》是被遗忘了的。

以斯大林的《辩证唯物主义与历史唯物主义》为模板的哲学教科书，仍旧坚持斯大林的理解模式，但后来经过多次修正，虽然总体框架还是"辩证唯物主义"和"历史唯物主义"两大板块，但在具体内容上有了补充和修正，关注了《提纲》的某些内容。例如20世纪八九十年代中国在高校通用的哲学教科书《辩证唯物主义和历史唯物主义原理》一书，其中在"辩证唯物主义"的认识论部分阐述"实践是检验认识的真理性的唯一标准"的时候引用了《提纲》第二条的内容②，在"历史唯物主义"部分阐述"人总是社会的人"时引用了《提纲》第六条的内容③。从哲学教科书对《提纲》的引用可以看出，《提纲》第一条的意识对象观也是被遗忘的。

（二）对《提纲》中的旧唯物主义的缺点的理解

受恩格斯的影响，列宁及其后的"辩证唯物主义"理解者把旧唯物主义的缺点归结为是机械性、形而上学性和历史观上的唯心主义。恩格斯在《费尔巴哈论》中指出："上一世纪的唯物主义主要是机械唯物主义"④，"这种唯物主义的第二个特有的局限性在于：它不能把世界理解为一种过程，理解为一种处在不断的历史发展中的物质。这是同当时的自然科学状况以及与此相联系的形而上学的即反辩证法的哲学思维方法相适应的"⑤。这种唯物主义具有上一世纪的唯物主义的共同缺点："现在已经成为可能的、排除了法国唯物主义的一切片面性的、历史的自然观，始终没有为费

---

① ［苏］斯大林：《辩证唯物主义与历史唯物主义》，唯真译，解放社1949年版，第2－3页。

② 李秀林、王于、李淮春：《辩证唯物主义和历史唯物主义原理》，中国人民大学出版社1982年版，第225页。

③ 李秀林、王于、李淮春：《辩证唯物主义和历史唯物主义原理》，中国人民大学出版社1982年版，第425页。

④ 《马克思恩格斯选集（第4卷）》，人民出版社2012年版，第234页。

⑤ 《马克思恩格斯选集（第4卷）》，人民出版社2012年版，第235页。

尔巴哈所了解。"①费尔巴哈"作为一个哲学家，他也停留在半路上，他下半截是唯物主义者，上半截是唯心主义者"②。

列宁后来把恩格斯所提到的旧唯物主义的缺点归纳为：机械性、形而上学性和在历史观上的唯心主义。他在《唯物主义和经验批判主义》中说："恩格斯逐一地列举了 18 世纪法国唯物主义者的三个基本的'局限性'。马克思和恩格斯摆脱了这些局限性，可是毕希纳一伙没有摆脱得了。第一个局限性是：旧唯物主义者的观点是'机械的'，这就是说，他们'仅仅运用力学的尺度来衡量化学过程和有机过程'……第二个局限性是：旧唯物主义者的观点是形而上学的，这就是说，'他们的哲学是反辩证法的'……第三个局限性是：'上半截'即在社会科学领域内保持着唯心主义，不懂得历史唯物主义。"③ 苏联马恩列研究院认为旧唯物主义的缺点是缺乏辩证法："马克思克服了旧唯物主义的主要缺点，他用德国古典哲学的最伟大成就——辩证法丰富了唯物主义。但是马克思并不是简单地从黑格尔那里把辩证法接受过来，而是对它进行了根本的改造。"④

我国"反思哲学"时期的许多学者，如汝信、叶秀山、王树人、余丽娥和李凤鸣等认为费尔巴哈哲学的缺陷是形而上学，他们在《马克思主义的三个来源》一书中说："由恩格斯发表的马克思《关于费尔巴哈的提纲》表明，在这个时期，马克思已十分重视克服费尔巴哈唯物主义的形而上学缺陷，并且强调，只有把辩证法、主观能动性从唯心主义者手里（特别是从黑格尔手里）批判地改造过来，才能克服费尔巴哈哲学的缺陷。"⑤"马克思主义奠基人彻底批判了费尔巴哈的形而上学和唯心史观方面的错误，创建了具有全新内容的、唯一科学的哲学理论——辩证唯物主义和历史唯物主义，使哲学成为无产阶级革命的锐利武器。"⑥

---

① 《马克思恩格斯选集（第 4 卷）》，人民出版社 2012 年版，第 230 页。

② 《马克思恩格斯选集（第 4 卷）》，人民出版社 2012 年版，第 248 页。

③ 《列宁选集（第 2 卷）》，人民出版社 1972 年版，第 245 - 246 页。

④ ［苏］尼·伊·拉宾：《论西方对青年马克思思想的研究》，马哲译，人民出版社 1981 年版，第 60 页。

⑤ 汝信主编《马克思主义的三个来源》，人民出版社 1978 年版，第 73 页。

⑥ 汝信主编《马克思主义的三个来源》，人民出版社 1978 年版，第 83 页。

（三）对《提纲》中新旧唯物主义的区别的理解

由于"辩证唯物主义"理解者把旧唯物主义的缺点归结为机械性、形而上学性和历史观上的唯心主义，所以对新旧唯物主义区别的理解也是遵循恩格斯从唯物主义和辩证法的角度来理解的。他们把旧唯物主义理解为缺乏辩证法的形而上学的唯物主义，把新唯物主义理解为是辩证唯物主义。普列汉诺夫认为，旧唯物主义是缺乏辩证法的形而上学的唯物主义，而马克思的唯物主义是"辩证唯物主义"。他说："一般说来，马克思和恩格斯在唯物主义方面的最伟大的功绩之一，就是他们制定了正确的方法。费尔巴哈集中他的全力去反对黑格尔哲学的思辨要素，以致他很少重视和利用黑格尔哲学的辩证法的要素。费尔巴哈的意见很正确地规定了哲学的出发点，而不是哲学的方法。这个空白由马克思和恩格斯填补起来了，他们知道，如果只反对黑格尔的思辨哲学，而忽视他的辩证法，那是错误的。"① 所以，"我们用'辩证唯物主义'这一术语，它是唯一能够正确说明马克思的哲学的术语。霍尔巴赫和爱尔维修是形而上学唯物主义者。他们曾和形而上学唯心主义斗争过。他们的唯物主义让位于辩证唯心主义，而后者则为辩证唯物主义所战胜。'经济唯物主义'这一名字是非常不恰当的。马克思从来没有自称为经济唯物主义者"②。

列宁也是从唯物主义和辩证法的角度揭示新旧唯物主义的区别，指出旧唯物主义是"机械的唯物主义"，是"非历史的、非辩证的"。他在1914 年 7 月写的《卡尔·马克思》一文中认为："马克思恩格斯认为包括费尔巴哈的唯物主义在内的'旧'唯物主义（尤其是毕希纳、福格特、摩莱肖特的'庸俗'唯物主义）的主要缺点是：（1）这种唯物主义'主要是机械的'唯物主义，它没有考虑到化学和生物学（现时还应加上物质电理论）的最新发展；（2）旧唯物主义是非历史的、非辩证的（是反辩证法意义上的形而上学的），它没有彻底而全面地遵循发展观；（3）旧唯物主义者抽象地了解'人的本质'，而不是把它了解为（一定的具体历史

---

① 《普列汉诺夫哲学著作选集（第3 卷）》，生活·读书·新知三联书店 1962 年版，第 158 页。

② ［俄］普列汉诺夫：《论一元论历史观之发展》，生活·读书·新知三联书店1971 年版，第 198 页。

条件下的）'一切社会关系'的'总和'，所以他们只是'解释'世界，但是问题在于'改变'世界，也就是说，他们不了解'革命实践活动'的意义。"①

列宁还指出马克思主义哲学是吸取了费尔巴哈的唯物主义和黑格尔的辩证法后形成的辩证唯物主义，历史唯物主义是把辩证唯物主义推广到人类社会而形成的。在《马克思主义的三个来源和三个组成部分》中他就指出："马克思并没有停止在十八世纪的唯物主义上，而是把哲学向前推进了。他用德国古典哲学中的成果，特别是用使费尔巴哈唯物主义哲学能以产生的黑格尔体系的成果丰富了哲学。这些成果中最重要的就是辩证法，即最完整深刻而无片面性弊病的关于发展的学说，这种学说认为反映永恒发展的物质的人类认识是相对的。自然科学方面的最新发现，如镭、电子、元素转化等，不管资产阶级哲学家们那些'重新'回到陈旧腐烂的唯心主义去的学说怎样说，却灿烂地证实了马克思的辩证唯物主义。"② 他还指出历史唯物主义是把辩证唯物主义推广到人类社会而形成的，他说"马克思加深和发展了哲学唯物主义，使它成为完备的唯物主义哲学，把唯物主义对自然界的认识推广到对人类社会的认识。马克思的历史唯物主义是科学思想中的最大成果"③。

我国"反思哲学"时期的许多学者，如汝信、叶秀山、王树人、余丽娥、和李凤鸣等也仍然是从唯物主义和辩证法的角度来理解新旧唯物主义的区别，他们在《马克思主义的三个来源》一书中说："马克思主义以前的旧唯物主义者，一般都不懂得或不能坚持辩证法，摆脱不了形而上学思维方法的束缚，因此他们不能真正地战胜唯心主义，也不能彻底贯彻自己的唯物主义观点。只有马克思主义的创始人，才把唯物主义和辩证法统一起来，既反对一切唯心主义，又反对形而上学，向无产

---

① ［苏］列宁：《列宁论马克思恩格斯及马克思主义》，中共中央著作编译局译，人民出版社 1949 年版，第 7 页。

② ［苏］列宁：《列宁论马克思恩格斯及马克思主义》，中共中央著作编译局译，人民出版社 1949 年版，第 48 页。

③ ［苏］列宁：《列宁论马克思恩格斯及马克思主义》，中共中央著作编译局译，人民出版社 1949 年版，第 49 页。

阶级提供了唯物辩证法这个正确地认识世界和改造世界的强大思想武器。"①

（四）对《提纲》中的实践观思想的理解

1．对实践的理解

列宁已经把实践理解为与意识相对的"人的感性活动"，而没有像后来的辩证唯物主义者那样理解为"主客观统一的"活动。列宁说："实践高于（理论的）认识，因为它不仅有普遍性的优点，而且还有直接现实性的优点。"② 他还把人的活动界定为客观的过程。他说："客观过程的两个形式：自然界（机械的和化学的）和人的有目的的活动。"③ 列宁在此无疑是把实践理解为相对于认识的现实生活，实践的"直接现实性"，就是指实践是意识之外的客观实在，这种品格是认识所没有的。按照列宁对于"客观过程"的理解，客观过程也是物质的运动过程。因此，实践属于特殊的物质运动形式。在《唯物主义与经验批判主义》中，列宁又引用了专门研究费尔巴哈哲学的学者莱维教授对马克思《关于费尔巴哈的提纲》的理解的话："……另一方面，马克思认为遗憾的是：唯物主义曾经让唯心主义去评价能动力（即人的实践）的作用。"④ "马克思认为：应该把这些能动力从唯心主义手中夺过来，也把它导入唯物主义的体系中，但是，当然必须把唯心主义所不能承认的那种实在的和感性的特质给予这些能动力。"⑤ 对于这些评论，列宁评价道："当莱维说马克思认为'物的活动'和人类的'现象活动'相符合，即人类的实践不仅具有（休谟主义和康德主义所谓的）现象的意义而且还具有客观实在的意义的时候，他的话在本质上是正确的。"⑥ 从这里可以看出，列宁认为实践对于意识来说是"具有客观实在的意义"的。列宁还说："对恩格斯来说，整个活生生的人类实践是深入到认识本身之中的，它提供真理的客观标准。"据实践本

---

①　汝信主编《马克思主义的三个来源》，人民出版社1978年版，第87页。

②　《列宁全集（第38卷）》，人民出版社1972年版，第230页。

③　《列宁全集（第38卷）》，人民出版社1972年版，第200－201页。

④　《列宁全集（第2卷）》，人民出版社1972年版，第103页。

⑤　《列宁全集（第2卷）》，人民出版社1972年版，第103页。

⑥　《列宁全集（第2卷）》，人民出版社1972年版，第103－104页。

身就是客观的标准可知，列宁是把实践理解为客观的活动的。

普列汉诺夫对实践的认识有偏离客观性的倾向。在1905年他的第一期《日志》中，他说："什么是理论呢？什么是实践呢？怎样在他们中间划清界限呢？在我们的事业中，在把一切实际希望归根到底都建立在提高无产阶级觉悟的基础上的人们的事业中，要找出这个分界线，是比任何别的事业更加困难的。费尔巴哈说：'理论，这是仍然在我个人头脑中的东西；实践则是深入到许多人头脑中的东西，它把许多头脑团结起来，创造群众，传遍世界，并且为自己在世界中夺得一席之地。'这是毋庸置辩的真理。"①

2．对实践在认识中的地位和作用的理解

受恩格斯的影响，其后的"辩证唯物主义"理解者普遍在认识论的意义上理解实践在认识中的地位和作用。如列宁说："生活、实践的观点，应该是认识论的首先的和基本的观点。"②"我们已经看到，马克思在1845年，恩格斯在1888年和1892年都把实践标准作为唯物主义认识论的基础。"③ 实践在认识中的地位和作用具体体现在以下四个方面。

第一，意识的对象只有在实践中才能成为认识的对象。普列汉诺夫在评论努阿莱的观点时体现这一思想。努阿莱说："一切对象只有随着它们受到人的作用，才呈入人的视野，就是说，才成为事物，因此它们才获得自己的名称。"④ 普列汉诺夫赞同努阿莱的观点，指出其观点"接近于马克思的（因为马克思在他的认识论中是强调人的活动的），而费尔巴哈相反（因为费尔巴哈所谈的主要是"直观"）"⑤。普列汉诺还认为，"人作用于自然的范围愈广阔，他对自然的了解也就愈广阔。反过来说，这一范

---

① 《普列汉诺夫全集（俄文版第15卷）》，第256页，转引自王荫庭《普列汉诺夫哲学新论》第103页。

② 《列宁选集（第2卷）》，人民出版社1972年版，第142页。

③ 《列宁全集（第2卷）》，人民出版社1972年版，第137页。

④ 《普列汉诺夫哲学著作选集（第3卷）》，生活·读书·新知三联书店1962年版，第172页。

⑤ 《普列汉诺夫哲学著作选集（第3卷）》，生活·读书·新知三联书店1962年版，第172页。

围愈狭小，人的理论也就愈贫乏"①。毛泽东则提出实践是认识的来源，人的认识离不开实践，他说："人的认识，主要地依赖于物质的生产活动，逐渐地了解自然的现象、自然的性质、自然的规律性、人和自然的关系；而且经过生产活动，也在各种不同程度上逐渐地认识了人和人的一定的相互关系。"② 他还说："如果要直接认识某种或某些事物，便只有亲身参加变革于现实、变革某种或某些事物的实践的斗争中，才能触到那种或那些事物的现象，也只有在亲身参加变革现实的实践的斗争中，才能暴露那种或那些事物的本质而理解它们。这是任何实际上走着的认识路程。"③

第二，实践是认识发展的动力。普列汉诺夫提出了类似的观点，他说："黑格尔认为，事物的进程是由观念的进程决定的；我们认为，观念的进程是由事物的进程决定的，思想的进程是由生活的进程决定的。"④ "政治经济学特别证实，实践到处和永远先于科学。"⑤ "辩证唯物主义正如歌德的浮士德一样，说：行动在先！""社会生活变化着，跟着它科学理论也变化着。"⑥ 列宁在《怎样组织竞赛》一文中也强调了实践对于理论的作用。他说："现在已经到了这样一个历史关头：理论在变成实践，理论由实践赋予活力，由实践来修正，由实践来检验。马克思说过：'一步实际运动比一打纲领更重要。'这句话现在特别使人信服……要知道，'我的朋友，理论是灰色的，而生活之树是常青的'。"⑦ 毛泽东在《实践论》中也提出了实践是认识发展的推动力的观点，他说："人类社会的生成活动，是一步又一步地由低级向高级发展，因此，人们的认识，不论对于自然界方面，对于社会方面，也都是一步又一步地由低级向高级发展，即由

① 《普列汉诺夫哲学著作选集（第3卷）》，生活·读书·新知三联书店1962年版，第373页。

② 《毛泽东选集（第1卷）》，人民出版社1991年版，第282页。

③ 《毛泽东选集（第1卷）》，人民出版社1991年版，第282–283页。

④ 《普列汉诺夫哲学著作选集（第3卷）》，生活·读书·新知三联书店1962年版，第87页。

⑤ 普列汉诺夫：《论一元论历史观之发展》，生活·读书·新知三联书店1971年版，第150页。

⑥ 普列汉诺夫：《论一元论历史观之发展》，生活·读书·新知三联书店1971年版，第198页。

⑦ 《列宁选集（第3卷）》，人民出版社1972年版，第398页。

浅入深，由片面到更多的方面。"①

第三，实践是检验认识真理性的标准。恩格斯提出了实践对思维真理性的检验作用。他说"对这些以及其他一切哲学上的怪论的最令人信服的驳斥是实践，即实验和工业"②。普列汉诺夫同意恩格斯关于实践对认识的真理性做出检验的观点，但他并未提出实践是认识真理性的"标准"的概念。他说"马克思写道：'人的思维能否如实地认识对象，这个问题决不是一个理论问题，而是一个实践问题。人应该用实践来证明自己思维的真理性，即证明它具有现实的力量并停留在现象的此岸。'从费尔巴哈那里，我们也可以发现同样的思想，用费尔巴哈的话说，唯心主义的基本缺点在于：'它仅仅从理论的观点来考察世界的客观性或主观性、现实性或非现实性的问题，而世界之成为论断的对象，只因为它起初成了愿望的对象。'不错，费尔巴哈写这两句话的时间，是在马克思的上述言论之后二十年左右。但是在这种情况下时间先后未必有什么意义，因为关于哲学理论脱离实践活动对哲学理论有致命影响的思想是与费尔巴哈哲学的整个精神完全符合的。无怪乎他写道，哲学与实践比较只是'不可避免的不幸'"③。列宁则提出了"认识论中的实践标准"概念。他在《唯物主义和经验批判主义》一书中说道，"我们已经看到，马克思在 1845 年，恩格斯在 1888 年和 1892 年都把实践标准作为唯物主义认识论的基础。马克思在关于费尔巴哈的提纲第二条里说：离开实践提出'人的思维是否具有对象的（客观的）真理性'的问题，乃是经验哲学"④。据此，他提出"生活、实践的观点，应该是认识论的首先的和基本的观念"⑤。毛泽东在《实践论》一文中也指出"马克思主义者认为，只有人们的社会实践，才是人们对于外界认识的真理性的标准。实际的情形就是这样的，只有在社会实践过程中（物质生产过程中，阶级斗争过程中，科学实验过程中），人们达到了思想中所预想的结果时，人们的认识才被证实了"⑥。"判定认识或理

---

① 《毛泽东选集（第 1 卷）》，人民出版社 1991 年版，第 283 页。

② 《马克思恩格斯选集（第 4 卷）》，人民出版社 2012 年版，第 232 页。

③ 《普列汉诺夫哲学著作选集（第 3 卷）》，生活·读书·新知三联书店 1962 年版，第 776 页。

④ 《列宁选集（第 2 卷）》，人民出版社 1972 年版，第 137 页。

⑤ 《列宁选集（第 2 卷）》，人民出版社 1972 年版，第 142 页。

⑥ 《毛泽东选集（第 1 卷）》，人民出版社 1991 年版，第 284 页。

论之是否真理，不是依主观上觉得如何而定，而是依客观上社会实践的结果如何而定。真理的标准只能是社会的实践。实践的观点是辩证唯物论的认识论之第一的和基本的观点。"① 我国"反思哲学"时期的"辩证唯物主义"理解者也认为"人们的认识随着实践的发展而发展，实践是检验认识是否正确的唯一标准。马克思指出：'人的思维是否具有客观的真理性，这并不是一个理论问题，而是一个实践的问题。'"② 我国 20 世纪八九十年代在高校通用的哲学教科书《辩证唯物主义和历史唯物主义原理》（李秀林、王于和李淮春主编）一书也强调，"实践是检验认识的真理性的唯一标准"。③

第四，实践是认识的目的。普列汉诺夫和列宁都强调认识不能停留于观念，必须付诸行动。他们都重复过马克思《关于费尔巴哈的提纲》最后一条的思想，认为认识的真正目的在于指导行动。普列汉诺夫指出："在人类思想发展中，实践在任何时候都先于理论：人作用于自然的范围愈广阔，他对自然的了解也就愈广阔，愈正确。反过来说，这一范围愈狭小，人的理论也就愈贫乏。"④ 在《论一元论历史观之发展》一书中，他又指出："生活的实践先于法的'信念'到什么程度可以从原始法中存在着的许多象征的动作看出来。生产方式变化了。跟着它，在生产过程中人们的互相关系亦变化了，而'信念'保存着自己旧时的面貌。它和新的实践矛盾，于是便产生了虚拟，即象征的记号、动作，它的基本目的就在形式地排除这个矛盾。跟着时间的流转，最后，矛盾根本地被排除了：在新的经济实践的基础上形成了新的法的信念。"⑤ 列宁在 1901 年写的《怎么办？》一文中，也阐明了实践对于理论的指导作用，强调理论必须变成实践。他说："没有革命的理论，就不会有革命的运动。""只有以先进理论为指南

---

① 《毛泽东选集（第 1 卷）》，人民出版社 1991 年版，第 284 页。

② 汝信主编《马克思主义的三个来源》，人民出版社 1978 年版，第 86 页。

③ 李秀林、王于、李淮春：《辩证唯物主义和历史唯物主义原理》，中国人民大学出版社 1982 年版，第 225 页。

④ 《普列汉诺夫哲学著作选集（第 3 卷）》，生活·读书·新知三联书店 1962 年版，第 373 页。

⑤ ［俄］普列汉诺夫：《论一元论历史观之发展》，博古译，生活·读书·新知三联书店 1965 年版，第 130 页。

的党，才能实现先进战士的作用。"① 毛泽东在《实践论》中认为认识的最终目的是指导实践，能动地改造世界。他说："马克思主义看重理论，正是，也仅仅是，因为它能够指导行动。如果有了正确的理论，只是把它空谈一阵，束之高阁，并不实行，那么，这种理论再好也是没有意义的。认识从实践始，经过实践得到理论的认识，还须再回到实践去。"② 我国"反思哲学"时期的"辩证唯物主义"理解者汝信、叶秀山等也认为，"马克思主义认为，认识不仅来源于实践，而且又反过来为实践服务，认识的真正目的还在于改造世界。马克思说：'哲学家们只是用不同的方式解释世界，而问题在于改变世界。'理论与实践是统一的"③。他们还强调，"马克思主义哲学在实践的基础上把唯物主义和辩证法有机地统一起来，是能动的革命的反映论。它不仅同唯心主义的认识论根本对立，而且同旧唯物主义的机械反映论有原则区别。马克思主义哲学非常重视实践，把实践提到第一的地位，它十分强调认识对于实践的依赖关系，认为人的认识一点也不能离开实践"④。

（五）对《提纲》中的历史唯物主义思想的理解

除恩格斯之外，其后的"辩证唯物主义"理解者也普遍关注马克思在《提纲》中阐述的历史唯物主义思想，如人的本质、社会生活的本质等。普列汉诺夫关注了马克思的"人的本质"问题。他说："什么是'人的本质'呢？费尔巴哈回答道：'人的本质不过是人和人的共同性、统一性。'这种答复是很不确定的。我们在这里看到了费尔巴哈再也不能前进的一个界限。马克思和恩格斯所发现的唯物主义历史观的领域恰恰是在这个界限之外开始的。这个观点给我们指出了人类发展进程中决定'人和人的共同性、统一性'，即人们所加入的相互关系的原因。……《费尔巴哈论纲》第六条说，人的本质就是一切社会关系的总和。这比费尔巴哈自己所说的

---

① 《列宁选集（第1卷）》，人民出版社1972年版，第312页。
② 《毛泽东选集（第1卷）》，人民出版社1991年版，第292页。
③ 汝信主编《马克思主义的三个来源》，人民出版社1978年版，第86页。
④ 汝信主编《马克思主义的三个来源》，人民出版社1978年版，第86页。

要确定得多了。"① 普列汉诺夫是正确理解了马克思的"人的本质"的观点的，他已经认识到马克思是把人看成是处于一定社会的现实关系中的人，在《马克思的哲学演变》中他就指出马克思恩格斯理论发展三阶段："第一阶段是抽象的黑格尔的自我意识，第二阶段是费尔巴哈的既具体又抽象的人，第三阶段，即最后一个阶段，是生活在具有一定的社会经济形态的现实的阶级社会中的现实的人。"② 最后一个阶段就是马克思主义的阶段，在此阶段马克思已经把人理解为是"生活在具有一定的社会经济形态的现实的阶级社会中的现实的人"。

列宁在《卡尔·马克思》一文中说到旧唯物主义的缺点时也提到了"人的本质"问题，他认为旧唯物主义在历史观上是唯心主义的，因为他们抽象地理解"人的本质"，不是从处于具体历史条件下的社会关系的总和来理解人的本质。他说："旧唯物主义者抽象地了解'人的本质'，而不是把它了解为（一定的具体历史条件下的）'一切社会关系'的'总和'，所以他们只是'解释'世界，但是问题在于'改变'世界，也就是说，他们不了解'革命实践活动'的意义。"③ 列宁还按照马克思的从"社会关系的总和"中来认识"人的本质"的方法来考察历史与个人的关系。他说："唯物主义的社会学者把人与人之间一定的社会关系当作自己研究的对象，从而也就是研究真实的个人，因为这些关系是由个人的活动组成的。"④ "的确，历史是由'个人'创造的，而我在研究手工业中的社会关系为什么是这样形成而不是那样形成的问题时，也正是研究'个人'怎样创造了和继续创造着自己的历史。并且我手里有一个可靠的标准，证明我谈的是'活的'、现实的个人，是现实的思想和感情，这个标准就是：这些个人的'思想和感情'已经表现为行动，已经造成一定的社会关系。"⑤ 列宁也是把人理解为处于一定社会关系中的现实的人，正是这样的人创造历史。

① 《普列汉诺夫哲学著作选集（第 3 卷）》，生活·读书·新知三联书店 1962 年版，第 156 – 157 页。

② 《普列汉诺夫哲学著作选集（第 3 卷）》，生活·读书·新知三联书店 1962 年版，第 333 页。

③ ［苏］列宁：《列宁论马克思恩格斯及马克思主义》，中共中央著作编译局译，人民出版社 1949 年版，第 7 页。

④ 《列宁全集（第 1 卷）》，人民出版社 1972 年版，第 384 页。

⑤ 《列宁全集（第 1 卷）》，人民出版社 1972 年版，第 386 页。

我国"反思哲学"时期的学者汝信、叶秀山等也提到了"人的本质"问题："在同一时期，马克思写下了《关于费尔巴哈的提纲》十一条，正如恩格斯后来指出的，这是'包含着新世界观的天才萌芽的第一个文件'。这个提纲说明，马克思的哲学思想已经从根本上和费尔巴哈彻底决裂，并且概括地提出了一系列重要问题，提出包括费尔巴哈在内的整个旧唯物主义的主要缺点是'对事物、现时、感性，只是从客体的或者直观的形式去理解，而不是把它们当作人的感性活动，当作实践去理解，不是从主观方面去理解'。马克思把实践提到第一位的高度，并以此解决了思维的现实性、人和环境的关系、社会生活的本质、哲学的目的等一系列重大问题，并明确指出人的本质是一切社会关系的总和这一科学论断，进一步批判了费尔巴哈的抽象人性论。"① 我国 20 世纪八九十年代高校通用的哲学教科书《辩证唯物主义和历史唯物主义》（李秀林、王于和李淮春主编）一书，在"历史唯物主义"部分阐述"人总是社会的人"的时候也提到《提纲》第六条的内容。书中说："人总是社会的人。马克思说：'人的本质并不是单个人所固有的抽象物。在其现实性上，它是一切社会关系的总和。'人不是纯粹自然界中的生物学上的人，而是生活在一定社会关系中的人，是实践着的、活生生的、现实的人，即社会的人。人在实践中，总要结成一定的生产关系，并在此基础上结成一定的政治、法律和思想等社会关系。正是这些社会关系的总和构成了人的本质，使人同其他动物区别开来，也使处在不同历史条件、不同社会关系中的人相互区别开来。"②

四、小 结

通过上文对传统马克思主义对《提纲》的理解的分析可以看出，传统马克思主义并不重视《提纲》在马克思主义哲学中的地位。自恩格斯开始对马克思主义进行"辩证唯物主义"的理解以来，传统马克思主义理解者在"辩证唯物主义"的视野下审视《提纲》，只关注《提纲》中的实践观

---

① 汝信主编《马克思主义的三个来源》，人民出版社 1978 年版，第 81－82 页。
② 李秀林、王于、李淮春：《辩证唯物主义和历史唯物主义原理》，中国人民大学出版社 1982 年版，第 425 页。

和历史唯物主义思想，而不重视其他思想，尤其是不理解《提纲》第一条的基本思想。而《提纲》第一条是理解马克思的新唯物主义的关键，传统马克思主义不理解《提纲》第一条的基本思想，也就不可能正确理解马克思的哲学革命。具体可以从以下五个方面来分析。

（1）对意识对象的实践理解，是马克思《提纲》第一条的核心思想，也是理解马克思的新唯物主义的关键。传统马克思主义之所以不重视《提纲》第一条的基本思想，与其不理解《提纲》第一条的意识对象观有关。传统马克思主义把马克思主义哲学理解为"辩证唯物主义"，把意识的对象理解为物质，从物质出发来解释意识，这种哲学路线与《提纲》第一条所说的从实践出发来解释意识的新唯物主义的哲学路线不同。传统马克思主义以"辩证唯物主义"的视野理解《提纲》，就不可能理解《提纲》第一条的意识对象观思想。

恩格斯虽然意识到《提纲》"包含着新世界观的天才萌芽"，但他把"新世界观的天才萌芽"理解为辩证唯物主义思想，认为马克思在哲学上实现的根本变革是把唯物主义和辩证法结合起来，实现了唯物主义与辩证法的高度统一、唯物主义的自然观与历史观的高度统一，马克思的新唯物主义与包括费尔巴哈在内的旧唯物主义的主要区别是前者为辩证唯物主义，后者是机械的、形而上学的唯物主义；前者把辩证唯物主义世界观彻底贯彻推广于社会历史，创立了历史唯物主义，后者仍停留在自然唯物主义，在历史观上仍然是唯心主义。这种体系的哲学路线把意识的对象理解为物质，从物质出发来解释意识，与《提纲》第一条所说的从实践出发来解释意识的新唯物主义的哲学路线不同，因而这种理解就不可能认同马克思的意识对象观。恩格斯在他的著作中对《提纲》第一条的忽视就证明了这一点：意识对象观与辩证唯物主义体系是相容的。

普列汉诺夫虽然看到实践在认识中的作用，但他并未把意识的对象理解为人的感性活动，理解为实践。如果像普列汉诺夫已经认识到的，我们的认识不是对离开人的作用而客观存在的事物的单纯的直观，而是由主体对事物的作用才造成的，那么，作为认识对象的客体，就不简单是离开人的作用而客观存在的事物（即单纯的自然存在物），而正是主体与客体的相互作用即实践本身，也就是社会存在物本身。然而，普列汉诺夫并没有做出这种理解，他仍然停留在"在实践中认识对象"这种理解上，而不是把实践本身理解为对象。正因为如此，他虽然肯定了马克思对费尔巴哈哲学的"天才修正"，却仍然不能认清马克思的哲学和费尔巴哈的哲学本质的区别，仍然会说出"马克思的认识论实际就是费尔巴哈的认识论"的话，并在历史唯物主义的形成问题上一直持"推广、应用"说，并在若干年后推翻自己对《提纲》的某些正确认识，说"马克思指责费尔巴哈不了解'实践批判'活动，这是不对的。费尔巴哈是了解它的，但是马克思说得对，费尔巴哈用来解释'宗教的本质'的那个'人的本质'的概念，缺点在于抽象。这是不可避免的。只要做到用唯物主义来解释历史，费尔巴哈就可以消除自己学说中的这个缺点"。① 他认为马克思对费尔巴哈的批评是错误的，费尔巴哈的缺陷仅仅在于，他忽视了辩证法，没有把唯物主义推广到历史领域。

列宁虽然肯定了实践的客观实在性，肯定了实践的"实在的感性的特质"，并且把马克思所说的"能动的方面"即列宁说的"能动力"理解为主体的积极改造对象的活动即"人的实践"，已经有了正确理解马克思的实践唯物主义的基础。但是，他并没有自觉地明确提出对意识对象的实践理解方式问题，没有以马克思的意识对象观为出发点去理解马克思的整个哲学体系，他在实践观上的注意力更多地放在"实践标准"问题上。因此，列宁虽然有正确理解马克思的实践唯物主义的可能，但是他还是没能突破恩格斯、普列汉诺夫以来的对马克思主义哲学的辩证唯物主义的理解，仍然强调马克思主义是唯物主义和辩证法的结合。

传统马克思主义之所以不能正确理解马克思的意识对象观，其中一个很重要的原因是不能正确理解实践的本质，不能理解"革命的实践"。恩格斯在《费尔巴哈论》一书中说"实践，即实验和工业"，他在论述从笛卡尔到黑格尔、从霍布斯到费尔巴哈这一长时期内的哲学思想的发展时说："真正推动他们前进的，主要是自然科学和工业的强大而且日益迅猛的进步。"② 从这些论述可以看出，恩格斯不了解"革命的实践"，他仅仅把实践理解为"实验和工业"。实践究竟是指人类改造客观物质世界的物质活动，还是人类"主客观统一"的活动？对于这个问题，恩格斯、列宁、毛泽东等并没有明显表现出对实践"主客观统一"的理解。但是，他

---

① 《普列汉诺夫哲学著作选集（第3卷）》，生活·读书·新知三联书店1962年版，第776－777页。

② 《普列汉诺夫哲学著作选集（第3卷）》，生活·读书·新知三联书店1962年版，第226页。

们也没有明确把实践当作意识的现实物质基础，没有把实践理解为意识的现实对象。把实践理解为"主客观统一"的活动是在《辩证唯物主义和历史唯物主义原理》的哲学教科书中明确提出的。所谓"主客观统一"，是指实践既不是纯粹的主观的精神活动，也不是纯粹的客观的物质活动，而是包括精神活动和物质活动在内的活动。这种理解在我国的"真理标准"大讨论中，在关于"实践"范畴的大讨论中得到了更明确的表述。对实践做"主客观统一"的理解不符合马克思的实践观。马克思并不用"实践"一词来指称人的全部活动，或人的活动的全部内容。他对人的活动的内容进行了抽象和区分，用"意识"来指称人的精神活动，或人的活动的精神方面；用"实践"来指称人的物质活动，或人的活动的物质方面；然后考察二者的相互关系，指出实践是人的活动的本质方面，即《提纲》中所说的"全部社会生活在本质上是实践的"。人的实践活动为人的精神活动提供了现实的对象、源泉、动力以及检验意识的真理性标准，而人的物质的活动又接受意识的指导。正如《形态》中所说"从物质实践出发来解释观念的东西"，这就是马克思的新唯物主义的路线。只有理解了实践的本质，才能理解马克思主义哲学与唯心主义和旧唯物主义相区别的本质所在。与唯心主义相区别，马克思主义哲学是从实践出发来解释观念的唯物主义，因为实践是物质的活动形式，所以从实践出发仍然意味着坚持从物质出发来解释观念的唯物主义路线。与旧唯物主义相区别，马克思主义哲学是从实践这一特殊的社会存在出发来解释观念的实践唯物主义，而不是从自然存在出发来解释观念的旧唯物主义。

（2）传统马克思主义并不能正确理解《提纲》中所揭示的旧唯物主义的缺点，不能理解新旧唯物主义的区别，因而根本无法理解马克思的哲学革命的实质。

传统马克思主义认为马克思在《提纲》中所揭示的包括费尔巴哈在内的旧唯物主义的缺点是机械性、形而上学性和历史观上的唯心主义。这种理解不符合历史事实。费尔巴哈的唯物主义并非机械的、形而上学的唯物主义。在"辩证唯物主义"的视野中，费尔巴哈的唯物主义完全被误解了。其实，费尔巴哈的著作中存在着大量的辩证法的思想。费尔巴哈不仅在世界观上肯定事物的运动、发展、变化及条件性，肯定事物之间的普遍联系，肯定事物之间的联系是事物运动发展的源泉，肯定因果之间、肯定与否定、偶然与必然之间的辩证关系，肯定矛盾的存在及其对立统一的关

系等，还在认识论上肯定认识论与辩证法之间的关系。① 费尔巴哈的这些
辩证法思想证明，费尔巴哈的唯物主义并非形而上学的唯物主义。

传统马克思主义认为马克思对费尔巴哈的批评主要是批评其唯物主义
的形而上学性，这也不符合事实。从马克思的思想发展史看，马克思和费
尔巴哈是同时代人，马克思是在费尔巴哈的影响下才创立了马克思主义
的。马克思和费尔巴哈的关系经历了三个时期：青年黑格尔主义时期、崇
拜费尔巴哈的时期、批判费尔巴哈的时期。在第一个时期，费尔巴哈和马
克思都是青年黑格尔主义者。费尔巴哈的哲学活动早于马克思，当马克思
成为青年黑格尔主义者的时候，费尔巴哈已经开始转向唯物主义。他披着
无神论的外衣来批判黑格尔。因此，马克思在《莱茵报》时期对费尔巴哈
的认识主要限于其宗教批判，并没有谈到其"形而上学"的不足。在第二
个时期，马克思对费尔巴哈充满了敬意，对他的批评仅一个："费尔巴哈
的警句只有一点不能使我满意，这就是：他过多地关心自然而过少地关心
政治。"从这个批评并不能看出费尔巴哈的哲学缺乏辩证法。此后直到
1845 年前，马克思并没有再提出对费尔巴哈的批评，反而高度赞扬费尔
巴哈，他还在《1844 年手稿》中提到了"费尔巴哈的辩证法"。在《神圣
家族》中，马克思提到了两种唯物主义：机械的唯物主义与"和人道主义
相吻合的唯物主义"。马克思把费尔巴哈的唯物主义归入了"和人道主义
相吻合的唯物主义"的行列。直到写作《提纲》和《形态》时，马克思
才真正批判费尔巴哈的唯物主义的缺点，但这个缺点并不是"形而上学
性"，而是"直观性"。马克思在《提纲》第一条明确提出了"从前的一
切唯物主义（包括费尔巴哈的唯物主义）的主要缺点是：对对象、现实、
感性，只是从客体的或者直观的形式去理解，而不是把它们当作感性的人
的活动，当作实践去理解，不是从主体方面去理解"。从这句话可以看出，
马克思并不认为费尔巴哈的唯物主义的缺点是缺乏辩证法，而认为是对感
性对象的直观理解。

由于传统马克思主义不理解旧唯物主义的缺点，所以他们也不能正确
理解新旧唯物主义的区别。他们认为新旧唯物主义的主要区别是：前者是
辩证唯物主义，后者是机械的、形而上学的唯物主义；前者把辩证唯物主

---

① 王金福：《马克思的哲学在理解中的命运：对马克思主义哲学史的解释学考
察》，苏州大学出版社 2003 年版，第 302 – 307 页。

义世界观彻底贯彻应用于社会历史，创立了历史唯物主义，后者停留在自然唯物主义，在历史观上仍然是唯心主义。这种理解的错误除了他们误解了费尔巴哈的唯物主义的缺点之外，还有一个重要的原因就是他们理解新旧唯物主义的视角。他们不是像马克思一样从思维和存在的关系来理解新旧唯物主义的区别，而是从唯物主义和辩证法的关系的角度来理解。在他们的视野中，一切旧唯物主义在思维和存在的关系这个原则上没有问题，问题只在于唯物主义和辩证法的关系上。因而他们从唯物主义和辩证法的关系的角度去理解，就把旧唯物主义理解成机械的、形而上学的唯物主义，把马克思的新唯物主义理解为实现了唯物主义与辩证法高度统一的辩证唯物主义。对马克思主义哲学的这种理解就遮蔽了马克思在《提纲》中所实现的哲学革命的真实意义。

（3）传统马克思主义不能正确理解《提纲》所揭示的马克思主义哲学和黑格尔哲学、费尔巴哈哲学的关系，以致不能客观地对待马克思主义哲学史。

对于马克思主义哲学和黑格尔哲学的关系，"辩证唯物主义"理解者强调黑格尔哲学的辩证法，忽略黑格尔哲学的主体能动性思想和实践观中的合理思想对马克思主义哲学产生的影响。"辩证唯物主义"理解者认为马克思主义哲学是吸取黑格尔的辩证法的"合理内核"和费尔巴哈的"基本内核"而发展来的。而实际上马克思从黑格尔那里吸取的不仅仅是辩证法思想，马克思区别于费尔巴哈的地方在于他的哲学的出发点是主体的能动的实践活动，而这一思想主要来源于黑格尔，是把黑格尔的主体能动性思想改造为唯物主义的能动性思想。马克思在《提纲》里就指出了这一点。马克思在批评旧唯物主义的直观性缺点的同时，就肯定了唯心主义的能动性，说"唯心主义却发展了能动的方面"。"辩证唯物主义"一直不理解"能动的方面"的意思，他们理解为主观能动性。其实，马克思在这里所讲的不是主观能动性，而是主体能动性，即主体创造对象、改造世界的活动，也就是实践。马克思在《提纲》里是肯定唯心主义的实践观的主体能动性思想的。马克思不满意的是唯心主义"只是抽象地发展了，因为唯心主义当然是不知道现实的、感性的活动本身"，也就是说唯心主义虽然认识到主体创造了对象，但把这个主体理解为精神主体，是精神主体能动地创造了一切，现实的一切都是精神的产物，所以他们不懂得真正的现实的感性活动本身就是人的感性的实践活动。

对于马克思主义哲学和费尔巴哈哲学的关系，"辩证唯物主义"理解者强调了费尔巴哈的唯物主义的"基本内核"，而忽略了马克思对费尔巴哈的唯物主义原则的改造，否定了马克思主义思想发展中的"费尔巴哈派"阶段。"辩证唯物主义"认为马克思主义哲学和费尔巴哈哲学的区别在于马克思把唯物主义和辩证法结合，把唯物主义彻底推广应用于人类社会的历史观，从而创立了辩证唯物主义哲学。他们认为，在马克思主义的思想发展中，马克思经历了"一转变两阶段"，即从唯心主义转变为唯物主义，这个转变是在费尔巴哈的影响下实现的，即从黑格尔的唯心主义阶段直接转变为马克思的辩证唯物主义阶段，这中间并不存在一个"费尔巴哈派"的机械的、形而上学的唯物主义阶段。"辩证唯物主义"的这种理解是与其对费尔巴哈哲学的缺点的理解一致的，如果把费尔巴哈的哲学的缺点理解为是形而上学的唯物主义，把马克思主义哲学理解为辩证唯物主义，那肯定不承认存在着一个"费尔巴哈派"阶段。但事实上，在马克思主义的思想发展中，马克思自己承认存在着一个"费尔巴哈派"阶段。这个阶段就是 1843 年至 1844 年，在这一年里，马克思对费尔巴哈的态度是肯定的、赞扬的和迷信的，他不但没有把费尔巴哈作为批评的对象，而且还运用费尔巴哈的术语、方法和原则来思考和分析现实问题，在历史观上还表现出明显的人本主义倾向。马克思对费尔巴哈的这些事实，"辩证唯物主义"理解者看不到，或是认为马克思主义已经产生，此时只是由于马克思的思想还不成熟，因此还带有费尔巴哈的人本主义的痕迹。这种回答都不符合马克思主义哲学史的客观事实。

（4）传统马克思主义之所以关注《提纲》中的实践观思想，是因为《提纲》中的实践观思想与"辩证唯物主义"的实践观相符合。在"辩证唯物主义"的视野下，理解《提纲》就会注意到其中的实践观思想。虽然他们的实践观思想已经接近马克思的实践唯物主义，但实际上他们还是没有真正理解马克思的新唯物主义，他们的理解仍然是一种"辩证唯物主义"的理解，原因有以下四点。

第一，他们仅仅在认识论上强调实践的重要性。虽然他们在认识论上承认实践是马克思主义哲学的出发点，但是他们不承认实践是整个马克思主义哲学的出发点。他们认为，马克思主义哲学的出发点是物质，而不是实践。恩格斯就把哲学的基本问题界定为思维和存在的关系问题，即精神和物质的关系问题。恩格斯在《费尔巴哈论》中就说："全部哲学，特别是近代哲学的重大的基本问题，是思维和存在的关系问题。"①"思维" 就是泛指人们的精神、意识；"存在" 就是指物质或自然界。思维和存在的关系问题就是精神和物质的关系问题。他还把世界统一于物质。在《反杜林论》中，他说："世界的统一性并不在于它的存在……世界的真正的统一性是在于它的物质性，而这种物质性……是由哲学和自然科学的长期的和持续的发展来证明的。"②

普列汉诺夫对此有更明确的表述。他说："十分明显：我们每个人对自己来说都是主体（我），而对别人来说则只能是客体（你）。同样很明显：人们不是生活在自然界之外，而是生活在自然界中。因此我看就应该把自然界（存在、客体）当作所有哲学体系的出发点。"③ 在反驳 "狄慈根主义者" 翁特尔曼 "历史唯物主义的出发点是人类社会，而无产阶级一元论则以宇宙为自己的出发点" 的说法时，普列汉诺夫说："这位怪人尽管读过了《费尔巴哈论》和《反杜林论》，却仍然不理解，历史唯物主义只不过是以宇宙为出发点的唯物主义辩证法在社会方面的应用……恩格斯说，他和马克思把唯物主义转用于历史。这说明社会发展的唯物主义究竟是从什么 '出发' 呢？从社会。"④ 普列汉诺夫的观点很明确：只有在历史观上，马克思主义哲学的出发点才是 "社会"，而整个哲学的出发点是 "宇宙"（自然、物质）。而历史观上的出发点只是整个哲学出发点的一种 "个别情况"，是一种 "应用"。

第二，没有把实践当作意识的现实物质基础来理解，特别是没有把实践理解为意识的对象，即没有把对象 "当作人的感性活动，当作实践去理解"。列宁虽然已经把实践理解为客观的活动，但是他没有进一步把实践理解为意识的现实物质基础，特别是理解为意识的现实对象。列宁更多地强调一般唯物主义的原则问题，即物质是意识的对象、源泉。而实际上，意识发展的动力、意识的真理性标准应当与意识的对象是一致的。如果认

① 《马克思恩格斯选集（第4卷）》，人民出版社2012年版，第229页。
② 《马克思恩格斯选集（第3卷）》，人民出版社2012年版，第419页。
③ 《普列汉诺夫哲学著作选集（第3卷）》，生活·读书·新知三联书店1962年版，第117页。
④ 《普列汉诺夫哲学著作选集（第3卷）》，生活·读书·新知三联书店1962年版，第118页。

为实践是检验意识的标准，那意识的对象和源泉就应该是实践。只有对象和标准是一致的，才可能检验意识对对象的理解是否是真理。但在列宁那里并没有保持一致，他认为物质是意识的对象和来源，而实践是检验意识真理性的标准。恩格斯和普列汉诺夫虽然有不少科学实践观的思想，但他们还没有把这些科学的实践观作为马克思在哲学上实现变革的意义来理解。因为他们一直没有真正理解马克思的意识对象观，而意识对象观正是马克思的实践唯物主义最基础和本质的内容。

第三，不能把实践观引进历史观，没有把实践范畴和社会存在范畴看作同一的范畴。"辩证唯物主义"理解者也重视实践范畴和社会存在范畴在马克思主义哲学中的地位，但他们不是把实践和社会存在理解为马克思主义哲学的基本范畴。实践范畴主要是认识论的基本范畴，而且即使是在认识论中，实践也只是被理解为沟通主观和客观、思维和存在的中介，并不是意识的现实物质基础；而社会存在范畴则主要被理解为历史观的范畴，是社会意识的相对范畴。实践范畴和社会存在范畴不是同一的范畴。在列宁看来，马克思主义对认识和对象、社会意识和社会存在的理解是"两个不同的场合"，是存在决定意识的观点的分别应用。他没有看到，实践决定意识，就是社会存在决定社会意识，认识论和历史观在原则上是同一的。我国"反思哲学"时期的"辩证唯物主义"理解者们也想把实践范畴理解为历史观范畴，但是由于他们仍然把实践理解为是"主客观统一"的活动，而社会存在是人们生活的物质方面，所以他们不能把实践范畴和社会存在范畴统一起来。

第四，不理解马克思批判费尔巴哈"不了解'革命的''实践批判的'活动的意义"的实质。马克思在《提纲》中批评费尔巴哈"不了解'革命的''实践批判的'活动的意义"。按照马克思的意见，费尔巴哈不了解革命的、实践批判的活动的意义，首先的和基本的是不了解实践对于意识的对象性的意义。对马克思对费尔巴哈的这一批判，普列汉诺夫明确表示不同意。他说："马克思指责费尔巴哈不了解'实践批判'活动，这是不对的。费尔巴哈是了解它的。"① 列宁虽然没有公开表示不同意马克思的批评，但是，他和普列汉诺夫一样，认为"费尔巴哈把人类实践的总

---

① 《普列汉诺夫哲学著作选集（第3卷）》，生活·读书·新知三联书店1962年版，第776页。

和当作认识论的基础"。

其实，马克思对费尔巴哈的批评是正确的，抓住了问题的主要的本质的东西，而普列汉诺夫、列宁只是抓住了非主要的、非本质的东西。诚然，费尔巴哈已经有了科学的实践观的萌芽，例如，关于实践是真理的标准的思想。但是，这些萌芽在费尔巴哈整个哲学思想中不是主要的，他不但经常离开"实践标准"的思想，而且经常贬低实践的意义。马克思的批评并不是想当然的，而是以费尔巴哈的思想为根据的。费尔巴哈在《基督教的本质》一书中说："理论之立场，就意味着与世界和谐共处。……与此相反，如果人仅仅立于实践的立场，——那他就跟自然不和睦，使自然成为他的自私自利、他的实践利己主义之最顺从的仆人。"① "功用主义、效用，乃是犹太教之至高原则。"② 费尔巴哈又说："制造，是我可做可不做的行为，是一个有意的、故意的、外在的行为；在制造这个行为中，并不是我最固有、最内在的本质直接参与其中，我并不是同时又是受动的、被动的。与此相反，一个并不是无关紧要的活动，那就是跟我的本质相同一的，对我来说是必然的。精神生产就是这样。精神生产是我的内在需要，并且因此而最深深地吸引住我，如同疾病一般地纠缠着我。精神作品并不是制造出来的——在这里，制造只是最外在的活动而已——，它们是在我们里面发生出来的。但制造却是一种无关紧要的、从而自由的、也即任意的活动。"③ 从费尔巴哈的整个哲学来说，轻视人类实践、强调自然是其主要倾向，是其哲学主要的缺点，是其一贯的思想，而看到实践对于认识的意义，则不是他的哲学的主要倾向，不是始终一贯的思想。因此，马克思的批评抓住了费尔巴哈哲学的实质，而普列汉诺夫和列宁则被费尔巴哈哲学的非主要、非一贯的思想迷惑，看不到费尔巴哈哲学的实质。这一忽视，正表现了他们对马克思的实践唯物主义的不理解，从而使他们从辩证法和唯物主义相结合的形态上理解马克思的新唯物主义。

（5）传统马克思主义之所以关注《提纲》中的历史唯物主义思想，是因为《提纲》中的历史唯物主义思想与"辩证唯物主义"思想中的历

---

① 《费尔巴哈著作选集》下卷，商务印书馆1984年版，第144-145页。
② 《费尔巴哈著作选集》下卷，商务印书馆1984年版，第145页。
③ 《费尔巴哈著作选集》下卷，商务印书馆1984年版，第261页。

史观思想相吻合。

在"辩证唯物主义"的视野下理解《提纲》，必定会注意到其中的历史唯物主义思想。传统马克思主义对《提纲》中的历史唯物主义思想的理解有不少合理之处。他们已经看到费尔巴哈的抽象的"人"的观点的错误，不再从生物学意义上去理解人，而是从一定的社会关系去理解人，把人看成是处于一定的历史和社会关系中的"现实的人"。这些思想都是马克思在《提纲》中所表述的思想。虽然他们已经正确理解马克思的"现实的人"，但是他们并不能从"现实的人"的实践出发去解释观念（思维），而仍然是从物质（自然存在）出发去解释思维（观念），因而他们并不能理解马克思的历史唯物主义，而只是把马克思主义的历史唯物主义思想理解为马克思的唯物主义的社会历史观。也就是说，他们并不能把马克思主义理解为历史唯物主义，而是把马克思主义的历史唯物主义思想理解为马克思主义哲学的一个部分。这是由他们的哲学本质决定的。辩证唯物主义从物质（自然存在）出发来解释思维（观念），这种思维方式本质上仍然是一种旧唯物主义的思维方式。旧唯物主义在自然观上是唯物主义，而在历史观上却是唯心主义的。旧唯物主义把人理解为一种自然存在，把人的领域理解为自然界的一部分，所以在自然界领域内他们对人的认识是唯物主义的。但当进入到历史领域，他们就不能坚持唯物主义而陷入唯心主义。就像《形态》里所揭示的费尔巴哈的缺点，"他还从来没有看到现实存在着的、活动的人，而是停留在抽象的'人'上，并且仅仅限于在感情范围内承认'现实的、单独的、肉体的人'，也就是说，除了爱与友情，而且是理想化了的爱与友情以外，他不知道'人与人之间'还有什么其他的'人的关系'。他没有批判现在的爱的关系。可见，他从来没有把感性世界理解为构成这一世界的个人全部活生生的感性活动，因此比方说，当他看到的是大批患瘰疬病病的、积劳成疾的和患肺痨的贫苦人而不是健康人的时候，他便不得不诉诸'最高的直观'和观念上的'类的平等化'，这就是说，正是在共产主义的唯物主义者看到改造工业和社会结构的必要性和条件的地方，他却重新陷入唯心主义"①。所以，"辩证唯物主义"即使把辩证法"加在旧唯物主义的永久性基础上"，也不可能获得

---

① 《马克思恩格斯选集（第1卷）》，人民出版社2012年版，第157－158页。

历史唯物主义，这是由旧唯物主义的缺点所决定的。要想获得历史唯物主义，就必须对旧唯物主义进行改造，改变旧唯物主义的形态。把意识的对象理解为实践，而非物质（自然存在），从实践出发去解释观念，以实践的方式来理解人们的存在、社会存在，把社会存在理解为实践，把"实践"理解为历史唯物主义的基本范畴，那么从实践出发来解释观念的实践唯物主义就是从社会存在出发来解释社会意识的历史唯物主义，两者是同一的。这也正是马克思主义哲学革命的关键。

第二章　第二国际理论家视域中的《提纲》

马克思逝世后，继承马克思主义思想的是"第二国际"时期（1889—1914年）的一批理论家。这些理论家的主要代表人物是弗兰茨·梅林（德国）、戈·瓦·普列汉诺夫（俄国）、保尔·拉法格（法国）、安东尼奥·拉布里奥拉（意大利）和卡尔·考茨基（德国）等人。这些第二国际理论家作为马克思主义学说的正统继承者，在传播和发展马克思主义学说的过程中遇到了新的挑战。

1871年巴黎公社革命失败后，欧洲资本主义进入了和平发展时期，资本主义开始由自由竞争向垄断阶段过渡，资本主义社会在政治、经济和科学技术领域发生了深刻变化。这时西方资产阶级革命已经结束，而无产阶级革命的时机还不成熟，在这种情况下，工人运动只能在和平条件中利用和平条件来发展自己。各国社会民主党一方面利用资产阶级民主的有利条件在议会选举中取得了很大的进展；另一方面，资本主义发展中出现的一些新特点，对无产阶级革命政党和马克思主义理论提出了新的挑战。在这种情况下，某些马克思主义的信奉者，便对马克思主义的一些基本原理产生怀疑，并在马克思主义队伍内部形成一个反马克思主义的派别。这个派别的始作俑者，就是爱德华·伯恩斯坦。

1895年8月恩格斯去世后，国际共产主义运动内部出现了以伯恩施坦为代表的修正主义思潮。1896年10月，伯恩施坦开始以《社会主义问题》为总标题在《新时代》上发表了其改良主义观点的一系列论文，公开向马克思主义挑战。在1899年1月，他又出版了《社会主义的前提和社会民主党的任务》一书，从哲学、经济学、政治等诸方面向马克思主义发动全面进攻。

在哲学方面，他否定马克思的辩证唯物主义和历史唯物主义的科学性，极力鼓吹用康德主义和"进化论"去代替唯物主义和辩证法。他将马克思的历史唯物主义歪曲为"经济唯物主义"和"历史宿命论"，认为社会历史发展并不存在客观规律，因此不可能根据唯物史观来证明实现社会主义的必然性，企图用一种折中主义的庸俗唯物主义取代马克思主义唯物史观。

在经济学方面，他认为由于世界市场的极大扩展，信息传递和交通运输所需时间的异常缩短，以及灵活的现代信用制度和工业卡特尔的兴起，资本主义经济危机"根本不可能发生"；同时，由于资产阶级和无产阶级的阶级矛盾日趋缓和，因而资本主义必然崩溃的理论也就站不住脚。他甚至根本否定马克思的剩余价值学说，认为这个理论不过是"一个以假说为根据的公式"，只要从其一点开始，"这把钥匙就失灵了"。

在政治方面，他反对阶级斗争学说，鼓吹阶级合作和阶级调和的理论；反对无产阶级夺取政权和关于暴力革命的学说，主张在资本主义条件下通过逐步改良来实现社会主义；否认国家是阶级统治的工具，美化资产阶级民主制度。他反对把实现社会主义和共产主义作为无产阶级革命政党的奋斗目标，提出"最终目的是微不足道的，运动就是一切"的修正主义口号。这本书很快就成为第二国际修正主义的纲领。

伯恩施坦修正主义的泛滥，激起了国际上马克思主义者的强烈反对，特别是第二国际内部开展了批判伯恩施坦修正主义、捍卫马克思主义的斗争。在这场斗争中，以普列汉诺夫、拉法格、考茨基等为代表的第二国际理论家们，针对伯恩施坦的修正主义观点的错误进行了无情的批判，阐发了马克思主义的哲学、经济学和科学社会主义理论，为传播马克思主义哲学做出了积极贡献。但由于解释学视野和历史观视野的缺失，他们对马克思主义哲学的理解出现了不少的误读，认为马克思终结了哲学，从而把马克思主义理解为"庸俗"的实证主义科学，误解了马克思主义哲学革命的实质。他们在对马克思主义进行阐述的过程中，有少数人提到对《提纲》的理解，大部分人忽视《提纲》的存在。

一、梅林对《提纲》的理解及其影响

在第二国际理论家中，梅林和普列汉诺夫是少数提到《提纲》的学者，他们在哲学方面的造诣在当时的德国社会民主党内很突出，因而成为了党内马克思主义理论的权威阐释者。他们对马克思主义的阐释影响了其他的理论家对马克思主义的理解。

（一）梅林对新旧唯物主义的理解

梅林被称为党内"唯一的哲学通"。他对马克思主义哲学的研究很深，详细研究了马克思的所有思想。他在《德国社会民主党史》的第十一章"历史唯物主义"的第二节"马克思论费尔巴哈"中就简单介绍了《提纲》的思想。在这一节中，梅林揭示了费尔巴哈的唯物主义的缺点：缺乏辩证法。因而他把费尔巴哈的唯物主义命名为"抽象的孤立的唯物主义"①。他说："费尔巴哈想回到唯物主义，可是他始终没有能够同唯物主义完全结为好友。在他打算回到唯物主义而完全同唯心主义断绝关系的时候，他牺牲了德国唯心主义超过英国和法国的唯物主义所取得的进步，即放弃了把人类历史看做一个川流不息的生成和消灭的过程的辩证方法。"②在《马克思传》中，他又多次谈到了费尔巴哈的唯物主义的缺点。他说："如果我们知道马克思和恩格斯在《德意志意识形态》中关于费尔巴哈说了些什么，那一定是更有教益的，因为在这里问题会不仅仅限于纯粹否定的批判。可惜，该书的这一部分始终没有完成。不过，马克思在1845年所写的而由恩格斯在几十年后发表的关于费尔巴哈的警句（指《关于费尔巴哈的提纲》——编者注）却在这方面使我们有足够清楚的了解。马克思在费尔巴哈的唯物主义里面发现了他在学生时代从唯物主义的始祖之一德谟克利特那里发现的同样的缺点：缺乏'能动的原则'。……换句话说，费尔巴哈在抛弃整个黑格尔时，把不该抛弃的东西也抛弃了。任务是在于，把黑格尔的全部革命化的辩证法从观念世界转移到现实世界来。"③"费尔巴哈的唯物主义缺乏'能动的原则'；它没有超出自然科学的范围，并且排除了历史的过程。"④ 在这里，梅林很明确地指出，费尔巴哈的唯物主义是缺乏辩证法的。

---

① ［德］弗·梅林：《德国社会民主党史（第一卷）》，青载繁译，生活·读书·新知三联书店1963年版，第315页。

② ［德］弗·梅林：《德国社会民主党史（第一卷）》，青载繁译，生活·读书·新知三联书店1963年版，第315页。

③ ［德］弗·梅林：《德国社会民主党史（第一卷）》，青载繁译，生活·读书·新知三联书店1963年版，第145页。

④ ［德］弗·梅林：《德国社会民主党史（第一卷）》，青载繁译，生活·读书·新知三联书店1963年版，第167－168页。

梅林还提到了新旧唯物主义的区别，他认为马克思的哲学不同于费尔巴哈的地方在于，马克思汲取了黑格尔的"能动的原则"，使费尔巴哈的"自然科学唯物主义"拓展为"历史唯物主义"。"马克思承受了黑格尔哲学的这个最可贵的因素，但是他把黑格尔哲学翻转过来，使得他的出发点不再是'纯粹思维'，而是现实这个无情的事实。这样，马克思就给唯物主义带来了历史的辩证法，并因而使唯物主义获得了那种'能动的原则'，这种原则不仅要求说明世界，并且要求变革世界。"① 但他强调"马克思并不是盲目接受黑格尔的辩证方法和费尔巴哈的抽象的孤立的唯物主义。他证明不是思想具体化为事物，而是事物反映在思想之中，于是他就颠倒了黑格尔的辩证方法；而当他指出川流不息的辩证过程怎样在历史唯物主义中发生作用时，就把费尔巴哈的唯物主义扩展为历史唯物主义"②。在《保卫马克思主义》一书中他又提道："马克思超过费尔巴哈的自然科学唯物主义而奠定了社会科学的唯物主义；他发展了历史唯物主义，同时拯救了德国唯心主义中超越法国唯物主义实际的一步的东西。"③

关于马克思的"历史唯物主义"和费尔巴哈的"自然科学唯物主义"的关系，梅林论述了很多。在《保卫马克思主义》一书中，他说："首先必须稍谈谈把历史唯物主义与自然科学唯物主义尽可能远地隔离开来的企图，尤其是在它们之间制造一种对立的企图。历史唯物主义的产生就已经是与此不相容的了；用人们爱用的说法来说，它是对于自然科学唯物主义的'补充'，代表这种自然科学唯物主义的就是与黑格尔斩断一切关系之后的费尔巴哈。"④ 此后他接着说："历史唯物主义是越过全部已往唯物主义向前跨出的有决定意义的一步；由此而产生马克思和恩格斯对于唯物主义的全部以前的阶段占有批判者的地位。但是，虽然如此，并且也许正因为如此，他们并不曾与以前的唯物主义割断一切关系。即使是自然科学唯物主义

---

① ［德］弗·梅林：《马克思传》，樊集译，持平校，人民出版社 1965 年版，第168 页。

② ［德］弗·梅林：《德国社会民主党史（第一卷）》，青载繁译，生活·读书·新知三联书店 1963 年版，第 315 – 316 页。

③ ［德］弗·梅林：《保卫马克思主义》，吉洪译，人民出版社 1982 年版，第122 页。

④ ［德］弗·梅林：《保卫马克思主义》，吉洪译，人民出版社 1982 年版，第146 页。

中那一个受到他们最尖锐批判的时期——即以毕希纳、摩莱肖特、伏格特的名字为标记的那个时期——从他们的观点看来，亦并非它本身应受批判，而只是它有时所呈现的一些畸形的形式应受批判。恩格斯之责骂毕希纳及其一伙，只是由于他们使唯物主义浅薄化和庸俗化；马克思说：'那种排除历史过程的、抽象的自然科学的唯物主义的缺点，每当它的代表越出自己的专业范围时，就在他们的抽象的和唯心主义的观念中立刻显露出来。'显然，在这里马克思所否定的并非自然科学唯物主义，而只是这种唯物主义的一定历史形式。他甚至承认摩莱肖特和其一伙的唯物主义是一种'专门领域'。他只认为，他们在这种专门领域之外就陷入了抽象的和唯心主义的观念中去了；当然也应该说，这个批评只是对这种唯物主义流派的最温和的批评。"①

　　从这两段话中可以看出，梅林在此要强调的意思有三点：其一，自然科学唯物主义"亦并非它本身应受批判，而只是它有时所呈现的一些畸形的形式应受批判"。其二，梅林引用马克思在《资本论》中的一段话。目的是证明马克思是承认毕希纳、摩莱肖特之流的唯物主义是一种"专门领域"，这种唯物主义并非本身应当受到批判，他们只是"在这种专门领域之外就陷入了抽象的和唯心主义的观念中"才受批判。其三，"历史唯物主义"是"自然科学唯物主义"在历史领域的拓展和延伸，是对"自然科学唯物主义"的"补充"，而代表这种"自然科学唯物主义"的就是费尔巴哈的哲学。也就是说，马克思的"历史唯物主义"和费尔巴哈的"自然科学唯物主义"的区别只是在形式上和学科领域上，两者本质上都是一般唯物主义，只是涉及的"专门领域"不同而已。马克思的"历史唯物主义"是对费尔巴哈的"自然科学唯物主义"的"补充"，是"自然科学唯物主义"在历史领域的拓展和延伸。

　　从梅林论述可以看出，他认为费尔巴哈的"自然科学唯物主义"和马克思的"历史唯物主义"的基础是一样的，区别仅在于学科领域不同。马克思的"历史唯物主义"是从费尔巴哈的"自然科学的唯物主义"立场出发推广应用到社会历史领域而形成的，马克思的"历史唯物主义"不过是费尔巴哈的"自然科学唯物主义"的"补充"，是"自然科学唯物主义"在历史领域的拓展和延伸。

----

　　① ［德］弗·梅林：《保卫马克思主义》，吉洪译，人民出版社1982年版，第147页。

（二）普列汉诺夫对新旧唯物主义的理解

普列汉诺夫通过对《提纲》的解读，也得出了和梅林一样的观点。普列汉诺夫也认为新旧唯物主义的区别仅在于马克思的唯物主义在费尔巴哈的唯物主义基础上进行了某些天才的修正而使得费尔巴哈的唯物主义更加深刻化而已，两者的唯物主义基础是一致的。证据有三：其一，马克思的唯物主义和费尔巴哈的唯物主义都认同思维和存在的统一关系。"关于主体和客体统一的学说、思维和存在统一的学说，是同样为费尔巴哈和马克思及恩格斯所固有的，这也是 17 世纪和 18 世纪最杰出的唯物主义者的学说。"[1] 其二，费尔巴哈在马克思之前就已经完成了终止思辨唯心主义任务，从而把唯物主义现成地给予了马克思。其三，费尔巴哈的哲学的本质和核心，被"永远吸收到了马克思和恩格斯的哲学里去"，并且被"当作唯物主义历史观的基础"。[2] 因此，普列汉诺夫把马克思的唯物主义直接还原为费尔巴哈的唯物主义的"基础"，正如他所说："马克思的认识论是直接从费尔巴哈的认识论发生出来的，或者要是愿意的话，也可以说马克思的认识论实际就是费尔巴哈的认识论，只不过因为马克思做了天才的修正而更加深刻化罢了。"[3]（注：普列汉诺夫在这里所说的"认识论"并非指某一哲学部门，而是一般地指称马克思和费尔巴哈的哲学唯物主义。[4]）

由于梅林和普列汉诺夫都把马克思的唯物主义的"基础"等同于费尔巴哈的唯物主义，这种理解就为他们此后对马克思主义学说的实证主义理解奠定了前提基础。因为费尔巴哈的自然科学的唯物主义与实证主义是"天然靠近"[5] 的。实证主义是 19 世纪 30 年代出现于法国，40 年代兴起

---

① 《普列汉诺夫著作选集（第 3 卷）》，生活·读书·新知三联书店 1962 年版，第 147 页。

② 《普列汉诺夫著作选集（第 3 卷）》，生活·读书·新知三联书店 1962 年版，第 145 页。

③ 《普列汉诺夫著作选集（第 3 卷）》，生活·读书·新知三联书店 1962 年版，第 146－147 页。

④ 吴晓明：《形而上学的没落——马克思与费尔巴哈关系的当代解读》，人民出版社 2006 年版，第 43－44 页。

⑤ 吴晓明：《形而上学的没落——马克思与费尔巴哈关系的当代解读》，人民出版社 2006 年版，第 84 页。

于英国的以孔德、穆勒和斯宾塞为代表的现代西方哲学的科学主义哲学思潮。此思潮认为哲学应该以经验事实为基础，这种经验事实是按照实证自然科学的要求获得的，具有科学的意义和价值，且能为科学所检验。所以认识只能局限于经验范围之内，否定认识经验以外的实在（物质或精神）的可能性，而且明确提出要抛弃对世界的基础、本质等形而上学问题的研究，拒斥形而上学哲学。而费尔巴哈的自然科学的唯物主义实质上就是一种实证主义，梅林和普列汉诺夫从费尔巴哈的自然科学的唯物主义立场出发来理解马克思主义的学说，就不可避免会滑向实证主义。梅林把马克思的唯物主义理解为"科学"即"自然科学"和"社会科学"，就是一个证明。他在《保卫马克思主义》一书中就提到"唯物主义不只是自然科学，而且也是社会科学"①。而实证主义反哲学形而上学的本质，必然拒斥形而上学哲学，这就导致其后梅林否定哲学的出场。

在《保卫马克思主义》一书中，梅林依据费尔巴哈"否认一切哲学"的言论得出马克思否定"哲学"的结论。他在《保卫马克思主义》中说："费尔巴哈否认一切哲学，他常说：'我的哲学就是不是任何哲学。'自然不依赖任何哲学而存在。它是人们赖以生长的基础，人们本身也是自然的产物，因为，在自然与人之外任何东西都不存在。对于这点，马克思和恩格斯是完全同意的；他们从来没有想说：'人不生活在自然中，而是生活在社会中。'但他们说过：'人不只生活在自然中，而且也生活在社会中；人不只是自然的产物，而且也是社会的产物。'这样，他们为了把人理解为社会的产物而创建了历史唯物主义；他们为了使它成为开启人类社会历史的钥匙而创建了它。"② 梅林在此引用的费尔巴哈的言论来自费尔巴哈写于1843—1844年的《哲学原理》一文。费尔巴哈说："没有任何宗教便是我的宗教；没有任何哲学便是我的哲学。"③ 费尔巴哈在此否定的"哲学"是指什么？从此文的上下文可以看出，他否定的并不是作为一般世界观体系的哲学，而是否定思辨哲学。他说："我的第一个愿望是使哲学成

① ［德］弗·梅林：《保卫马克思主义》，吉洪译，人民出版社1982年版，第265页。

② ［德］弗·梅林：《保卫马克思主义》，吉洪译，人民出版社1982年版，第146－147页。

③ 《费尔巴哈哲学著作选集》上卷，商务印书馆1984年版，第250页。

为全人类的事。但谁若一旦走上这个道路，谁就必然会得出这样的结论：哲学应该把人看成自己的事情，而哲学本身，却应该被否弃。因为只有当它不再是哲学时，它才成为全人类的事。"① "真正的哲学不是创作书而是创作人。"② 那"你知道你只有在什么时候，是不用前提来从事哲学的思维的？只有当你不是用类似思辨哲学的想象的、空幻的方法，而是实际地和真实地使经验先于哲学，直观先于思想的时候才如此"③。

梅林由费尔巴哈否定哲学而得出"自然不依赖任何哲学而存在"的结论，他认为"对于这点，马克思和恩格斯是完全同意的"。梅林的这点认识是正确的，的确自然是不依赖于主观的思辨哲学而存在的，其是客观的先在存在，对于这一点马克思和恩格斯是赞同的。然而梅林却由马克思和恩格斯赞同费尔巴哈否定哲学进而得出马克思和恩格斯否定哲学的结论。他说"马克思和恩格斯固然和任何哲学都断绝了关系，但他们把哲学的历史结果——历史发展的观念——移入了唯物主义。他们把这个观念首先不是移入自然中，而是移入历史中，从主观上说，这可以解释为他们二人都不是自然科学家，而是历史家，从客观上说，则是因为，在这里必须给予唯物主义以新的论证，以免它变成比唯心主义更悲惨废墟"④。从梅林的这句话可以看出，梅林认为马克思和恩格斯和"任何哲学都断绝了关系"，他们所讲的"哲学"不仅指以往的思辨哲学，还包括一切世界观体系的形而上学哲学。因为在梅林看来，马克思主义已经不再是形而上学哲学，而是实证主义科学，他已经把"哲学的历史结果"移入了历史中，成为"历史家"。这一点还可以从以下两个事实中得到证明。

第一个事实，梅林把马克思同物理学家马赫相提并论，认为两者都"完全撇开哲学，而只在历史和自然科学方面的实践工作中考察人类的精神进步"，他们不再是哲学家，而是从事经验实证主义研究的科学家。他说："马赫完全不想做哲学家，他由于本来就是一个重要的自然科学家，像达尔文似的相当谦逊、也许是相当自负，只愿意局限在自己从科学上说

① 《费尔巴哈哲学著作选集》上卷，商务印书馆1984年版，第250页。
② 《费尔巴哈哲学著作选集》上卷，商务印书馆1984年版，第250页。
③ 《费尔巴哈哲学著作选集》上卷，商务印书馆1984年版，第249页。
④ ［德］弗·梅林：《保卫马克思主义》，吉洪译，人民出版社1982年版，第148－149页。

来内行的那个范围里。在这方面马赫完全与马克思相一致，完全撇开哲学，而只在历史和自然科学方面的实践工作中考察人类的精神进步。"①

第二个事实，梅林完全无批判地接受作为实证主义基本原则的哲学前提。在拉法格发表其《卡尔·马克思的经济决定论》（该书的中译本更名为《思想起源论》）时，梅林不仅对拉法格在文中提到的"经济决定论"的实证主义方向持赞同态度，还进一步发挥了拉法格对马克思主义学说的那种工具主义解释，这种解释强调实证的有效性、方法论的意义上的抽象性和普适性、虚假的中立性等，这些特点都属于实证主义的特征。由此可见，梅林是完全依循实证主义的前提来理解马克思的学说的。②

（三）梅林对第二国际理论家的影响

梅林作为当时第二国际德国社会民主党内"唯一的哲学通"，其对马克思之否定"哲学"，转向"科学"的理解无疑影响了其他第二国际的理论家。第二国际时期的一些理论家对马克思主义的理解具有实证主义的倾向。

考茨基也提出了马克思否定哲学，转向"经验科学"的思想。在1908年，苏黎世的一位名叫本迪阿尼泽的俄国工人给考茨基写信，请他就列宁与波格丹诺夫等人的争论发表看法。考茨基答应这位工人的要求，写了"一封关于马克思和马赫的信"。信中考茨基就本迪阿尼泽所提出的"马赫是马克思主义者吗？"这个问题做了答复。他说："这要看人们对马克思主义怎样理解。我认为马克思主义不是哲学，而是一种经验科学，一种特殊的社会观。这一社会观固然同唯心主义哲学是互不相容的，但是同马赫的认识论并不是互不相容的。"在信中，他还认为马克思有的只是他的经济学和历史观，而不是哲学。他说："马克思没有宣布一种哲学，而是宣告了一切哲学的终结。"③从考茨基的答复可以看出，他认为"马克

---

① ［德］弗·梅林：《保卫马克思主义》，吉洪译，人民出版社1982年版，第160－161页。

② 吴晓明：《形而上学的没落——马克思与费尔巴哈关系的当代解读》，人民出版社2006年版，第38－39页。

③ 《国际共运史研究资料》编辑部：《国际共运史研究资料（第3辑）》，人民出版社1981年版，第191页。

思没有宣布一种哲学，而是宣告了一切哲学的终结"，"马克思主义不是哲学，而是一种经验科学，一种特殊的社会观"。这里就明确表明了他认为马克思否定"哲学"，转向经验科学的态度。

他还把马克思的学说和马赫的认识论相提并论，认为两者是相容的，都是经验科学。在谈到马克思的唯物主义历史观与马赫主义的关系问题时，他说："在这里，我们只是就哲学与唯物主义历史观有关这一点来谈哲学。"① 这表明他是不把马克思的唯物主义历史观当作哲学来看的。他认为马克思不再谈论那种不能被经验证实的"哲学"，而转变为一种能为科学所证实的实证主义的科学，实证主义科学是不谈论形而上学的哲学问题的。

在《基督教之基础》一书中，他对唯物主义方法进行了实证主义的解释。他指出，唯物主义方法是"以经验为根据、以研究我们的经验中的各种必然的因果关系为根据的方法"②。不可否认，马克思主义是一种观察问题和指导人们行为的根本方法，但是必须承认它首先是一种科学的世界观。而否认方法的哲学世界观前提或离开世界观孤立地谈论方法，就是把作为哲学的方法或方法论，降低为实证主义的科学的方法。把马克思主义看作一种破碎的、拘泥于对个别事实的有效性的方法，实质是把马克思主义降低为经验科学的实证主义。

第二国际理论家对马克思主义实证主义的理解还体现在把马克思主义哲学理解为历史唯物主义理论。第二国际的许多理论家都把马克思主义哲学称为"关于社会的唯物主义学说""唯物主义历史观"或"唯物主义的社会历史理论"，也就是对社会历史进行唯物主义理解的理论。拉法格就把马克思的学说称为"经济决定论""唯物史观""历史唯物主义"和"经济唯物主义"等。③ 梅林说："历史唯物主义是一种自成体系的理论，其使命是认识人类社会的历史发展。"④ 他在给拉法格的《思想起源论》

---

① ［德］考茨基：《唯物主义历史观》第一分册，上海人民出版社1964年版，第30页。

② ［德］考茨基：《基督教之基础》，生活·读书·新知三联书店1955年版，第138页。

③ ［法］拉法格：《思想起源论》，王子野译，生活·读书·新知三联书店1963年版，第221页。

④ ［德］弗·梅林：《保卫马克思主义》，吉洪译，人民出版社1982年版，第163页。

一书写序的时候又再次提到："马克思给我们的历史方法不是表现为带有公理、原理、系论、辅助定理的学说；方法对于马克思只是研究的工具，马克思对于把它运用于实验同时又用简练的文体把它表述出来感到满足。"① 拉布里奥拉说："我们在这里并不研究物理学、化学或生物学的问题，而只是力图弄清楚与动物生存不同的人类生存的一定条件。"② "唯物史观不是别的东西，而是试图借助一定的方式用思维来再现经历若干世纪的社会生活的起源和复杂化。"③

　　他们强调历史唯物主义不是一种世界观理论，而是研究历史的方法和指导原则，是一种实证主义的方法。梅林说："历史唯物主义并不是一个封闭的、以最后真理为其终点的体系；它只是研究人类发展过程的科学方法。"④ 拉法格在《思想起源论》一书中多次提到马克思的"历史方法"。他说："大约半世纪以前，马克思提出一种新的解释历史的方法，这方法便奠定了他和恩格斯的历史著作的基础。"⑤ 他还说："对于这样一件事实人们还很少注意，就是马克思不是用具有公理、定理、系论和辅定理的理论形式来叙述自己的解释历史的方法；他把这种方法解说得既简单又扼要，为的是鼓励我们在实际中去试验它。因此只有对马克思的方法所达到的结果提出异议，只有驳倒例如他的阶级斗争理论，才能批评这种方法。"⑥ 他还说："只有运用马克思的历史方法，只有研究经济界所完成的变化才能有希望找到这样的解释。（指对为什么灵魂思想在居住在地中海

---

①　［法］拉法格：《思想起源论》，王子野译，生活·读书·新知三联书店 1963 年版，第 2 页。

②　［意］安·拉布里奥拉：《关于历史唯物主义》，杨合湝等译，人民出版社 1984 年版，第 54 页。

③　［意］安·拉布里奥拉：《关于历史唯物主义》，杨合湝等译，人民出版社 1984 年版，第 86 页。

④　［德］弗·梅林：《保卫马克思主义》，吉洪译，人民出版社 1982 年版，第 25 页。

⑤　［法］拉法格：《思想起源论》，王子野译，生活·读书·新知三联书店 1963 年版，第 5 页。

⑥　［法］拉法格：《思想起源论》，王子野译，生活·读书·新知三联书店 1963 年版，第 7 页。

周围的民族的历史时期缺乏的解释——引者注)"① 拉布里奥拉说："我们的学说并不妄想通过抽象的方法揭示出某种伟大的计划或想法，因为它只是一种研究和解释的方法。马克思说他的发现是一种指南，这不是偶然的。正是因此，这个学说同达尔文主义类似，达尔文主义也是一种方法；这个学说不是，而且也不可能是适用于现代的、有利于谢林及其战友的结构和结构性自然哲学的再现。"②

从他们对历史唯物主义的理解可以看出，他们所理解的马克思主义哲学是不包括一般世界观问题的，也就是说他们理解的马克思主义并非哲学。正如王东在《马克思学新奠基——马克思哲学新解读的方法论导言》中所指出的那样，第二国际时期的理论家"他们多半承认唯物史观，并认为这是马克思理论中的主要东西，但认为这只是历史观、社会观，而不是哲学世界观；他们多半也承认辩证法，但认为只是几条抽象原则加上具体实例，不认为有作为哲学科学体系、哲学世界观的辩证法；他们认为既然马克思学说主要是经济学和历史观，缺少哲学世界观，那就可以用新康德主义来补充"③。因而就出现了修正主义以"新康德主义""狄慈根主义""达尔文主义""马赫主义"等来补充历史唯物主义、修正马克思主义的现象。

二、其他第二国际理论家对《提纲》的态度

第二国际时期的许多理论家们对马克思主义学说究竟有没有自己独立的哲学这一问题，存在着极大的思想混乱。伯恩施坦修正主义者声称马克思主义"没有得到哲学上的论证"，而拥护马克思主义的人也完全不了解马克思主义哲学世界观的基本倾向是怎样的。他们多数认为马克思主义仅仅是一种社会历史理论、经济理论，缺乏哲学基础，因而都试图给马克思

① ［法］拉法格：《思想起源论》，王子野译，生活·读书·新知三联书店1963年版，第25页。

② ［意］安·拉布里奥拉：《关于历史唯物主义》、杨启潾等译，人民出版社1984年版，第77页。

③ 王东：《马克思学新奠基——马克思哲学新解读的方法论导言》，北京大学出版社2006年版，第34页。

主义以哲学的"补充",所以就出现以"新康德主义""狄慈根主义""达尔文主义""马赫主义"等来补充历史唯物主义的现象。而《提纲》与这种修正主义不相容,因而几乎消失在他们的视野之外。

(一) 无视《提纲》的第二国际理论家

拉法格(1842—1911),是马克思的女婿,是马克思主义理论在法国的主要宣传者,他在法国和国际工人运动中为传播马克思主义做出了不可磨灭的贡献。从 19 世纪的 80 到 90 年代,他先后写了不少关于马克思主义哲学的著作,如《卡尔·马克思的经济唯物主义》(1883 年)、《唯心史观和唯物史观》(1895 年)、《马克思的唯物主义和康德的唯心主义》(1900 年)、《思想起源论》(1907 年)、《认识问题》(1910 年)等。在他的这些著作中几乎没有提到过《提纲》,他更关注的是马克思的唯物史观的思想,尤其是历史发展的动力问题。拉法格认为,在马克思之前无论是哲学家还是历史学家,都没有解决历史发展的动力问题,他们认为或神、或上帝、或理念、或绝对精神创造了历史,决定历史的发展。他们之所以没有真正解决历史的动力问题,关键在于没有搞清楚思想的起源和思想的本质。所以在《唯心史观和唯物史观》《思想起源论》中,他围绕着历史发展的动力问题,也是两种历史观的根本对立的问题,对饶勒斯的"正义""博爱"等观点进行了批判,阐发了经济因素是社会发展的决定性力量的马克思主义历史观。因此,拉法格把马克思的历史观称作"经济唯物主义","马克思的经济唯物主义使人脱离唯灵论的宿命论的麻木状态","经济决定论,这是马克思交给社会主义者的新的工具,为的是要靠它的帮助把秩序带进历史事件的混沌状态中去"。① 用经济事实来说明人类社会和历史的发展,并认为在社会发展中经济起着根本的作用,这就是拉法格始终坚持的唯物史观立场。

拉布里奥拉(1843—1904)是马克思主义理论在意大利的最早传播者,他在 19 世纪 80 年代中期开始研究马克思和恩格斯的著作,并于 1890 年同恩格斯开始通信。恩格斯给拉布里奥拉的回信对他认清科学社会主义与其他社会主义的区别,完全接受马克思主义的唯物主义历史观起了很大

---

① [法] 拉法格:《思想起源论》,王子野译,生活·读书·新知三联书店 1963 年版,第 7 页。

的作用。甚至拉布里奥拉在 1895—1897 年写作的几篇重要的历史唯物主义文章，在很大程度上都得益于他同恩格斯的通信。他从 1895 年以后开始撰写论述历史唯物主义的系列文章，他的著作主要是研究历史唯物主义理论，先后出版了系统探讨历史唯物主义的《唯物史观论丛》四部曲：第一部是《纪念〈共产党宣言〉》（1895 年）；第二部是《关于历史唯物主义》（1896 年）；第三部是《社会主义和哲学丛谈》（1898 年）；第四部是《从一个世纪到另一个世纪》（只写完了五章，在其去世 10 年后的 1914 年才发表）。他在著作中，很少提到《提纲》的内容，只有在《关于历史唯物主义》一书中提到了马克思的哲学变革，他说："这一变革（指马克思的哲学变革，即创立历史唯物主义——引者注）使费尔巴哈所更新的唯物主义同辩证唯物主义结合起来，从而使它能够掌握和理解历史运动的最内在的原因，而这种原因曾经隐蔽很深和难以观察，直到那时还没有人研究过！"① 从拉布里奥拉的这句话可以看出，他认为马克思的哲学变革就是把费尔巴哈的唯物主义和辩证法结合起来形成历史唯物主义，以"掌握和理解历史运动的最内在原因"。梅林在给拉布里奥拉的《纪念〈共产党宣言〉》作序时就说："拉布里奥拉完全掌握了马克思和恩格斯所阐明的历史唯物主义，但他是作为一个独立的思想家来再现这一理论的。"② 普列汉诺夫在《论唯物主义历史观》中谈到拉布里奥拉时也说："拉布里奥拉坚定而相当彻底地坚持唯物史观。"③

考茨基（1854—1938）是第二国际的领袖和对马克思主义进行实证主义理解的"修正主义"的代表。从 1881 年起，考茨基便担任恩格斯的秘书，在马克思和恩格斯的直接帮助下，成为一个马克思主义者。为宣传历史唯物主义，考茨基做了大量的工作，他发表了对《资本论》进行通俗解释的《卡尔·马克思的经济学说》（1887 年），参加了马克思遗著《资本论》第四卷（三卷本的《剩余价值史》）的整理工作，因此对马克思主义

① ［意］安·拉布里奥拉：《关于历史唯物主义》，杨启潾等译，人民出版社 1984 年版，第 8 页。

② ［意］安·拉布里奥拉：《关于历史唯物主义》，杨启潾等译，人民出版社 1984 年版，第 149 页。

③ ［意］安·拉布里奥拉：《关于历史唯物主义》，杨启潾等译，人民出版社 1984 年版，第 156 页。

的传播做出了一定的贡献。正是这一原因，使他在德国社会民主党和世界无产阶级群众中享有很高的声誉，作为德国党和第二国际的理论权威，博得了"正统的马克思主义者"的桂冠。但此"正统的马克思主义者"却认为马克思主义不是哲学，而是历史观和经济学说。他在《卡尔·马克思的经济学说》和《土地问题》（1899 年）中就论述了马克思的经济学说和历史学说。他认为唯物史观是马克思和恩格斯最重要的理论贡献，是他们"历史研究和经济研究的'总的结果'"①。他还认为，马克思主义的唯物史观本质上是一种方法，而不是教义式的理论体系。"在马克思和恩格斯那里，唯物主义是嵌在他们的方法之中的。"② 因而它不是理论意义上的唯物主义，而是方法论意义上的唯物主义。理论意义上的唯物主义"自命可以解决所有的世界之谜，以为可以用那种被称为物质的东西的机械作用说明世界上的一切现象，连人们的精神现象也可以用它来说明。这种哲学之所以变得站不住脚，并不只是由于有另外一种哲学更好地说明了世界之谜，把它排挤掉了，而是因为我们已经认识到我们是不能达到全部绝对真理，我们的有限的认识能力是不可能掌握无限的东西的。"③ 而方法论意义上的唯物主义的实质在于，"并不是事实遵从原理，而是原理必须遵从事实"④ 并且这种唯物主义要求人们"不要把我们以外的事物一个一个孤立地起来当作不动的、不变的东西来考察，而是要从它们的运动变化、生成消灭中，从它们的总联系中来研究它们"⑤ 因此，这种唯物主义是一种具有充沛生命力的唯物主义，马克思和恩格斯正是借助这种唯物主义建立起唯物主义历史观的。

他还主张走折中主义的道路，主张把新康德主义和马克思主义的历史

① ［德］考茨基：《唯物主义历史观》第一分册，上海人民出版社 1964 年版，第 21 页。

② ［德］考茨基：《唯物主义历史观》第一分册，上海人民出版社 1964 年版，第 23 页。

③ ［德］考茨基：《唯物主义历史观》第一分册，上海人民出版社 1964 年版，第 22－23 页。

④ ［德］考茨基：《唯物主义历史观》第一分册，上海人民出版社 1964 年版，第 23 页。

⑤ ［德］考茨基：《唯物主义历史观》第一分册，上海人民出版社 1964 年版，第 23 页。

学和经济学结合起来。他在 1898 年 5 月 2 日给普列汉诺夫的信中说："在哲学上我从来都不是一个强者，我认为最好是不论及哲学问题，不过，我当然有自己的哲学信念……辩证唯物主义。我只是在想，在某种意义上可以成为新康德主义者和承认马克思主义的历史和经济的学说。"① 他还强调马克思主义历史和经济学说与新康德主义的兼容性。他说"我应当公开声明，新康德主义使我感到为难的地方比什么都少"，"马克思和恩格斯的经济观点和历史观点至少是同新康德主义相容的"。②

　　与考茨基一样企图用"新康德主义"来"补充"马克思主义哲学的还有麦·阿德勒。麦·阿德勒（1873—1937），第二国际时期的"奥地利马克思主义者"的代表，他的主要著作有：《思想家马克思》（1903 年）、《马克思主义问题》（1913 年）、《马克思主义的国家观》（1923 年）、《唯物史观读本》（1930 年）。麦·阿德勒坚决反对把马克思主义看作是哲学，反对把它看作是唯物主义理论体系。还在青年学生时代，他就在一篇题为《历史唯物主义对社会民主主义的意义》的文章中说："唯物史观并不必然是要同唯物主义携手并进的。因而，唯物主义同社会民主主义之间也完全不存在不可分割的必然联系。唯物主义世界观与唯物史观毫无共同之处。前者是本体论的世界观，是假设。而后者则是同生理学或者化学一样的科学。"③ 他认为，马克思主义与唯物主义体系毫无关系。唯物主义回答的是关于世界本质的本体论问题。这样的理论已超越了人们的经验，纯粹是形而上学。而马克思主义回答的是有关社会生活和社会发展的问题，是一门较为具体的科学，它与哲学不属于同一层次上的。因此他主张重新给马克思主义"补充"哲学基础，即他同爱·伯恩施坦及康德拉·施密特一样，要求"从马克思回到康德去"，以康德的哲学补充马克思主义。

　　应当指出，在第二国际修正主义者中，麦·阿德勒虽然不是第一个提出"回到康德去！"的，但在他的著作中却最完整、最系统地表现了新康

---

① 徐琳：《马克思主义哲学史（第 3 卷）》，北京出版社 1996 年第 2 版，第 586 页。

② 徐琳：《马克思主义哲学史（第 3 卷）》，北京出版社 1996 年第 2 版，第 96 页。

③ ［奥］麦·阿德勒：《唯物主义对社会民主主义的意义》，德文版第 8 页。引自刘佩弦、马健行主编《第二国际若干人物思想研究》，人民出版社 1994 年版，第 384 页。

德主义的倾向。从 1904 年在《马克思研究》第一辑上发表《为科学而斗争的因果性和目的论》起，直到 1930 年出版《唯物史观读本》，他一贯是以康德的理性批判理论的观点来代替马克思主义的唯物主义观点的。在《唯物史观读本》一书中，他不是阐述马克思的历史唯物主义，而是从主观唯心主义立场出发修改康德哲学，企图调和康德的认识论与马克思的认识论，而且还以康德的先验的唯心史观来篡改马克思的唯物史观。像这种修正主义思想在第二国际时期是非常盛行的，因而无法一一列举。

针对修正主义思想的泛滥，第二国际的理论家也进行了强烈的抨击。如针对修正主义者伯恩施坦反对唯物主义的反映论原则，主张不可知论，不承认社会实践是认识的基础和检验真理的标准，也不承认社会实践是对于不可知论的最令人信服的驳斥的观点，第二国际理论家普列汉诺夫、拉法格和拉布里奥拉等进行了有力的回击，阐述了他们对实践观的理解。

(二) 第二国际理论家未理解马克思实践观的变革意义

第二国际时期的理论家看到了"实践"思想在马克思主义哲学中的地位，并从认识论的角度进行了解读。普列汉诺夫在批判不可知论时就强调，恩格斯关于实验和工业的观点是对不可知论最有力的驳斥，并对恩格斯的思想做了进一步的阐发。恩格斯提出了实践对思维真理性的检验作用。他说，"对这些以及其他一切哲学上的怪论的最令人信服的驳斥是实践，即实验和工业"①。普列汉诺夫同意恩格斯关于实践对认识的真理性做出检验的观点，但他并未提出实践是认识真理性的"标准"的概念。他说，"马克思写道：'人的思维能否如实地认识对象，这个问题决不是一个理论问题，而是一个实践问题。人应该用实践来证明自己思维的真理性，即证明它具有现实的力量并停留在现象的此岸。'从费尔巴哈那里，我们也可以发现同样的思想，用费尔巴哈的话说，唯心主义的基本缺点在于：'它仅仅从理论的观点来考察世界的客观性或主观性、现实性或非现实性的问题，而世界之成为论断的对象，只因为它起初成了愿望的对象。'不错，费尔巴哈写这两句话的时间，是在马克思的上述言论之后二十年左右。但是在这种情况下时间先后未必有什么意义，因为关于哲学理论脱离

---

① 《马克思恩格斯选集（第 4 卷）》，人民出版社 2012 年版，第 232 页。

实践活动对哲学理论有致命影响的思想是与费尔巴哈哲学的整个精神完全符合的。无怪乎他写道，哲学与实践比较只是'不可避免的不幸'"。①

拉法格在《认识问题》中为了驳斥诡辩论者提出的"人是万物的尺度""客观真理是不存在的，只存在真理的主观表象"②的观点而提出"人不再是万物的尺度，衡量客体的尺度是客体"。他已经能够把认识的对象看作检验和衡量认识的标准，这是相当进步的。他还提出可以利用科学实验的工具来检验认识的观点。他说："我们可以利用天然物的感受性来认识物体的特性，如利用水银柱测量温度，用石蕊试纸检验液体的酸度，等等。……如果说我们仅求助于人的不稳定的感觉就不能准确了解大气的温度，那么，当水银稳定的感受性把大气的温度记录下来以后，就可以对它有科学的确切的认识。"③"当认识建立在感官提供的材料的基础上时候，它（指认识——引者注）是主观的。而当认识建立在感官提供的材料的基础上时，它就变成客观的。"④

拉布里奥拉把哲学定义为"生活和世界的一般学说"，他特别强调实践在马克思主义哲学中的重要地位，认为"实践哲学"是历史唯物主义的核心。他的这一思想，强烈地影响到了后来的葛兰西和现代意大利马克思主义者，葛兰西就是在他的影响下创立了"实践哲学"。

第二国际时期的理论家虽然看到了"实践"思想在马克思主义哲学中的地位，但由于他们未能看到包括《1844年手稿》（1932年才公开发表）在内的重要的马克思早期文本，不重视《提纲》的思想，"不了解'革命的''实践批判的'活动的意义"，从而忽略了马克思实践观所具有的重要意义，因而不能正确理解马克思哲学所实现的真正变革。

在这个问题上，拉布里奥拉比第二国际其他理论家似乎理解得更深刻一些。他虽然把哲学定义为"生活和世界的一般学说"，强调实践的重要地位，认为"实践哲学"是历史唯物主义的核心，但是，拉布里奥拉视域中的"实践"更多的是从认识论的角度加以阐发的。比如，他强调基于实

---

① 《普列汉诺夫哲学著作选集（第3卷）》，生活·读书·新知三联书店1962年版，第776页。

② ［法］拉法格：《拉法格文选》，人民出版社1985年版，第366页。

③ ［法］拉法格：《拉法格文选》，人民出版社1985年版，第378页。

④ ［法］拉法格：《拉法格文选》，人民出版社1985年版，第382页。

践的认识的能动性，认为正是改造世界的实践活动使得事物不再是"探讨的生硬客体"，并使认识"成为具体的东西"。这些说明，在拉布里奥拉那里，"实践"还只是认识论的核心范畴，还不是马克思主义哲学的首要的、基本的范畴。

在谈到马克思和费尔巴哈的"实践"问题时，普列汉诺夫认为，马克思在《提纲》中批评费尔巴哈"不了解'革命的''实践批判的'活动的意义"，这个批评是不对的，费尔巴哈是了解的，费尔巴哈和马克思同样经常地使用"实践"一词。其实，马克思对费尔巴哈的批评是正确的。诚然，费尔巴哈已经有了科学的实践观的萌芽，例如，关于实践是真理的标准的思想。但是，这些萌芽在费尔巴哈整个哲学思想中不是主要的，他不但经常离开"实践标准"的思想，而且经常贬低实践的意义。马克思的批评并不是想当然的，而是以费尔巴哈的思想为根据的。费尔巴哈在《基督教的本质》一书中说："理论之立场，就意味着与世界和谐共处。……与此相反，如果人仅仅立于实践的立场，——那他就跟自然不和睦，使自然成为他的自私自利、他的实践利己主义之最顺从的仆人。"① "功用主义、效用，乃是犹太教之至高原则。"② 他又说："制造，是我可做可不做的行为，是一个有意的、故意的、外在的行为；在制造这个行为中，并不是我最固有、最内在的本质直接参与其中，我并不是同时又是受动的、被动的。与此相反，一个并不是无关紧要的活动，那就是跟我的本质相同一的，对我来说是必然的。精神生产就是这样。精神生产是我的内在需要，并且因此而最深深地吸引住我，如同疾病一般地纠缠着我。精神作品并不是制造出来的——在这里，制造只是最外在的活动而已——，它们是在我们里面发生出来的。但制造却是一种无关紧要的、从而自由的、也即任意的活动。"③ 从费尔巴哈的整个哲学来说，轻视人类实践、强调自然是其主要倾向，是其哲学主要的缺点，是其一贯的思想，而看到实践对于认识的意义，则不是他的哲学的主要倾向，不是始终一贯的思想。因此，马克思的批评抓住了费尔巴哈哲学的实质，而普列汉诺夫则被费尔巴哈哲学的非主要、非一贯的思想迷惑，看不到费尔巴哈哲学的实质，而这一忽视，

---

① 《费尔巴哈著作选集》下卷，商务印书馆 1984 年版，第 144 – 145 页。
② 《费尔巴哈著作选集》下卷，商务印书馆 1984 年版，第 145 页。
③ 《费尔巴哈著作选集》下卷，商务印书馆 1984 年版，第 261 页。

正表现了他们对马克思的实践的不理解。

其实，普列汉诺夫没有理解，尽管费尔巴哈可以和马克思同样经常地使用"实践"一词，但其意义在哲学世界观方面却非常不同。普列汉诺夫之所以认为马克思误解了费尔巴哈，只是由于他自己对马克思"新世界观"的实践原则的误解。当普列汉诺夫在"实践"观点上把马克思和费尔巴哈等同起来时，他也实际上把马克思和费尔巴哈的哲学世界观混为一谈了。于是普列汉诺夫很自然地说，马克思和恩格斯在所谓"哲学本身的问题"上，始终保持着与费尔巴哈相同的观点，而马克思的认识论实际上就是费尔巴哈的认识论。这实际上是认为马克思哲学唯物主义与费尔巴哈哲学唯物主义的理论基础是相同的，这就磨平了马克思哲学同旧唯物主义哲学的原则界限，误解了马克思主义哲学所实现的真正变革。

马克思主义哲学所实现的真正变革在于创立了从实践出发来解释观念的"实践的唯物主义"。它的哲学出发点不是抽象的"自然界"或"物质"，而是人的感性的活动，即实践。第二国际理论家们不了解马克思主义哲学的真正意义，他们不是从实践出发，而是从"物质"出发，认为世界、社会、人、思维是物质的展开，是物质多样性的表现，从而从自然发展规律推导出社会发展规律。这种解释把自然从历史中抽象出来，把自然与社会隔离开来，势必造成用孤立、抽象的方法单独地考察地理环境和社会生产方式，于是地理环境似乎成了独立于人们活动过程的发展系列，人们所面对的自然不再是人化的，而是一种机械的、物理的、化学的、生物的运动，是开天辟地以来就已经存在的。这种解释实际上是向旧唯物主义的倒退。马克思在《提纲》中指出旧唯物主义的根本缺陷时认为，对对象、现实、感性不能从客体的或者直观的形式去理解，而首先应该把它们当作人的感性活动，即当作实践去理解。旧唯物主义之所以把感性仅仅归结为外界事物作用于人所引起的一种被动状态，其原因就在于它不能把实践理解为意识的对象，而这一点恰恰构筑了马克思实践唯物主义最根本的理论基石。在马克思哲学中，实践不仅仅是一个认识论概念，更重要的是实践具有世界观的意义，人和自然界的现实的、具体的和有机的统一，正是通过实践这种"对象性的活动"而被真正建立起来并使之得到合理理解的。所以说，这是一个伟大的、具有划时代意义的哲学变革。正因为第二国际理论家们不理解马克思哲学对旧唯物主义的超越，所以他们既看不到马克思哲学与旧唯物主义的本质区别，也不可能理解马克思主义哲学的革命意义。

三、小 结

通过上文对第二国际理论家对《提纲》的理解的分析可以看出，第二国际理论家不重视《提纲》在马克思主义哲学中的地位。第二国际理论家中仅仅梅林、普列汉诺夫提到过《提纲》的思想，而其他理论家几乎都没有提到过《提纲》或《提纲》的思想。

梅林和普列汉诺夫虽然看到了《提纲》的思想，并对《提纲》进行了理解，但是由于他们站在费尔巴哈的唯物主义立场上理解《提纲》，因而就不可能正确理解《提纲》第一条的思想，不可能理解费尔巴哈的唯物主义的缺点。从梅林的论述可以看出，他认为费尔巴哈的唯物主义的缺点是缺乏辩证法，这是对《提纲》第一条内容的误读。马克思在《提纲》中所揭示的包括费尔巴哈的唯物主义在内的旧唯物主义的缺点并不是缺乏辩证法，而是对意识对象直观理解的"直观性"，即"从前的一切唯物主义（包括费尔巴哈的唯物主义）的主要缺点是：对对象、现实、感性，只是从客体的或者直观的形式去理解，而不是把它们当作感性的人的活动，当作实践去理解，不是从主体方面去理解"①。"费尔巴哈想要研究跟思想客体确实不同的感性客体：但是他没有把人的活动本身理解为对象性的活动。"②"费尔巴哈不满意抽象的思维而喜欢直观；但是他把感性不是看作实践的、人的感性的活动。"③"直观的唯物主义，即不是把感性理解为实践活动的唯物主义，至多也只能达到对单个人和市民社会的直观。"④ 这些都是《提纲》指出的旧唯物主义对意识对象的直观理解方式。而在《形态》中，马克思又多次阐述了这一思想。这些思想，都充分证明了马克思所揭示的费尔巴哈的唯物主义的缺点并不是缺乏辩证法，而是"直观性"。

---

① 《马克思恩格斯选集（第1卷）》，人民出版社2012年版，第54页。
② 《马克思恩格斯选集（第1卷）》，人民出版社2012年版，第54页。
③ 《马克思恩格斯选集（第1卷）》，人民出版社2012年版，第56页。
④ 《马克思恩格斯选集（第1卷）》，人民出版社2012年版，第57页。

由于梅林不理解费尔巴哈的唯物主义的缺点，所以也就不可能正确理解马克思的唯物主义与费尔巴哈的唯物主义的区别。他认为马克思的唯物主义与费尔巴哈的唯物主义的区别仅仅是形式上的和学科领域的区别，认为马克思的历史唯物主义不过是费尔巴哈的自然科学唯物主义的"补充"，是自然科学唯物主义在历史领域的拓展和延伸。普列汉诺夫则认为两者的区别仅在于马克思的唯物主义在费尔巴哈的唯物主义基础上进行了某些天才的修正而变得更加深刻化而已，两者的唯物主义基础是一致的。由于梅林和普列汉诺夫都把马克思的唯物主义的"基础"等同于费尔巴哈的唯物主义，并从这种唯物主义立场出发来理解马克思主义的学说，因而就不可避免地滑向实证主义，开启了第二国际理论家对马克思主义的实证主义理解。从梅林到拉法格、考茨基、拉布里奥拉都把马克思主义理解为一种历史理论和经济理论就是实证主义的体现。

由于实证主义否定对世界的基础、本质等形而上学问题的研究，拒斥形而上学哲学，所以第二国际的理论家对马克思主义学说进行实证主义理解，必然要消除马克思主义学说中的哲学基础，因而从梅林开始的第二国际理论家就宣扬马克思反对"一切哲学""终结哲学"的思想。第二国际的一些理论家注意到马克思"消灭哲学"的言论，并提出马克思主义不是"哲学"，这些观点有进步性。实际上，在马克思思想史中，马克思在1845年以前曾经信仰过"哲学"，他对"哲学"持肯定态度，高度赞扬哲学，并用"哲学"这一术语来表达自己的有关思想。"理想主义""黑格尔主义"和费尔巴哈哲学就是他"从前的哲学信仰"。1845年春，马克思写下了著名的《提纲》，其最后一条提到"哲学家们只是用不同的方式解释世界，而问题在于改变世界"①。正是在这里，马克思第一次表示了对"哲学"的否定和反对。马克思自觉地把自己排除在"哲学家"的行列之外，不再以新哲学家和"从前的哲学家"相对立，而是以非哲学家和"哲学家"相对立。"哲学家"已成为马克思批评的对象。其后，在《形态》和《共产党宣言》等著作中，马克思和恩格斯多次提到否定哲学和消灭哲学的言论。如在《形态》一书中，马克思、恩格斯在谈到他们与"德国哲学"不同的思想路线时说："德国哲学从天国降到人间；和它完

---

① 《马克思恩格斯选集（第1卷）》，人民出版社2012年版，第6页。

全相反，这里我们是从人间升到天国。这就是说，我们不是从人们所说的、所设想的、所想象的东西出发，也不是从口头说的、思考出来的、设想出来的、想象出来的人出发，去理解有血有肉的人。我们的出发点是从事实际活动的人，而且从他们的现实生活过程中还可以描绘出这一生活过程在意识形态上的反射和反响的发展。"①在这里，马克思、恩格斯再一次把自己和"德国哲学"相对立。马克思、恩格斯明确指出，对现实生活的实证科学的研究使哲学失去了存在的余地："在思辨终止的地方，在现实生活面前，正是描述人们实践活动和实际发展过程的真正的实证科学开始的地方。关于意识的空话将终止，它们一定会被真正的知识所代替。对现实的描述会使独立的哲学失去生存环境，能够取而代之的充其量不过是从对人类历史发展的考察中抽象出来的最一般的结果的概括。这些抽象本身离开了现实的历史就没有任何价值。"②

在《共产党宣言》中，马克思、恩格斯继续从批判、否定的立场谈论"哲学"。他们在评论"德国的或'真正的'社会主义"时说："德国的哲学家、半哲学家和美文学家，贪婪地抓住了这种文献（指法国的社会主义和共产主义的文献——引者注），不过他们忘记了：在这种著作从法国搬到德国的时候，法国的生活条件却没有同时搬过去。在德国的条件下，法国的文献完全失去了直接实践的意义，而只具有纯粹文献的形式。它必然表现为关于真正的社会、关于实现人的本质的无谓思辨。"③"他们在法国的原著下面写上自己的哲学胡说。例如，他们在法国人对货币关系的批判下面写上'人的本质的外化'，在法国人对资产阶级国家的批判下面写上所谓'抽象普遍物的统治的扬弃'，等等。"④ 马克思、恩格斯在评论"真正的社会主义者"所说的"人"时说："这种人不属于任何阶级，根本不存在于现实界，而只存在于云雾弥漫的哲学幻想的太空。"⑤

由此可见，马克思是反对"哲学"，并要求"消灭哲学"的。第二国

---

① 《马克思恩格斯选集（第1卷）》，人民出版社2012年版，第152页。
② 《马克思恩格斯选集（第1卷）》，人民出版社2012年版，第153页。
③ 《马克思恩格斯选集（第1卷）》，人民出版社2012年版，第426页。
④ 《马克思恩格斯选集（第1卷）》，人民出版社2012年版，第427页。
⑤ 《马克思恩格斯选集（第1卷）》，人民出版社2012年版，第427页。

际的一些理论家认识到这一点，这无疑是一种进步。但是，他们由马克思"否定哲学"的言论就得出"马克思主义不是哲学，而是经验科学"，否定马克思主义的哲学世界观，把马克思主义降低为一种实证主义的科学方法，这是错误的。马克思主义是否真的没有哲学世界观呢？马克思在1845年以后的确多次强调要否定哲学，强调自己的思想不是哲学，马克思所说的"哲学"与第二国际的理论家所理解的作为一般世界观体系的形而上学"哲学"是否是同一回事呢？

其实，马克思所否定的"哲学"，与我们现在所理解的作为世界观的理论体系的形而上学"哲学"一词不等同，其不仅包括世界观内容，还包括各种知识体系，这些知识体系本应是通过实证科学的研究而产生的，但在此却是由哲学基本原则产生，且这样的"哲学"具有三个特征："第一，原则成为出发点；第二，从原则引出各个领域的知识；第三，从原则出发提供解决现实问题的种种方案。"① 这种"哲学"不仅具有包罗万象的特征，还是一种研究立场的出发点，是解答现实问题所依据的出发点。从1845年起，马克思认识到这样的"哲学"的荒谬和无用，就起来反对"哲学"，离开哲学基地，转向从现实生活出发研究问题。所以，马克思所反对的"哲学"与第二国际的理论家在一般意义上所理解的"关于世界观的理论体系"的哲学并非同义，其反对的是这种马克思称之为"哲学"的"一切从原则出发去获得知识的研究立场"以及通过这种研究立场获得的知识，即"哲学知识"。②

马克思主义的理论也并非没有哲学世界观，马克思主义哲学的世界观就是历史唯物主义，不过不是第二国际的理论家所理解的"历史唯物主义"（"狭义历史唯物主义"③），而是"广义历史唯物主义"。考察马克思

---

① 王金福：《从"哲学共产主义"到科学共产主义——马克思、恩格斯的哲学革命与共产主义学说的转变》，载《哲学研究》2006年11期，第27页。

② 王金福：《从哲学到实证科学：马克思恩格斯研究立场的重大转变》，载《山东社会科学》2006年第11期，第24页。

③ 有些书把第二国际的理论家所理解的历史唯物主义称为"狭义历史唯物主义"，即指唯物主义的社会历史观。他们把唯物主义的社会历史观看成是马克思主义哲学的全部，否定马克思主义哲学有一般自然观和物质本体论，认为马克思主义哲学只是研究人类社会的历史领域，而先在自然和物质世界不是人类社会的历史领域，所以不属于马克思主义哲学的领域。他们所理解的"历史"只是指研究领域，所以是狭义的。

主义哲学可以发现，马克思主义哲学不仅有一般自然观，还承认物质本体论。在马克思的著作中有大量关于物质本体论的思想的论述，马克思在《黑格尔法哲学批判》中就已经继承了费尔巴哈的唯物主义思想，接受了物质本体论的思想。而其后在《提纲》和《形态》中又批判了费尔巴哈的直观唯物主义，阐述了历史唯物主义的思想。马克思的历史唯物主义是指从人们的历史存在出发来解释观念的理论。在《提纲》和《形态》中，马克思多次强调"人们的存在""人们的实际生活""社会存在"就是人们的历史存在。而意识总是社会意识，是历史意识。马克思的哲学路线就是从人们的历史存在出发来解释人们的历史意识，从社会存在出发来解释社会意识，这样的哲学就是历史唯物主义。其任务不仅仅是研究人类社会的历史运动规律，而是强调要从人们的历史存在去解释人们的观念。所以，历史唯物主义中的"历史"不是指马克思主义的研究领域，而是指马克思主义的解释根据。区别于"狭义历史唯物主义"，我们把它称为"广义历史唯物主义"。

从人们的历史存在出发来解释人们的历史意识，我们可以发现马克思的全部理论都是历史唯物主义的。首先，在社会历史观上，马克思强调人们的社会实践活动就是人们的历史存在，坚持从实践出发来解释人们的意识（意识总是社会存在的反映，因而总是社会意识），就是坚持从人们的历史存在出发来解释人们的历史意识，就是坚持历史唯物主义。

其次，在认识论上，马克思主义是坚持从人们的历史存在、实践活动出发来解释认识运动的。实践是物质的特殊存在方式，正是物质的这种存在方式构成了认识的现实的物质基础，它是认识的现实对象、源泉、认识发展的根本动力、认识真理性的检验标准、认识的根本目的，也是正确的认识转变为现实存在的根本物质条件。

再次，在自然观或本体论上，马克思从实践出发来解释观念就包含着从实践出发来解释一般的自然观或物质本体论。因为实践是意识的唯一的现实对象，所以，对世界的一般本质的认识，即一般自然观或物质本体论，并不是对自然界或物质世界直接直观的结果，而是以实践为对象的认识，是对实践中包含的世界的一般本质的认识。所以，这种自然观或本体论也是从人们的历史存在出发来解释人们的历史意识的，也是历史唯物主义。

综上所述，在马克思主义发展史上，第二国际理论家对马克思主义的传播和发展的作用是不可忽视的。他们在传播、普及和应用马克思主义基本理论方面有着不可磨灭的历史功绩。他们对马克思的历史理论和经济学说进行了大力的宣传和通俗化的理解，力图使马克思主义和当时的工人运动实践结合，同当时的具体的社会、经济和伦理方面的研究结合起来。这种宣传和传播在当时起了很大的历史和现实作用。但是，由于当时科学主义思潮泛滥、达尔文主义风靡，加之第二国际的理论家自身的理论准备不足，所以他们在对马克思主义哲学进行理解时，只是从当时的科学主义思潮和达尔文的进化论出发，中介式地接受马克思主义思想，忽视了马克思主义思想的完整的世界观性质和革命批判的本质，而往往把马克思主义归结为一种纯粹的经验科学（实证的"历史科学和经济科学"），把唯物主义辩证法混同于一般的进化理论（自然主义、经济主义）。对马克思主义的这种实证主义理解，不可避免要否定马克思的哲学基础，因而学者们都试图给马克思主义"补充"哲学基础，所以就出现以"新康德主义""狄慈根主义""达尔文主义""马赫主义"等来修正马克思主义的现象。为了论证这种修正主义思想，第二国际理论家就从"康德哲学""狄慈根哲学""达尔文进化论""马赫主义"等思想中寻找理论依据，而这些理论与《提纲》的思想不相容，所以《提纲》就被抛弃在他们的视野之外。第二国际理论家不重视《提纲》，不理解《提纲》第一条的基本思想，不理解马克思的唯物主义和费尔巴哈的唯物主义的区别，所以也就不可能理解马克思的哲学革命的真正意义。

第三章　国外马克思主义视域中的《提纲》

随着 20 世纪的到来，整个人类社会发生了一系列的重大变化，如二三十年代资本主义经济危机频频爆发，无产阶级革命不但没取得进展，反而出现中欧、西欧的无产阶级革命的失败；"一战"后科学技术的飞速发展使得资本主义社会出现了相对稳定的局面。现实生活使得西方的马克思主义者开始思考马克思主义在当代是否还有价值，其中哪些因素、成分更值得关注，现实生活需要在哪些方面发展马克思主义理论等一系列问题。这种价值观意识的兴起，使得西方的马克思主义者开始把马克思主义和当代西方哲学的各种思潮结合起来，因而形成了各式各样的国外马克思主义思潮。

此时期由于解释学意识的觉醒，"西方马克思主义"开始反思传统的马克思主义和第二国际"正统的马克思主义"对马克思的理解，他们发现传统的马克思主义和"正统的马克思主义"对马克思的理解存在诸多问题。在文本理解视野下，"西方马克思主义"重新"回到马克思"，他们关注马克思的早期著作，尤其是《提纲》，并对《提纲》提出了新的理解。他们的理解具有诸多合理的成分，如不再仅从认识论纬度理解实践，而是把实践看成是马克思主义哲学的出发点和中心范畴；把人的现实的自然看成是人化自然，因而，意识的现实对象不是自然物，而是人的实践活动，是历史地生成的；实践是人的根本的存在方式，是检验意识真理性的标准；人的本质是社会关系的总和。这些观点都相当接近《提纲》第一、二、三、五、十一条的思想。不可否认，由于他们在对待马克思的唯物主义态度上还表现出含糊、动摇和折中的倾向，甚至偏离唯物主义，以至于不能正确理解实践的本质，把实践理解为包括精神活动在内的"主客观统一"的活动，所以他们对《提纲》的理解也有不少偏离的成分。由于没有完全正确理解《提纲》的思想，所以"西方马克思主义"仍然没有真正理解马克思的哲学革命的实质。

一、国外马克思主义对《提纲》的关注

在国外马克思主义研究者中，较早研究《提纲》的要数"西方马克思主义"。"西方马克思主义"这个术语是一个总体称谓，它是"20 世纪萌生的一种哲学文化思潮，这种思潮是在马克思主义分化的前提下诞生的，作为一种历史哲学和文化哲学，它在国家垄断资本主义阶段（包括法西斯主义的崛起）在新的自然科学突破层出不穷，国际共产主义运动史上波折丛生的特定背景下，通过与非马克思主义哲学思潮的'融合'，在政治上同时对现代资本主义和教条主义的马克思主义展开批判，企图探索不同于传统马克思主义和现实社会主义的另一条'新道路'"[①]。"西方马克思主义"这种思潮既在西方出现，也在东方出现，其不是一个地域性概念；其在政治上反对资本主义，赞成社会主义和无产阶级的解放；在理论上赞同马克思主义理论，把马克思主义和西方非马克思主义思潮融合，以探索一种不同于传统理解的马克思主义学说。借鉴张一兵、胡大平在《西方马克思主义哲学的历史逻辑》一书中对"西方马克思主义"的代表人物的分类，按历史线索划分，"西方马克思主义"的早期代表人物有：青年卢卡奇、葛兰西和柯尔施；第二代代表人物有：霍克海默、萨特、弗洛姆（又译：弗罗姆）、阿尔都塞、马尔库塞等；20 世纪 70 年代的代表人物有：哈贝马斯、施密特、科恩等。[②]

"西方马克思主义"思潮的出现，标志着马克思主义哲学研究中的解释学意识的觉醒。[③] 觉醒的西方马克思主义者意识到传统马克思主义者恩格斯、列宁、斯大林等对马克思主义哲学理解的不足，因而提出了"什么是真正的马克思主义"的问题。此问题的提出，意味着传统理解的马克思主义哲学不再被认为是对马克思主义哲学的唯一正确的理解，其正确性受

---

① 张一兵、胡大平：《西方马克思主义哲学的历史逻辑》，南京大学出版社 2003 年版，第 8 页。

② 张一兵、胡大平：《西方马克思主义哲学的历史逻辑》，南京大学出版社 2003 年版，第 13 页。

③ 王金福：《马克思的哲学在理解中的命运：对马克思主义哲学史的解释学考察》，苏州大学出版社 2003 版，第 352 – 355 页。

到挑战。卢卡奇以"什么是正统的马克思主义"挑起了对传统理解的质疑，南斯拉夫"实践派"的米兰·坎德加尔以"什么是马克思的哲学?"①延续了这场争论。在争论中诞生的"西方马克思主义"者提出了"回到马克思"的口号。"回到马克思"口号虽然是由南斯拉夫"实践派"正式提出，但从其思想实质来说，"西方马克思主义"思潮的早期代表人物卢卡奇、葛兰西等提出的要"忠于马克思的思想"的口号实质就是"回到马克思"。"回到马克思"就意味着在理解马克思主义思想时要尊重马克思的文本，理解的目的就是要把握马克思文本的思想。马克思创立的文本才是马克思主义哲学的真正原本，其他人的文本只是马克思主义哲学原本的副本。为真正回到马克思，"西方马克思主义"对马克思主义哲学的文本进行了重新定位。他们把马克思的著作看作原本，而恩格斯及其以后的人的著作看作副本。同时，还对马克思不同时期的著作进行了定位，有人把马克思青年时期（1845 年以前）的著作看作马克思主义哲学的真正原本，有人把马克思成熟时期（1845 年以后）的著作看作马克思主义哲学的真正原本。"西方马克思主义"和南斯拉夫"实践派"倾向于第一种定位。

在解释学观念的指导下，"西方马克思主义"的一些代表人物认识到第二国际理论家普遍把马克思主义装扮成实证主义科学，以科学的名义牺牲了哲学的错误，因而对第二国际理论家的实证主义倾向进行了批判。青年卢卡奇从对实证主义之形式理性主义方法论的批判出发，直接强调"对马克思主义来说，归根结底就没存什么独立的法学、政治经济学、历史科学等等。而只有一门唯一的、统一的——历史的和辩证的——关于社会（作为总体）发展的科学"②。柯尔施在《卡尔·马克思——马克思主义的理论和阶级运动》（1938 年）中也指出，第二国际的教条主义是从"带有自然科学色彩的唯物主义世界观"出发，把社会主义的"科学"变成了"实证"对象，结果是"在一个长时期，马克思和恩格斯新的革命观主要是通过作为一种辩证唯物主义的方法而运用经验的社会科学和自然科学，

---

① ［南］米兰·坎德加尔:《马克思哲学的意义》，见马尔科维奇等《南斯拉夫"实践派"的历史和理论》，重庆出版社 1994 年版，第 55 页。

② ［匈］卢卡奇:《历史和阶级意识——关于马克思主义辩证法的研究》，杜章智等译，商务印书馆 1996 年版，第 77 页。

才得以生存和发展"。① 在他们看来，马克思主义理论最重要的体现不是科学而是哲学。所以，柯尔施、青年卢卡奇都对马克思主义和哲学的关系问题进行了新的考察，他们提出"重建马克思主义哲学"的口号。从此，"西方马克思主义"开始了把马克思主义重新哲学化的过程。他们从反对第二国际之"科学"走向了"哲学"，这一点基本上奠定了早期西方马克思主义哲学的发展方向。

"西方马克思主义"把马克思主义归结为哲学，并致力于研究马克思主义哲学，是有深刻的社会历史背景的。首先，他们认为马克思除了早期的一些哲学手稿外，并没有留下多少哲学著作，恩格斯和列宁尽管写了一系列的哲学著作，但这些著作非但没有对马克思的哲学理论做出什么贡献，相反还有许多歪曲。所以，他们认为有责任完成马克思的未竟事业。其次，20 世纪 20 年代末和 30 年代初发表的马克思的《黑格尔法哲学批判》和《1844 手稿》，对他们产生了极其深刻的影响，使他们感到似乎在马克思的早期著作中找到了哲学的知音，因而利用这些手稿大谈哲学问题成了他们的一个主要话题。其三，20 世纪二三十年代资本主义经济危机频频爆发，无产阶级革命不但没取得进展，反而出现中欧、西欧的无产阶级革命的失败；"一战"后科学技术的飞速发展使得资本主义社会出现了相对稳定的局面。20 世纪初以来资产阶级急剧发展和变化着的新形势给马克思主义理论带来了许多崭新的课题。这就首先需要从整体上把握这些新问题和新情况，而哲学无疑就是这种整体反思的最好工具，所以他们都重视哲学的研究。②

"西方马克思主义"对马克思主义哲学的研究首先是从对马克思的早期著作，如《1844 年手稿》和《提纲》的研究开始的。"西方马克思主义"特别重视对《提纲》的研究。从早期的"西方马克思主义"的代表人物到 20 世纪 70 年代以后的代表人物，在他们的代表性著作中，几乎都谈到了《提纲》。早期代表人物青年卢卡奇的《历史与阶级意识》、葛兰西的《实践哲学》和柯尔施的《马克思主义和哲学》；第二代代表人物霍克海默的《批判理论》、萨特的《辩证理性批判》、弗洛姆的《马克思关

<hr />

① 张一兵、胡大平：《西方马克思主义哲学的历史逻辑》，南京大学出版社 2003 版，第 39 页。

② 陈学明：《西方马克思主义教程》，高等教育出版社 2001 年版，第 39 页。

于人的概念》、阿尔都塞的《保卫马克思》、马尔库塞《否定的辩证法》等；20 世纪 70 年代的代表人物施密特的《马克思的自然概念》等著作都提到了《提纲》的内容或引用了《提纲》的某些句子。

东欧新马克思主义的南斯拉夫"实践派"的代表马尔科维奇、弗兰尼茨基、沙夫等也关注《提纲》，马尔科维奇主编的《南斯拉夫"实践派"的历史和理论》就详细解读了《提纲》，他们的解读对我国 20 世纪 80 年代的学术界产生了较大的影响。德国马克思主义哲学家恩斯特·布洛赫在其代表作《希望的原理》中对《提纲》进行了人本主义的解读，其解读产生了的一定的理论影响。他们关注《提纲》，通过对《提纲》的研究来解读马克思主义哲学。

21 世纪以来，国外仍有不少学者研究《提纲》。鲁克俭教授对学者们研究的问题做了如下概述：

第一，对《提纲》第一条的研究，如 Ulysses Santamaria，Alain Manville 的论文 "Marx et le matérialisme : sens et valeur de la première thèses sur Feuerbach" ［*Philosophiques*，1987，Vol. 14（2）］；柴田英树的论文 "An Interpretation of the First Thesis on Feuerbach"［《经济学论纂》，2014，Vol. 54（第 5·6 合并号）］。

第二，对《提纲》第六条的研究，如 Étienne Balibar 的论文 "From Philosophical Anthropology to Social Ontology and Back：What to Do with Marx's Sixth Thesis on Feuerbach?" ［*Postmodern Culture* 22.3（May 2012）］；Frank Cunningham 的论文 "Community，Tradition，and the 6th Thesis on Feuerbach"（*Canadian Journal of Philosophy*，Supplementary Volume，Jan 1，1989，Vol. 15）。

第三，对《提纲》第十、第十一条的研究，如 G. Kirn 的论文 "Althusser's Return to a New Materialism：a Reading of the 10（th）and 11（th）Theses on Feuerbach"［*Filozofski Vestnik*，2010，Vol. 31（1）］。

第四，对《提纲》写作语境的考察，如 Larry Markus Wiltshire 的博士论文 "The Influence of Ludwig Feuerbach and Max Stirner on the Philosophical Writings of Karl Marx"（Rice University，1977）第 1—4 章，探讨了马克思如何以及为何放弃费尔巴哈；Ernie Thomson 的博士论文 "Feuerbach，Marx，and Stirner：An Investigation into Althusser's

Epistemological Break Thesis"（University of California，1991）探讨了1843—1846 年马克思的思想发展，强调马克思与费尔巴哈的认识论断裂是受到了施蒂纳的影响。

第五，对《提纲》生态政治思想的考察，如 Alex Loftus 的论文"The Theses on Feuerbach as a Political Ecology of the Possible"［*Area*，2009，Vol. 41（2）］。

第六，从异化视角来对《提纲》文本进行解读，如 Murzban Jal 的论文"Interpretation as Phantasmagoria：Variations on A Theme on Marx's Theses on Feuerbach"［*Critique*，2010，Vol. 38（1）］，把异化状态比作黑洞，认为唯心主义和从前的唯物主义都是被异化的黑洞攫住了，马克思哲学的新大陆（新唯物主义）最终逃脱了异化的黑洞。

第七，对《提纲》实践概念的探讨，如 Jose de Souza 的论文"On Practice and Practical Standpoint in Marx"［*Caderno CRH*，2011，Vol. 25（Special 2）］考察了马克思《提纲》中的实践概念与美国实用主义的区别与联系，认为马克思的实践概念具有本质主义和超验化的因素。[①]

二、国外马克思主义对《提纲》的理解

（一）国外马克思主义对《提纲》第一条的接近与远离

（1）国外马克思主义在文本理解视野的指导下重新"回到马克思"，提出了诸多接近理解《提纲》的意识对象观的合理成分。

第一，"西方马克思主义"的一些学者注意到了马克思在《提纲》和《形态》中对意识对象的实践理解，认识到意识的对象不是现成的自然物，而是人的实践活动，是历史地生成的。

卢卡奇在《历史和阶级意识》一书中讲到意识的现实对象时，他认识

---

① 鲁克俭：《基于 MEGA2 的〈关于费尔巴哈的提纲〉文本研究：一个路线图》，载《创新》2016 年第 1 期，第 11 页。

到意识的对象并不是固定不变的。他认为马克思哲学坚持"创造性原则"，① 根据"创造性原则"，作为思维对象的"现实……无论如何它要高于那种产生于经验世界的僵硬、物化了的事实的现实……这种现实决不同于经验的存在，它不是固有的，而是变异的"②。他还注意到马克思在《提纲》第一条中把主体的实践活动当作对象来理解，即把人的实践活动本身理解为客体的思想，从而得出同一的主体—客体思想。他说："马克思强烈地要求我们要把'感性世界'、客体、现实理解为人的感性活动。这就意味着，人必须认识到自己是社会的存在，是社会过程的主体和客体。"③ 既然客体是主体创造的，是主体的活动，那么，客体就具有了主体性，"如黑格尔所说的那样，'真理并不把客体作为异己来对待'"④。

葛兰西在《实践哲学》中把意识的对象当作历史地生成的人的实践去理解。他肯定人的认识对象不是先在自然，而是社会地组织起来的物质，实际上就是实践，所以必须历史地理解认识的客体及历史的运动。他说："在形而上学唯物主义中，'客观的'观念显然打算指一种甚至存在于人之外的客观性；但当人们断言即使人并不存在，某种实在也会存在时，人们或者是在用隐喻说话，或者是落入到一种神秘中去了。我们只是在同人的关系中认识实在，而既然人是历史的生成，认识和实在也是一种生成，客观性也是如此，等等。"⑤ 葛兰西还通过对客体的历史性的理解得出人的认识是对人自己的认识这个结论。他说："我们对事物的认识无非是（认识）我们自己，我们的需要和我们的利益。"他的这些思想与马克思《提纲》第一条的思想一致。

霍克海默在《批判理论》中也理解了马克思关于对象是人的感性活动，是历史的产物的思想。他说，"被判断的对象世界在很大程度上是由

① ［匈］卢卡奇：《历史和阶级意识——马克思主义辩证法研究》，张西平译，重庆出版社 1989 年版，第 232 页。

② ［匈］卢卡奇：《历史和阶级意识——马克思主义辩证法研究》，张西平译，重庆出版社 1989 年版，第 231 页。

③ ［匈］卢卡奇：《历史和阶级意识——马克思主义辩证法研究》，张西平译，重庆出版社 1989 年版，第 23 页。

④ ［匈］卢卡奇：《历史和阶级意识——马克思主义辩证法研究》，张西平译，重庆出版社 1989 年版，第 232 页。

⑤ ［意］葛兰西：《实践哲学》，徐崇温译，重庆出版社 1990 年版，第 140 页。

一种活动创造出来的"①，"呈现给个人的、他必须接受和重视的世界，在其现有的和将来的形式下，都是整个社会活动的产物。我们在周围知觉到的对象——城市、村庄、田野、树木，都带有人的产用的印迹。人不仅仅在穿着打扮、在外在形式和情感特征上是历史的产物，甚至人们看和听的方式也是与经过多少万年进化的社会生活过程分不开的。感官呈现给我们的事实通过两种方式成为社会的东西：通过被知觉对象的历史特性和通过知觉器官的历史特性。这两者都不仅仅是自然的东西；它们是由人类活动塑造的东西，但个人却认为自己在知觉活动中是接受的、被动的"②。

施密特在《马克思的自然概念》中也理解了马克思关于意识的对象并不是自然界直接给予的，而是人的感性活动所创造的观点。"的确，马克思在《关于费尔巴哈的提纲》中所讲的'新唯物主义'，教导人们不要'只是从客体的形式'去考察自然的现实性，即不要把自然作为僵死的机械的物理的物体世界去考察，同样教导人们要从主观的形式，即从实践的观点去考察，这就超过了以往的一切唯物主义。"③ 柯尔施不仅认识到旧唯物主义的缺陷是"直观性"，即把认识的客体看成是"僵死的机械的物理的物体世界"（自然存在物），还认识到新唯物主义的本质在于把认识的对象看成是"主体所创造的东西"④，即把人的感性活动（实践）看成是意识的对象。"从认识论来说，自然与其是作为逐步地纯粹'给予的东西'，不如说越来越作为'被创造的东西'出现的。"⑤ "感性的世界总还是工业的产物……从主体于客体的劳动关系中，形成一个独立于各个个人的坚实的和客观的世界……所有追随着费尔巴哈的物理学的唯物主义者，都讲到跟'思想客体'确实不同的感性客体。但这些客体本来在严格意义上，只是经过人对它们进行加工，剥去了它们'自然发生'的独立性之

---

①　［德］霍克海默：《批判理论》，重庆出版社 1989 年版，第 194 页。

②　［德］霍克海默：《批判理论》，重庆出版社 1989 年版，第 192 页。

③　［德］A. 施密特：《马克思的自然概念》，欧力同、吴仲昉译，商务印书馆 1988 年版，第 172 – 173 页。

④　［德］A. 施密特：《马克思的自然概念》，欧力同、吴仲昉译，商务印书馆 1988 年版，第 128 页。

⑤　［德］A. 施密特：《马克思的自然概念》，欧力同、吴仲昉译，商务印书馆 1988 年版，第 111 页。

后，才开始成为感性对象的。"① "的确，马克思正好抓住了经济事态的认识论的内容，这从关于费尔巴哈的提纲第一条就可明白。他批评费尔巴哈和以往的唯物主义者把自然看成是始终如一地给定的，把认识看成是反映自然的镜子。这在经济学上，意味着唯物主义并不考虑从农业生产向工业生产的历史转变，而立足于把土地仍然'看作是不依赖于人的自然存在'这样的社会关系上。费尔巴哈当时就呆板板地看不到自然界'不过是人的对象'，自然界早已'不再被承认是自为的力量'。"② "如果把劳动关系内部的主导地位向主体方面转化这一点加以概念化，那就是这样的原则：能被认识的东西，在严格的意义上只是主体'所创造的东西'。……实际上，这原则是和下述思想完全同一的：可认识的东西是在对客观世界进行实践的创造中实现的，而且是人为了从理论上把握这世界所再利用的。"③ "社会实践变革自然，创造出被人化了的自然对象的存在。"④ 以上这些论述充分证明了柯尔施已经认识到意识的对象是人的感性活动创造的。

第二，南斯拉夫"实践派"的某些成员也理解了马克思对感性对象的实践理解方式。

如马尔科维奇认识到，对象"是以往全部历史的产物"⑤，客体"是历史的人的世界的客体，是经过我们的实践活动改造、并经过我们先前的知识、语言、需要（实际上是由一定历史时期的全部人类文化）思考过的客体"⑥。因此，"在对自然界的认识中，在建构一种自然理论时，人总是在场的"⑦。

---

① ［德］A. 施密特：《马克思的自然概念》，欧力同、吴仲昉译，商务印书馆 1988 年版，第 125 – 126 页。

② ［德］A. 施密特：《马克思的自然概念》，欧力同、吴仲昉译，商务印书馆 1988 年版，第 128 页。

③ ［德］A. 施密特：《马克思的自然概念》，欧力同、吴仲昉译，商务印书馆 1988 年版，第 129 页。

④ ［德］A. 施密特：《马克思的自然概念》，欧力同、吴仲昉译，商务印书馆 1988 年版，第 129 页。

⑤ ［南］马尔科维奇等：《南斯拉夫"实践派"的历史和理论》，重庆出版社 1994 年版，"导论"第 27 页。

⑥ ［南］马尔科维奇等：《南斯拉夫"实践派"的历史和理论》，重庆出版社 1994 年版，第 13 页。

⑦ ［南］马尔科维奇等：《南斯拉夫"实践派"的历史和理论》，重庆出版社 1994 年版，第 15 页。

"无论在自然科学中还是在社会科学中，都不存在一个'简单观察者'的主体，他也决不会'被排除在辩证过程之外'。"① 波什尼亚克说："存在并非某种在人以外的东西；人就是存在的组成部分。人意识到了存在，即在人自身之内，存在意识到了它自身。"② 弗兰尼茨基说："人类意识的发展程度取决于已经到达的历史实践的水平。人类共同体以及人类意识的发展水平依赖于人的感性存在。人的变化决不是一个思辨的或启蒙的任务，而是人类感性的和革命的历史实践的结果。"③

第三，"西方马克思主义"的一些学者认识到马克思的新唯物主义和旧唯物主义哲学的根本区别，认识到旧唯物主义直观性的缺点。

施密特在《马克思的自然概念》中已经认识到《提纲》第一条中所揭示的实践在区别新旧哲学之间的重大意义，指出"马克思比费尔巴哈前进了一步，不仅把感性直观，而且还把整个人类实践导入作为认识过程的一个构成环节中去，这就同时满足了费尔巴哈的下述要求：必须把新哲学'在根本上同旧哲学'区别开来"④。而且，他还清晰地认识到费尔巴哈的自然观与马克思的自然观的不同在于费尔巴哈把自然看成是自亘古以来就始终如一的"纯粹自然"⑤，而马克思则把"一切自然存在"⑥看成是社会劳动的产物，强调人和自然以实践为中介的高度统一。他说"这种自然观愈是使自然脱离人的生动的实践，就愈是受到《关于费尔巴哈的提纲》的批判。"⑦"在马克思看来，一切自然存在总是已经从经济上加过工的，

① ［南］马尔科维奇等：《南斯拉夫"实践派"的历史和理论》，重庆出版社1994年版，第16－17页。

② ［南］布兰柯·波什尼亚克：《社会主义中宗教的消亡》，见马尔科维奇等《南斯拉夫"实践派"的历史和理论》，重庆出版社1994年版，第249页。

③ ［南］普列德拉克·弗兰尼茨基：《自治思想的理论基础》，见马尔科维奇等《南斯拉夫"实践派"的历史和理论》，重庆出版社1994年版，第269页。

④ ［德］A. 施密特：《马克思的自然概念》，欧力同、吴仲昉译，商务印书馆1988年版，第14页。

⑤ ［德］A. 施密特：《马克思的自然概念》，欧力同、吴仲昉译，商务印书馆1988年版，第16页。

⑥ ［德］A. 施密特：《马克思的自然概念》，欧力同、吴仲昉译，商务印书馆1988年版，第57页。

⑦ ［德］A. 施密特：《马克思的自然概念》，欧力同、吴仲昉译，商务印书馆1988年版，第50页。

从而是被把握了的自然存在，这时，这存在的结构是辩证法的还是非辩证法的问题，在马克思看来，是'离开了实践……纯粹经院哲学的问题'。无论在哲学上还是在自然科学上，自然的概念都不能脱离社会实践每度对自然的作用。"① 而"费尔巴哈无反思地单纯强调总体这一方面，因而就陷入'纯粹自然'这种朴素的实在论的神话，并以意识形态的方式，把人的直接存在与其本质等而视之"②。最关键的是，施密特已经认识到《提纲》第一条中所揭示的费尔巴哈及以往的唯物主义与马克思的新唯物主义的区别在于"以往所有唯物主义把现实片面地理解为在直观上给予的客体，'而不是当作人的感性活动，当作实践去理解的，不是主观地去理解的'"③。而"马克思在《关于费尔巴哈的提纲》中所讲的'新唯物主义'，教导人们不要'只是从客体的形式'去考察自然的现实性，即不要把自然作为僵死的机械的物理的物体世界去考察，同样教导人们要从主观的形式，即从实践的观点去考察，这就超过了以往的一切唯物主义"。④

柯尔施也看到了以费尔巴哈为代表的唯物主义和马克思的唯物主义的区别。但是，他没有像马克思那样把旧唯物主义叫作"直观的唯物主义"，把马克思的唯物主义叫作"新唯物主义"，而是把两者分别称为"自然主义的唯物主义"⑤ 和"历史唯物主义"⑥ 及"抽象的唯物主义"⑦ "通常

---

① ［德］A. 施密特：《马克思的自然概念》，欧力同、吴仲昉译，商务印书馆1988 年版，第 57 页。

② ［德］A. 施密特：《马克思的自然概念》，欧力同、吴仲昉译，商务印书馆1988 年版，第 16 页。

③ ［德］A. 施密特：《马克思的自然概念》，欧力同、吴仲昉译，商务印书馆1988 年版，第 118 页。

④ ［德］A. 施密特：《马克思的自然概念》，欧力同、吴仲昉译，商务印书馆1988 年版，第 173 页。

⑤ ［德］卡尔·柯尔施：《卡尔·马克思——马克思主义的理论和阶级运动》，徐崇温主编，熊子云、翁延真译，重庆大学出版社 1993 年版，第 135 页。

⑥ ［德］卡尔·柯尔施：《卡尔·马克思——马克思主义的理论和阶级运动》，徐崇温主编，熊子云、翁延真译，重庆大学出版社 1993 年版，第 135 页。

⑦ ［德］卡尔·柯尔施：《马克思主义和哲学》，王南湜、荣新海译，重庆出版社 1989 年版，第 38 页。

的、抽象的和非辩证的唯物主义"① 和"历史的和辩证的唯物主义"②。之所以把费尔巴哈的唯物主义称为"自然主义的唯物主义",而把马克思的唯物主义称为"历史唯物主义",是因为"他（指费尔巴哈——引者注）'对对象、实际、感性只是从客体的或直观的形式去理解'。对于马克思的历史唯物主义来说问题在于：把现存的和发展中的社会实际从其主观方面去看,理解为'人的感性的活动、实践',并从而把人的活动本身理解为'客观的活动'。费尔巴哈的自然主义的唯物主义把'历史的过程排除在外',因而从来不能在它最狭隘的与特别的领域里解决任务。只有历史唯物主义从每个特别的社会组织的物质基础出发,才理解'人对自然的能动关系,人的生活的直接生产过程。以及人的社会生活条件和由此产生的精神观念的直接生产过程'"③。也就是说,柯尔施已经看到了费尔巴哈的唯物主义的直观性的缺点,即费尔巴哈只是把对象当作自然存在物来看待,把"历史的过程排除在外",所以称其唯物主义为"自然主义的唯物主义"。而马克思把对象当作"人的感性的活动、实践",能理解"人对自然的能动关系,人的生活的直接生产过程。以及人的社会生活条件和由此产生的精神观念的直接生产过程",所以称其唯物主义为"历史唯物主义"。

而"抽象的唯物主义"和"历史的和辩证的唯物主义"的基本区别,在于马克思的唯物主义哲学具有辩证的性质,而费尔巴哈的唯物主义则是机械的、形而上学的。所谓抽象的唯物主义,就是使思维和存在陷于抽象的对立而看不到二者相互作用的关系。在唯物主义和辩证法这两个方面,柯尔施主要强调马克思主义哲学的辩证性质,批判费尔巴哈的机械的或形而上学的唯物主义。"与费尔巴哈的抽象科学的唯物主义和所有其他抽象的唯物主义——无论是早期的还是晚期的,也不管是资产阶级的还是庸俗马克思主义的——相对照,马克思主义的唯物主义首先是历史的和辩证的

---

① ［德］卡尔·柯尔施：《马克思主义和哲学》,王南湜、荣新海译,重庆出版社1989年版,第39页。

② ［德］卡尔·柯尔施：《卡尔·马克思——马克思主义的理论和阶级运动》,徐崇温主编,雄子云、翁延真译,重庆大学出版社1993年版,第39页。

③ ［德］卡尔·柯尔施：《卡尔·马克思——马克思主义的理论和阶级运动》,徐崇温主编,雄子云、翁延真译,重庆大学出版社1993年版,第135－136页。

唯物主义。换言之，它是这样一种唯物主义，它的理论认识了社会和历史的整体，而它的实践则颠覆了这个整体。……但是，真正的辩证唯物主义的历史观（肯定地说，马克思和恩格斯的唯物主义）不可能不认为哲学意识形态，或者一般的意识形态是一般的社会—历史现实的一个实在的组成部分即，一个必须在唯物主义理论中把握住并由唯物主义实践消灭的现实部分。"①

（2）"西方马克思主义"的一些思想家虽然已经注意到了《提纲》第一条的意识对象观思想，重视实践在马克思主义哲学中的重要性，有一定的进步性，但是，由于他们不能坚持"主客二分"的思维方式，以致不能坚持唯物主义的思维方式，不能理解实践的客观物质性，对马克思主义哲学的实践观的理解存在着根本的错误，因此他们在一定意义上又远离了马克思的意识对象观。

"西方马克思主义"普遍把思维和存在的关系问题视为"二元论的形而上学观"而加以否定，反对"主客二分"的思维方式，以致不能坚持唯物主义，不能坚持对"现实"和"实践"等概念做唯物主义理解。柯尔施在批评"庸俗社会主义"时就说："用马克思主义的术语来说，庸俗社会主义的主要缺点在于它相当'不科学地'坚持着一种朴素的现实主义——在这种现实主义中，所谓的常识（即'最坏的形而上学'）和资产阶级社会的标准的实证主义科学二者，都在意识和它的对象之间划了一条明显的界线。……我们将证明，事实上，马克思和恩格斯决没有任何这样的关于意识与现实的关系的二元论的形而上学观。"②"然而，列宁回到了'思维'和'存在'、'精神'和'物质'的绝对对立，而这种对立曾经构成了划分 17 世纪和 18 世纪启蒙运动两大流派的那种哲学争论甚至某种宗教争论的基础。"③ 萨特在批评"自然辩证法"思想时也说："这一教条

---

① ［德］卡尔·柯尔施：《马克思主义和哲学》，王南湜、荣新海译，重庆出版社 1989 年版，第 38 – 39 页。

② ［德］卡尔·柯尔施：《马克思主义和哲学》，王南湜、荣新海译，重庆出版社 1989 年版，第 46 – 47 页。

③ ［德］卡尔·柯尔施：《马克思主义和哲学》，王南湜、荣新海译，重庆出版社 1989 年版，第 81 – 82 页。

主义的源头来自'辩证唯物主义'的基本问题。"① 马尔科维奇在总结"实践派"的观点时也提道:"正统的辩证唯物主义观点,即认为哲学的基本问题是物质和精神的关系问题,一般被认为是抽象的、与历史无关的二元论的观点而受摒弃。""在这场辩论中,……物质和精神、客体和主体的二元论被这些范畴是如何可能从实践概念中推演出来的观点所取代了。"②

关于思维和存在、精神和物质、主体和客体的关系问题,是唯物主义思维方式的前提。唯物主义和唯心主义的区别就是以对这些关系的思考而得出的。如果不思考思维和存在、精神和物质、主体和客体的关系问题,不接受"主客二分"的思维方式,就不能坚持唯物主义。"西方马克思主义"不少学者因为反对思维和存在关系的"二元论",反对"主客二分"的思维方式,所以他们在使用"现实"和"实践"这些概念时就不能坚持唯物主义。他们把精神活动(理论活动)也看作是一种现实,或是现实的一个因素。卢卡奇就认为"现实"包括精神和物质两个因素,他说:"思维和存在的同一性在于它们是同一个而且同样真实的、历史的、辩证过程的诸多方面。"③柯尔施也说:"对现代辩证唯物主义来说,重要的是,在理论上要把哲学和其他意识形态体系当作现实来把握,并且在实践上这样对它们……他们总是把意识形态——包括哲学——当作具体的现实而不是空洞的幻想来对待的。"④ 各种意识形态,"如果它们也是作为世界的一个'观念的'组成部分的话,那么它们就是作为世界的真实的和客观的组成部分而存在于这个世界之中。这就是马克思和恩格斯的唯物主义辩证法和黑格尔的唯心辩证法之间的第一个明显区别"⑤。马尔科维奇也明确地指出:"无论是社会现实问题还是自然现象问题,'现实的本质'都包含了主观的因素。在一定程度上,社会事件所以是主观的,乃是意识存

①　[法] 萨特:《辩证理性批判》,见陈学明主编《二十世纪哲学经典文本(西方马克思主义卷)》,复旦大学出版社 1999 年版,第 573 页。

②　[南] 马尔科维奇等:《南斯拉夫"实践派"的历史和理论》,郑一明、曲跃原译,重庆出版社 1994 年版,第 23 页。

③　[匈] 卢卡奇:《历史与阶级意识——马克思主义辩证法研究》,张西平译,重庆出版社 1989 年版,第 233 页。

④　[德] 卡尔·柯尔施:《马克思主义和哲学》,重庆出版社 1989 年版,第 35 页。

⑤　[德] 卡尔·柯尔施:《马克思主义和哲学》,重庆出版社 1989 年版,第 51 页。

在——作为活动者的人——的参与使然。"① "西方马克思主义者"很少去谈实践的构成因素，但是从他们反对"二元论"思维方式和对"现实"的理解来看，他们不是把实践看作是人们的客观物质活动，而是把意识、理论看作是实践的一个有机构成因素。更有少数"西方马克思主义者"把理论活动直接看作是实践的一种方式，如阿尔都塞就认为，"除了生产外，社会实践还包括其他的基本实践。这里有政治实践……意识形态实践；还有理论实践……"② 他还说："关于理论，我们指的是实践的一种特殊形式，它也属于一定的人类社会中的'社会实践'的复杂统一体。"③ 他甚至认为马克思的理论是"理论实践"的反映，检验马克思理论正确与否的标准不是社会实践，而是马克思的理论实践本身。把精神活动（理论活动）看作一种现实，或现实的一个因素，这种理解远离马克思的历史唯物主义的"现实""实践"概念。在马克思的历史唯物主义中，"现实""实践"相对于意识、理论的范畴，是指人们的客观的活动，"人的感性活动"。如果把理论也看作是现实、实践或是现实、实践的要素，那马克思的历史唯物主义命题如"理论反映现实""从物质实践出发来解释观念的东西"就根本没有什么意义了。

（二）国外马克思主义对《提纲》的实践观的接近与远离

（1）"西方马克思主义"中的一些人意识到《提纲》中所揭示的实践在马克思主义哲学中的重要性，意识到实践是马克思主义哲学的出发点和中心范畴，并把实践理解为人的根本的存在方式。

卢卡奇在《历史和阶级意识》一书的新版序言（1967 年）中指出，实践概念是"这本书的中心概念"④，这表现出他对马克思主义哲学中实践范畴的重视。卢卡奇还在《什么是正统的马克思主义?》一文开篇处就引用了《提纲》的最后一条"哲学家们只是用不同的方式解释世界，而

---

① ［南］马尔科维奇等：《南斯拉夫"实践派"的历史和理论》，郑一明、曲跃霞译，重庆出版社 1994 年版，"导论"第 20 页。
② ［法］阿尔都塞：《保卫马克思》，顾良译，商务印书馆 1984 年版，第 139 页。
③ ［法］阿尔都塞：《保卫马克思》，顾良译，商务印书馆 1984 年版，第 140 页。
④ ［匈］卢卡奇：《历史和阶级意识——马克思主义辩证法研究》，张西平译，重庆出版社 1989 年版，"新版序言"第 22 页。

问题在于改变世界"① 来说明"行动、实践在本质上是对现实的干预和改造。马克思在他的《关于费尔巴哈的提纲》中特别强调了这一点"②。他还在"阶级意识"一节中明确提出实践的任务是"改变世界"。他说："与这种意识的概念相对立，马克思提出了'实践的、批判的活动'，并赋予它'改变世界'的任务。"③ 在"物化和无产阶级意识"一节中，他又提到了实践的作用。他说："马克思在《关于费尔巴哈的提纲》中提出了解决的办法，这就是把哲学转化为实践。"④

施密特也指出，"在把马克思的唯物主义仅仅解释成是与任何唯心主义相对立的、仅仅是哲学内部的甚至是世界观上的二者择一时，是不能理解马克思的唯物主义的"⑤。马克思的变革在于其出发点上的变革："不是所谓物质这个抽象体，而是社会实践的具体性才是（马克思）唯物主义理论的真正对象和出发点。"⑥ 弗洛姆则说："马克思从创造自己历史的人出发。"⑦ 而人创造了历史的活动，也就是人的实践活动。所以，从人出发也就是从人的实践活动出发。弗洛姆注意到："马克思同这种机械的、'资产阶级'的唯物主义，即'那种排除历史进程的、抽象的自然科学的唯物主义'进行了斗争……他确实说过自己的'辩证法方法'与黑格尔的辩证法方法不同，说过他的辩证方法的'唯物主义基础'。他所说的'唯物

---

① ［匈］卢卡奇：《历史和阶级意识——马克思主义辩证法研究》，张西平译，重庆出版社 1989 年版，"新版序言"第 1 页。

② ［匈］卢卡奇：《历史和阶级意识——马克思主义辩证法研究》，张西平译，重庆出版社 1989 年版，第 44 页。

③ ［匈］卢卡奇：《历史和阶级意识——马克思主义辩证法研究》，张西平译，重庆出版社 1989 年版，第 88 页。

④ ［匈］卢卡奇：《历史和阶级意识——马克思主义辩证法研究》，张西平译，重庆出版社 1989 年版，第 231 页。

⑤ ［德］A. 施密特：《马克思的自然概念》，欧力同、吴仲昉译，商务印书馆 1988 年版，第 209 页。

⑥ ［德］A. 施密特：《马克思的自然概念》，欧力同、吴仲昉译，商务印书馆 1988 年版，第 31 页。

⑦ ［德］弗洛姆：《马克思关于人的概念》，见陈学明主编《二十世纪哲学经典（西方马克思主义卷）》，复旦大学出版社 1999 年版，第 329 页。

主义基础'只不过是指人类自下而上的基本条件。"① 弗洛姆所指明的马克思的辩证法的唯物主义基础就是实践。

阿尔都塞也意识到实践在马克思主义哲学中的重要性，他认为马克思主义哲学是一种理解"人类实践的各种特殊方面（经济实践，政治实践，意识形态实践，科学实践）在其特殊联结中的理论"②，并把马克思这种哲学称为"实践的唯物主义"或"实践的辩证唯物主义和历史唯物主义"。③

南斯拉夫的"实践派"也非常重视实践在马克思哲学中的重要性。马尔科维奇在介绍"实践派"时就说："把他们联结在一起的更多的是一种共同的实践态度，而不是一种理论学说。"④ "在这场辩论中，主张马克思哲学的核心范畴是自由的人的创造活动——实践——的观点占了优势。"⑤ 他还认为，马克思的哲学是"建立在实践概念基础上的哲学"⑥。普列德拉克·弗兰尼茨基也认为："历史实践的范畴是马克思对人和历史的哲学解释的根本范畴。"⑦

受"西方马克思主义"思潮影响，南斯拉夫"实践派"非常重视实践对人的影响，如马尔科维奇就认为："人在本质上是一种实践的存在，即一种能够从事自由的创造活动，并通过这种活动改造世界、实现其特殊潜能、满足其他人的需要的存在。"⑧ 彼德洛维奇也有类似的观点，他说：

---

① ［德］弗洛姆：《马克思关于人的概念》，见陈学明主编《二十世纪哲学经典（西方马克思主义卷）》，复旦大学出版社 1999 年版，第 324 - 325 页。

② ［法］阿尔都塞：《保卫马克思》，顾良译，商务印书馆 1984 年版，第 255 页。

③ ［法］阿尔都塞：《保卫马克思》，顾良译，商务印书馆 1984 年版，第 199 页。

④ ［南］马尔科维奇等：《南斯拉夫"实践派"的历史和理论》，郑一明、曲跃厚译，重庆出版社 1994 年版，"导论"第 22 页。

⑤ ［南］马尔科维奇等：《南斯拉夫"实践派"的历史和理论》，郑一明、曲跃厚译，重庆出版社 1994 年版，"导论"第 22 页。

⑥ ［南］马尔科维奇等：《南斯拉夫"实践派"的历史和理论》，郑一明、曲跃厚译，重庆出版社 1994 年版，"导论"第 28 页。

⑦ ［南］普列德拉克·弗兰尼茨基：《自治思想的理论基础》，见马尔科维奇等《南斯拉夫"实践派"的历史和理论》，重庆出版社 1994 年版，第 270 页。

⑧ ［南］马尔科维奇等：《南斯拉夫"实践派"的历史和理论》，郑一明、曲跃厚译，重庆出版社 1994 年版，"导论"第 23 页。

"人区别于其他任何存在是因为人是一种实践的存在。"① 他们的观点虽然还没有提出类似马克思的"实践是人的存在方式"这样的命题，但已经提出了"人们的存在就是他们的实际生活过程"的命题，还提出了类似"一当人们生产自己的物质生活资料的时候，他们就把自己和动物区别开来了"的论断。

（2）"西方马克思主义"中的一些人虽然意识到实践在马克思主义哲学中的重要性，意识到实践是马克思主义哲学的出发点和中心范畴，并把实践看作是人的根本的存在方式，但是他们却不能理解实践的客观物质性，从而又在一定意义上远离了《提纲》中的实践观。他们把实践理解为是包括精神活动在内的"主客观统一"的活动，有些人甚至把理论也看作实践，从而混淆了实践和理论的区别。

卢卡奇在理解意识对象时虽然正确地坚持了"创造性原则"，但有时候却把客体看作主体的思维形式创造的。他说："现在把思维的客体视为思维形式'创造'出来的东西，这是完全可能的，正如康德一样。"② 这样，这种"创造性原则"就很难和康德、费希特、黑格尔等唯心主义哲学的创造性原则区别开来了。

柯尔施和卢卡奇一样，虽然强调"总体性"或"整体性"原则，但用此原则来理解实践时，却把意识看作实践整体的一个内在要素。他说："不仅经济、政治和意识形态，而且历史过程和有意识的社会行动，都继续构成了'革命的实践'（《关于费尔巴哈的提纲》）的活的统一体。"③

施密特虽然在实践观方面有相当精彩的论述，但也没有理解实践的物质本性，而认为意识是实践的一个要素。他说："思维的运动在马克思那里决不是对事物的单纯的反映……进行反映的意识同时是人的'实践批判'活动的一个要素，其原因正如本书第三章（c）节所述。思想作为现实的组成部分，总是潜入被思想所反映的现实。在马克思看来，担负这文

---

① ［南］加约·彼德洛维奇：《革命的概念》，见马尔科维奇等《南斯拉夫"实践派"的历史和理论》，重庆出版社 1994 年版，第 188 页。

② ［匈］卢卡奇：《历史和阶级意识——马克思主义辩证法研究》，张西平译，重庆出版社 1989 年版，第 228 页。

③ ［德］卡尔·柯尔施：《马克思主义和哲学》，王南湜、荣新海译，重庆出版社 1989 年版，第 23 页。

化内容的客观的经济辩证法，它本身已经包含着活动主体的精神。"①

阿尔都塞则把理论和意识形态都看作一种特殊的实践活动。他说："除了生产以外，社会实践还包括其他的基本实践。这里有政治实践……有意识形态实践……还有理论实践……"② "关于理论，我们指的实践的一种特殊形式，它属于一定的人类社会中的'社会实践'的复杂统一体。"③ 阿尔都塞所说的"理论实践"和"意识形态实践"指的是"生产"理论和意识形态活动，这些都属于"实践"的范畴。在阿尔都塞看来，"关于实践，我们一般指的是任何通过一定的人力劳动，使用一定的'生产'资料，把一定的原料加工为一定产品的过程。"④ 在特定的意义上，把"生产"理论这个活动叫作"理论实践"，把进行意识形态活动叫作"意识形态实践"是可以的，但在马克思主义哲学范围内，实践是相对于理论、意识而言的人们的客观的物质活动，首先是物质资料的生产活动，而意识只是人们的物质实践的观念表现。理论和实践是不能相统一的。阿尔都塞扩大了实践的概念，混淆了实践和理论的区别，模糊了马克思主义哲学的唯物主义性质。

南斯拉夫"实践派"也坚持对实践持"主客观统一"的理解。马尔科维奇说："无论是社会现象问题还是自然现象问题，'现实的本质'都包含了主观的因素。在一定程度上，社会事件是主观的，乃是意识存在——作为活动者的人——的参与使然。"⑤ 札戈尔·格鲁博维奇说："实践就是'有目的的活动'"，"我们坚持人类存在之物质因素和精神因素在人类实践中是互相联系的"。⑥

（3）"西方马克思主义"在文本理解视野的指导下重新"回到马克思"。通过对马克思文本的解读，有学者提出了接近《提纲》第二条"实

---

① ［德］A. 施密特：《马克思的自然概念》，欧力同、吴仲昉译，商务印书馆1988年版，第51页。

② ［法］阿尔都塞：《保卫马克思》，顾良译，商务印书馆1984年版，第139页。

③ ［法］阿尔都塞：《保卫马克思》，顾良译，商务印书馆1984年版，第140页。

④ ［法］阿尔都塞：《保卫马克思》，顾良译，商务印书馆1984年版，第139页。

⑤ ［南］马尔科维奇：《今天的辩证法》，见马尔科维奇等《南斯拉夫"实践派"的历史和理论》，重庆出版社1994年版，第20页。

⑥ ［南］札戈尔·格鲁博维奇：《文化：乌托邦与现实之桥》，见马尔科维奇等《南斯拉夫"实践派"的历史和理论》，重庆出版社1994年版，第203页。

践是检验意识真理性的标准"的思想，如施密特；有些学者不认同实践是检验意识真理性的标准的思想，而提出了自己的检验意识真理性的标准，如葛兰西和阿尔都塞。

施密特认同马克思的实践是检验意识真理性的标准。他在《马克思的自然概念》中说："马克思和资产阶级的启蒙主义者之所以一致，就在于认为，思维不面向实践课题所取得的成就，它就是捉摸不定的。'人应该在实践中证明自己思维的真理性，即自己思维的现实性和力量，亦即自己思维的此岸性。'在马克思那里，不仅仅把作为整体的社会生活过程以及从其敌对关系中产生的革命行动列为实践，而且把狭义的工业以及自然科学的实验也列为实践。工业与实验作为管理机构，是构成认识过程的根本环节。"① 所以，"事实上，仅仅由于实践——作为一个历史的总体——一般地构造人们的经验对象，即实践在根本上参与经验对象的内部组成，因而实践才成为真理的标准"②。"一定的真理之为真伪，不是在概念的思维内部，而是只有经过实践的检验，才能得到判定。"③ 施密特还指出真理性的标准和意识的对象具有内在的一致性。他说："根据写入所有辩证法唯物主义教科书的说法，即所谓马克思看来，历史的实践是认识的基础，是真理的标准。这种说法只有在一定条件下才能保持其真正的意义，即其一，不能忘记，实践不能当作理论的外来的附属品，实践的作用决不是仅在于回过头去确认思维的内容与对象间的一致或不一致，事实上，仅仅由于实践——作为一个历史的总体——一般地构造人们的经验对象，即实践在根本上参与对象的内部构成，因而实践才成为真理的标准"④。施密特的这些认识是相当接近马克思《提纲》中的思想的。

葛兰西认为检验意识真理性的标准是大众接受的程度。他说："群众信奉不信奉一种意识形态是对思维方式的合理性和历史性的真正的批判的

① ［德］A. 施密特：《马克思的自然概念》，欧力同、吴仲昉译，商务印书馆1988 年版，第 12 页。

② ［德］A. 施密特：《马克思的自然概念》，欧力同、吴仲昉译，商务印书馆1988 年版，第 125 页。

③ ［德］A. 施密特：《马克思的自然概念》，欧力同、吴仲昉译，商务印书馆1988 年版，第 125 页。

④ ［德］A. 施密特：《马克思的自然概念》，欧力同、吴仲昉译，商务印书馆1988 年版，第 125 页。

检验。"①

阿尔都塞则认为检验理论正确与否的标准不是"外部"实践，即社会实践，而是"理论实践"。他说："理论的实践确实是它们自己的标准……一旦它们被构成而且被发展起来，它们就不需要从外部的实践得到证实，以宣布它们生产的知识是'真实的'，即是知识。世界上没有一个数学家要等到物理学已经证实了一条定理才宣布它是被证明了的，尽管数学的各领域都适用于物理学：它们的定理的真理百分之百是由数学证明实践的纯粹内部的标准提供的，因而是由数学实践的标准提供的，即由现存的数学的科学性必需的形式提供的。"②"后来的历史实践不可能给予马克思生产的知识以它的知识的地位：马克思的理论实践生产的知识的'真理'标准是由他的理论实践本身提供的……马克思的理论实践是马克思生产的知识的'真理'标准。"③阿尔都塞还把社会实践是检验认识真理性的标准的思想指责为"实用主义"。

除此之外，西方马克思主义者还普遍否定反映论。否定客观真理，这实质上是对真理检验标准的否定。卢卡奇就以思维对象具有变异性而否定反映论。他说："如果变异的真理是将要被创造出来而尚未产生出来的未来，如果它是种新的东西，存在于各种倾向之中，但这些倾向（借助于我们的意识）将会变成现实，那么，思维是为一种反映这个问题就显得毫无意义了。"④"如果事物不存在，思维何以'反映'？……在'反映'论中，我们发现了思维和存在、意识和现实的理论上是具体的两重性。这种两重性对物化意识来说很难统一。从这样的观点来看，无论是事物被认为是概念的反映，还是概念反映了事物，这都无足轻重。在这两种情况下，两重性依然如故。"⑤"两重性"即"二元论"。马尔科维奇在介绍南斯拉

① ［意］葛兰西：《实践哲学》，徐崇温译，重庆出版社 1990 年版，第 30 页。

② ［法］阿尔都塞：《阅读〈资本论〉》，见陈学明主编《二十世纪哲学经典（西方马克思主义卷）》，复旦大学出版社 1999 年版，第 706 – 707 页。

③ ［法］阿尔都塞：《阅读〈资本论〉》，见陈学明主编《二十世纪哲学经典（西方马克思主义卷）》，复旦大学出版社 1999 年版，第 707 页。

④ ［匈］卢卡奇：《历史和阶级意识——马克思主义辩证法研究》，张西平译，重庆出版社 1989 年版，第 232 – 233 页。

⑤ ［匈］卢卡奇：《历史和阶级意识——马克思主义辩证法研究》，张西平译，重庆出版社 1989 年版，第 227 页。

夫"实践派"时也说:"社会主义现实主义被当作对马克思主义艺术研究方法的一种讽刺普遍地受到抛弃。"① "在这场生动的、时而是戏剧性的辩论中,正统的马克思主义者试图拯救'反映论'这一由苏联辩证唯物主义者和保加利亚马克思主义哲学家 T. 巴甫洛夫发展起来的认识论基石。针对这种理论提出的三个主要的反对理由是:首先,它忽视了德国古典哲学的全部经验,又回到了一种 18 世纪自在的物质客体和精神主体的二元论;其次,在反映是一切意识的根本特征这一观点中,内含了明显的教条主义;第三,这种理论的错误还在于,意识实际上远不是消极地伴随并复制物质的过程,它常常预见和设计尚不存在的物质客体,试图通过说明我们在这些情况中讨论的是'创造性的反映'来重新定义反映论,给人一种专门为此约定的印象,根据这种约定,反映的概念便以这种方式被夸大到使人完全不知其所云的地步。"②

(4)"西方马克思主义"的学者普遍都注意到了《提纲》最后一条所揭示的实践的意义,认识到理论对实践的指导作用。

卢卡奇已经理解了《提纲》最后一条的意思,认识到哲学及理论的功能是指导实践。他说:"无产阶级的理论是实践的理论,就这点而言,它是十分注重实际的。""无产阶级的意识必须变为行动。"③ "对于无产阶级来说,仅仅满足于历史唯物主义的科学价值,把它仅仅看作一个认识的工具,这无异也是自我毁灭。实际上,无产阶级的阶级斗争的本质是被它的理论和实践的统一所规定的,这种统一如此紧密,以至从认识导向行动,用不着什么过渡。"④ 卢卡奇还批评"恩格斯甚至根本没有提到历史过程中的主体和客体之间的辩证的关系这种重要的相互作用,更不必说给予它本应值得重视的地位了。但是如果没有这个因素,辩证法就不再是革命的,尽管试图(归根到底是妄想)保持住'流动'的概念。因为这意味

① [南]马尔科维奇等:《南斯拉夫"实践派"的历史和理论》,郑一明、曲跃厚译,重庆出版社 1994 年版,"导论"第 13 页。

② [南]马尔科维奇等:《南斯拉夫"实践派"的历史和理论》,郑一明、曲跃厚译,重庆出版社 1994 年版,"导论"第 13 页。

③ [匈]卢卡奇:《历史和阶级意识——马克思主义辩证法研究》,张西平译,重庆出版社 1989 年版,第 226 页。

④ [匈]卢卡奇:《历史和阶级意识——马克思主义辩证法研究》,张西平译,重庆出版社 1989 年版,第 201 页。

着没有认识到，在一切形而上学中，都没有触及和改变客体。这样，思想就停留在思辨的水平上而没有成为实践；而对于辩证法来说，中心问题是要改变现实"①。

（三）国外马克思主义对《提纲》的历史唯物主义思想的接近与远离

（1）"西方马克思主义"中的一些人如葛兰西、施密特、柯尔施等注意到了马克思在《提纲》中对人的本质问题的阐述，并且提出了诸多接近马克思的历史唯物主义思想的理解。然而，也有一些学者如弗洛姆提出了不同于马克思的理解，远离了马克思关于"人的本质"的思想。

在对人的本质的看法上，葛兰西比较接近马克思的观点。他提出了"人是什么？"这个问题，并自己给予了回答。关于人是什么的问题，他的观点大体有以下两个方面。

第一，强调人是一种能动的活动的过程。他说："我们说，人是一个过程，更准确地说，人是他的活动过程。"② 他还说："从'哲学的'观点来看，天主教中使人不满意的东西在于，它坚持认为邪恶的根源在个别的人身上，换句话说，它把人看成是一个被规定好和受限制的个人。可以说迄今为止存在的一切哲学都在重复天主教教义的这个观点，都把人看成是限于他自己的个性的个人，都把精神看成就是这种个性。正是在这一点上必须改革关于人的概念。我的意思是说，人们必须把人看作是一系列能动的关系（一个过程），虽然在其中个性或许是最重要的，但却并不是要说明的唯一要素。"③ "人就并不是因为他自身是自然界的组成部分而进入同自然界的关系之中的，而是能动地，依靠劳动和技术而进入同自然界的关系中的。……真正的哲学家是而且不能不是政治家，改变环境的能动的人，而环境则被理解为我们每个人都参加的关系的总和。"④ 葛兰西的这个认识是深刻的。以费尔巴哈为代表的旧唯物主义不能把人理解为一种创

① ［匈］卢卡奇：《历史和阶级意识——马克思主义辩证法研究》，张西平译，重庆出版社1989年版，第4－5页。

② ［意］葛兰西：《实践哲学》，徐崇温译，重庆出版社1990年版，第34页。

③ ［意］葛兰西：《实践哲学》，徐崇温译，重庆出版社1990年版，第35－36页。

④ ［意］葛兰西：《实践哲学》，徐崇温译，重庆出版社1990年版，第36页。

造性的活动的过程。马克思在《形态》中批评费尔巴哈，说他仅仅把人理解为感性对象而不是感性活动。所谓把人仅仅理解为感性对象，就是仅仅把人理解为单纯的自然存在物。而马克思则把人理解为感性的活动的，"活动"也不是一般意义上的活动。在一般意义上，自然界、动物也活动。人的活动，不是这种一般意义上的活动，而是改造自然、创造人自己的生活的活动。总之，马克思主义对人的看法，不是把人理解为和动物一样的感性存在物，而是一种创造性的活动，也就是实践。实践是人的根本存在方式。葛兰西虽然没有提出"实践是人的存在方式"这样的命题，但他具有这样的思想。

第二，强调人是一种社会关系存在物，社会关系构成人的本质，这个思想是和马克思的思想相一致的。葛兰西说："必须把人看作是一系列能动的关系。"① "'人的本性'是'社会关系的总和'，这是最令人满意的答案，因为它包括生成的观念（'生成着'，他随着社会关系的改变而不断地变化着），而且也因为它否认有'一般的人'。"② "每一个个人都不仅是现存关系的综合，而且也是这些关系的历史的综合。"③ 葛兰西在评论费尔巴哈的"人是他所吃的东西"的命题时说，如果把这个命题解释为人是他在物质上所吃的东西，这个命题当然是不对的。但是，就饮食是社会关系的表现之一来说，"人是他所吃的东西"的命题是正确的，并且同样可以说"人是他的衣着"，"人是他的住所"，"人是他再生产自身的特殊方式，那就是说，人是他的家庭"。④ "因为住所、衣着、再生产和饮食一起都属于社会生活的要素之列，整个社会关系正是以最明显和广泛的（就是说群众性的）式样表现在这些要素之中的。"⑤ 葛兰西反对把人的本性看作是生物学意义上的本性。他说："不能把哲学归结为一种自然主义的'人类学'：人的本性并不是由人的'生物学的'本性所赋予的。""在实际上，人的'本性'不是在个人内部，而是在人和物质力量的统一中，这一点已经得到了承认，虽然只是暗中的。所以，征服物质力量是征服个性

①　［意］葛兰西：《实践哲学》，徐崇温译，重庆出版社1990年版，第35页。
②　［意］葛兰西：《实践哲学》，徐崇温译，重庆出版社1990年版，第40页。
③　［意］葛兰西：《实践哲学》，徐崇温译，重庆出版社1990年版，第37页。
④　［意］葛兰西：《实践哲学》，徐崇温译，重庆出版社1990年版，第39页。
⑤　［意］葛兰西：《实践哲学》，徐崇温译，重庆出版社1990年版，第39页。

的一种方法，而且确实是最重要的方法。"① "因此之故，'人的本性'并不在任何特定的人的身上，而是在人类的全部历史中。"②

施密特也正确理解了《提纲》第六条所揭示的人的本质问题。他认识到 "人的本质是从各个时代一定的社会形态中发现出来的，它'不是各个个人所固有的抽象物'，而是'社会关系的总和'"③。

柯尔施也正确理解了马克思的关于人的本质问题的观点。他在《卡尔·马克思——马克思主义的理论和阶级运动》一书中批评费尔巴哈对人的本质的认识的片面。他说："他（指费尔巴哈——引者注）把人的本质片面地看作'单个人所固有的抽象物'。而不是像马克思那样视为'一切社会关系的总和'。"④

弗罗姆虽然也看到了《提纲》中马克思对人的本质问题的阐述，但他却 "不惜采用无视事实的非常做法"⑤。他为了证明马克思关于人的本质的思想在马克思的思想前后具有连续性，而故意忽视《提纲》的思想，引用马克思在《资本论》中对 "人的本性" 的阐述思想来说明此思想与马克思在《1844 年手稿》中的人的本质的思想的一致性。马克思在《资本论》中批判边沁时说过一段话："假如我们想知道什么东西对狗有用，我们就必须探究狗的本性。这种本性本身是不能从'效用原则'中虚构出来的。如果我们想把这一原则运用到人身上来，想根据效用原则来评价人的一切行为、运动和关系等等，就首先要研究人的一般本性（human nature in general），然后要研究在每个时代历史地变化了的人的本性。"⑥ 对于这段话，弗罗姆解释说："虽然马克思后来不再使用'本质'这个词，因为这个词是抽象的和非历史的，但是，马克思以一种更加符合历史变化的形

---

① ［意］葛兰西：《实践哲学》，徐崇温译，重庆出版社 1990 年版，第 47 页。

② ［意］葛兰西：《实践哲学》，徐崇温译，重庆出版社 1990 年版，第 40 页。

③ ［德］A. 施密特：《马克思的自然概念》，欧力同、吴仲昉译，商务印书馆 1988 年版，第 85 页。

④ ［德］卡尔·柯尔施：《卡尔·马克思——马克思主义的理论和阶级运动》，徐崇温主编，熊子云、翁延真译，重庆大学出版社 1993 年版，第 135 页。

⑤ 张一兵：《文本的深度耕犁——西方马克思主义经典文本解读（第一卷）》，中国人民大学出版社 2004 年版，第 149 页。

⑥ ［德］马克思：《资本论（第一卷）》，见《马克思恩格斯全集（第 23 卷）》，人民出版社 1972 年版，第 819 页注。

式，在'人的一般本性'和每个历史时代'变化了的人的本性'之间的区别中，显然保留可关于人的本质的思想。"① "人的本性就是人的本质（the essence of human），这跟人的历史上存在的各种形式是显然不同的。"② 弗罗姆还说，马克思不仅承认人存在一般本性和变化了的人的本性，还区分了人的"两种类型的内驱力和欲望"："一种是不变的（constant）或固定的，诸如食欲和性欲，这是人的本性的组成部分，它们只能在不同的文化中所采取的形式和方式上有所改变；另一种是'相对的'（relative）欲望，这不是人的本性的组成部分，'它们的起源应归于一定的生产和交换的条件。"③ 弗罗姆区分这两种欲望无非是想说明，人的自然属性是人永恒的一般本性，而人的社会属性则是非永恒的、非人的本性。这就否定了马克思在《提纲》中所说的"人的本质……在其现实性上是一切社会关系的总和"的观点。

（2）德国马克思主义哲学家恩斯特·布洛赫在其代表作《希望的原理》中，也特别关注《提纲》中的人本主义思想，其对《提纲》的解读既有接近的成分，也有远离的思想，具体体现在以下三个方面。

第一，从马克思和恩格斯对《提纲》的理解、《提纲》与《形态》的关系看，布洛赫的理解有接近的成分。

布洛赫认为"1845年4月马克思在布鲁塞尔写下了这些笔记，很可能是为《德意志意识形态》所做的准备工作。直到1888年恩格斯才把这些命题作为他的《路德维希·费尔巴哈和德国古典哲学的终结》一书的附录予以发表。在此，恩格斯在文体上略加编辑了马克思间或速记式的文

---

① ［德］弗罗姆：《马克思关于人的概念》，第40页，转引自张一兵：《文本的深度耕犁——西方马克思主义经典文本解读（第一卷）》，中国人民大学出版社2004年版，第148页。

② ［德］弗罗姆：《马克思关于人的概念》，第40页，转引自张一兵：《文本的深度耕犁——西方马克思主义经典文本解读（第一卷）》，中国人民大学出版社2004年版，第148页。

③ ［德］弗罗姆：《马克思关于人的概念》，第40页，转引自张一兵：《文本的深度耕犁——西方马克思主义经典文本解读（第一卷）》，中国人民大学出版社2004年版，第149页。

本，但是，在内容上一仍其旧，未作任何变动"①。从这段文字可以看出，布洛赫对马克思的原稿和恩格斯的修改稿的关系认识是"统一论"，他认为两个文本的内容是统一的。对《提纲》与《形态》的关系，他认为两者是相通的，《提纲》是为《形态》的写作而草拟的文本。

第二，从马克思和费尔巴哈的关系看，布洛赫的理解有诸多接近的成分。

布洛赫看到了《提纲》中马克思对费尔巴哈的抽象的非历史的人性论的批判，并给予了正面肯定的评价。"马克思批判恰恰基于单纯个人的这种抽象性而把人的本质界定为'一切社会关系的总和'。因此，第6命题既反对费尔巴哈关于人性的无历史的观察方式，也反对与此有关的关于人性的纯粹人类学的类的概念，尤其是，后一种人类概念乃是把众多个体单纯地、不言而喻地结合在一起的普遍性。……因此，马克思从一般的、理想的人出发，越过单纯的个体，最终把讨论引导到现实的人和可能的人性的基础。"② 从这里可以看出布洛赫也批判费尔巴哈的抽象的人性论。他认为费尔巴哈以一种"无历史的观察方式"来认识人性，马克思反对费尔巴哈的这种"基于单纯个人的这种抽象性"的人性论，而从"现实的人"出发把人的本质理解为"一切社会关系的总和"。

布洛赫还批判费尔巴哈在自然观上坚持唯物主义，而在历史观上却陷入了唯心主义。"费尔巴哈本人就表述说，向前（鉴于自然基础）他是唯物主义者，但向后（鉴于伦理甚至宗教哲学）他是唯心主义者。在费尔巴哈的唯物主义中，恰恰遗漏了社会、历史以及辩证法。费尔巴哈深知旧的机械唯物主义缺少人的生活，正因如此，这位哲学家在自身哲学的尽头，不可避免地造成了一种狼狈不堪的唯心主义。"③ 这些思想相当接近马克思的历史唯物主义的人性论。

第三，布洛赫在批判费尔巴哈的抽象人性论的同时，对费尔巴哈哲学

---

① ［德］恩斯特·布洛赫：《希望的原理（第一卷）》，梦海译，上海译文出版社2012年版，第302页。

② ［德］恩斯特·布洛赫：《希望的原理（第一卷）》，梦海译，上海译文出版社2012年版，第320页。

③ ［德］恩斯特·布洛赫：《希望的原理（第一卷）》，梦海译，上海译文出版社2012年版，第323页。

和马克思的理解同时也表现出远离的成分。

他认为马克思虽然批判费尔巴哈，但没有和人道主义思想彻底决裂。他说，"马克思的《十一命题》形成于 1844—1845 年《神圣家族》与 1845—1846 年《德意志意识形态》期间，这些命题不仅表明了向费尔巴哈正式告别，而且开启了高度独创性的遗产。……即真正转向（从基础开始）人道主义。不言而喻，在此所谓的'告别'并非彻底的决裂。在《十一命题》中，马克思向费尔巴哈告别，但即使在这之后，与费尔巴哈的关系也部分地延续在他的后期著作中。"①

布洛赫对《提纲》的重新分组，始终围绕费尔巴哈的人道主义展开。他把《提纲》分成以下几组：与感性直观和活动相关的认识论组（第一、三、五条），与自我异化及原因、真正的唯物主义相关的人类学—历史学组（第四、六、七、九、十条），与证明和证实相关的理论与实践统一组（第二、八条），最后一条是最重要的核心命题。"我们不应从算术上，而应从哲学上划分这些命题，这就是说，诸命题的唯一秩序是自身的主题和内容。……于是，我们可以把这些命题划分如下：第一，与直观和活动有关的认识论命题（命题 5、1、3）；第二，与自我异化、自身的实际原因和唯物主义有关的人类学、历史学组（命题 4、6、7、9、10）；第三，与证明和证实有关的概括组或理论和实践组（命题 2、8）；最后，出现最重要的命题，即解答。由于这一解答，不仅人的精神最终归于分解，而且通过它的实际应用，人的精神不再作为单纯的精神而存在（命题 11）。"②

布洛赫甚至强调马克思思想与费尔巴哈思想的连续性。"作为一种宗教自我批判，马克思继续追踪费尔巴哈的人类学，这不仅仅是为了寻找他与费尔巴哈宗教批判的连贯性，而是为了重新解除偶像的魔力，即费尔巴哈本人之中人类学的偶像化。因此，马克思从一般的、理想的人出发，越过单纯的个体，最终把讨论引导到现实的人和可能的人性的基础。"③ 他

---

①　［德］恩斯特·布洛赫：《希望的原理（第一卷）》，梦海译，上海译文出版社 2012 年版，第 305 页。

②　［德］恩斯特·布洛赫：《希望的原理（第一卷）》，梦海译，上海译文出版社 2012 年版，第 308 页。

③　［德］恩斯特·布洛赫：《希望的原理（第一卷）》，梦海译，上海译文出版社 2012 年版，第 321 页。

认为马克思是从一般的人出发走向现实的人来讨论人性问题的。这与马克思的历史唯物主义人性论不同，马克思是基于现实的人的研究才揭示出人性问题，而不是从一般的人走向现实的人。

布洛赫还批判费尔巴哈的抽象的人类学是非历史非辩证的哲学。"针对费尔巴哈抽象的人类学的尘世，马克思提出了具体的、历史的尘世。对此，费尔巴哈不屑一顾，因为他脱离历史，其思维方式完全是非辩证的。"① 费尔巴哈的人类学的确是脱离历史的，但并非是非辩证的。在第五章将会有详细的资料证实。

（四）国外马克思主义对《提纲》十一条否定哲学思想的接近与远离

（1）马克思在《提纲》的最后一条把自己排除在"哲学家"之外，暗含了否定哲学的思想。国外马克思主义诸多学者关注到了这一条的内容。

布洛赫在解读《提纲》十一条时指出，"马克思肯定针对哲学发布了一道讨伐檄文。但是，在此全然不是针对冥思苦想的哲学本身，事实上，这种哲学在漫长的中世纪倒是具有举足轻重的意义。相反，在此马克思所讨伐的恰恰是特定种类的沉思哲学，即自身时代黑格尔追随者的哲学，这种哲学更多是某种非哲学"②。布洛赫认为马克思在此反对的哲学不是"哲学本身"，而是"自身时代黑格尔追随者的哲学"。这的确是对马克思反哲学思想的接近。

他认为马克思虽然反对某种特定的哲学，可马克思主义仍然是一种"真正哲学"。"马克思主义哲学中的崭新之处在于对世界基础的激进变革，而无产阶级革命的使命就是实现这一激进变革。但是，这种崭新的东西并不意味着这个唯一能够具体改变世界的特定哲学不再是哲学。因为它是前所未有的新东西，因此命题11后半部分中的认识恰恰与世界的改变有关。马克思主义乃是在世界的变化之前或在变化之中出现的真正哲学的最重要的理论和实践，正因如此，马克思主义乃是真正意义上改变世界的

---

① ［德］恩斯特·布洛赫：《希望的原理（第一卷）》，梦海译，上海译文出版社2012年版，第321页。

② ［德］恩斯特·布洛赫：《希望的原理（第一卷）》，梦海译，上海译文出版社2012年版，第338页。

思想。"① 布洛赫的这些思想都相当接近马克思《提纲》中反哲学的正确思想。

阿尔都塞也持相似的观点，认为马克思否定哲学。他说："我们不应该把关于费尔巴哈的第十一条提纲看作是宣布一种新的哲学，而应该把它看作是宣布与哲学决裂，以便为建立一种新的科学扫清道路。"阿尔都塞认为，"这种新的科学是唯物主义的，但是任何科学都是这样的……这里的唯物主义完全只是科学家对其对象的现实的严格态度"②。

（2）关于马克思所说的"解释世界"和"改造世界"的关系，有学者把两者对立起来；有学者认为两者不是对立的关系，而是递进的关系。

巴加图利亚认为，马克思"在第十一条中把理解同解释对立起来，把实践的哲学同直观的哲学对立起来，把以理解世界（目的在于改变世界）为己任的哲学同以解释世界（目的在于与世界调和）为己任的哲学对立起来"③。显然，在巴加图利亚看来，解释世界和改变世界体现了两种哲学类型即所谓"直观的哲学"同"实践的哲学"的本质差别，它们作为两种视野是互相排斥的。

晚年海德格尔曾在讨论班上对马克思所说的"解释世界"和"改造世界"的关系提出质疑。他说："（让我们）来考察以下这个论题：解释世界与改变世界之间是否存在着真正的对立？难道对世界每一个解释不都已经是对世界的改变了吗？对世界的每一个解释不都预设了：解释是一种真正的思之事业吗？另一方面，对世界的每一个改变不都把一种理论前见（Vorblick）预设为工具吗？"④

苏联学者奥伊泽尔曼认为："与对这一条提纲的许多非马克思主义的解释相反，必须强调：马克思决没有否定对世界作出哲学解释的必要性。他所反对的是把哲学的任务仅仅限于解释现存事物，因为这种自我限制把

① ［德］恩斯特·布洛赫：《希望的原理（第一卷）》，梦海译，上海译文出版社2012年版，第340页。

② ［德］路易·阿尔都塞：《列宁和哲学》，见《马列主义研究资料》1984年第3辑，人民出版社1984年版，第170页。

③ ［苏］巴加图利亚：《〈关于费尔巴哈的提纲〉和〈德意志意识形态〉》，见《马列主义研究资料》1984年第1辑，人民出版社1984年版，第50页。

④ ［法］F. 费迪耶等辑录：《晚期海德格尔的三天讨论班纪要》，丁耘摘译，载《哲学译丛》2001年第3期，第52—59页。

哲学和根本改造现实的斗争对立起来了。可见，这一条提纲的真正含义在于这样一个绝对命令：使哲学成为革命地改造世界的必要性的理论论证。"①

法国学者列菲弗尔指出："迄今为止，哲学家们只是说明世界（提纲第十一条）。……现在，仅仅说明世界是不够的，应该改造世界。这是否说人们将拒绝各种说明呢？不是的。因为如果是这样，人们就同时抛弃了唯物主义哲学和唯心主义哲学。这个命题意味着人们要使各种哲学受行动的考验。"②

美国学者斯威齐强调，《提纲》第十一条，"不用说，这不是否认解释（理解）世界的必要，而只是肯定理解世界的目的是为改变世界奠定基础。马克思主义就是这样，从一开始就具有两重性：一方面它是一门社会的和历史的科学；而另一方面它更是一个改变世界的纲领"③。

美国学者麦金太尔认为："《提纲》第十一条并没有告诉哲学家们放弃去理解世界的企图，而是告诉他们，指导他们理解任务的则是一个特定目的的实现。什么目的呢？这一目的就是马克思在第一条提纲中所说的客观的活动。"④

三、小　结

通过上文对国外马克思主义对《提纲》的理解的分析可以看出，国外马克思主义学者普遍关注《提纲》，他们对《提纲》的理解，在某些方面接近理解马克思的新唯物主义，而在另一些方面却偏离了马克思主义哲学。

---

① ［苏］Т. И. 奥伊泽尔曼：《辩证唯物主义与哲学史》，娄自良译，上海译文出版社 1985 年版，第 58 页。

② ［法］亨利·列菲弗尔：《马克思主义的当前问题》，李元明译，生活·读书·新知三联书店 1966 年版，第 37－38 页。

③ ［美］保罗·斯威齐：《马克思逝世后一百年的马克思主义和革命运动》，见《现代国外经济学论文选》第 12 辑，商务印书馆 1987 年版，第 1 页。

④ ［美］A. 麦金太尔：《马克思的〈关于费尔巴哈的提纲〉：一条未走之路》，乔法容译，载《国外社会科学》1995 年第 6 期，第 21－27 页。

（一）对《提纲》的理解有合理的成分

此时期由于解释学意识的觉醒，"西方马克思主义"承认马克思等人的著作具有确定不变的不依赖于读者的意义，所以在文本理解视野下，"西方马克思主义者"对《提纲》的理解具有诸多合理的成分。

第一，某些"西方马克思主义者"注意到了马克思把意识对象当作人的感性活动、当作实践去理解，认识到意识的对象不是现成的自然物，而是人的实践活动，是历史地生成的。这是一个重大的进步。因为是否能理解马克思对意识对象的实践理解方式，是理解马克思的科学实践观和哲学革命的关键。传统的"辩证唯物主义"的理解始终没能理解马克思的意识对象观，仍然把意识的现实对象理解为某种既成的、非主体存在的东西，而不是把人自身的物质活动理解为意识的现实对象，把对象理解为历史地生成的东西。"西方马克思主义"大部分人都关注到《提纲》第一条中的思想，并理解马克思在其中所表达的新唯物主义的意识对象观的思想，提出要把对象理解为人的实践活动，这对于理解和把握马克思的科学实践观和马克思哲学革命的变革是有积极的意义的。

第二，某些"西方马克思主义者"认识到马克思的新唯物主义和旧唯物主义哲学的根本区别，认识到旧唯物主义的根本缺点是直观性，并把旧唯物主义称为"直观的唯物主义"，这是理解视野的根本转变。在传统的"辩证唯物主义"的理解中，人们主要从唯物主义和辩证法的关系的视角去理解旧唯物主义的缺点，认为旧唯物主义的缺点主要是机械性、形而上学性，以及历史观上的唯心主义。以这样一种视野来理解旧唯物主义缺点的人，必然看不到马克思在《提纲》中所揭示的旧唯物主义的直观性的缺点。而"西方马克思主义"的一些学者如施密特能明确指出旧唯物主义的缺点是直观性，并指出与新唯物主义相对立的哲学是"直观的唯物主义"，这只有抛弃传统的"辩证唯物主义"的理解视野，从与直观唯物主义的相对意义上去理解马克思主义哲学才可能做到，所以说这是理解史上的一个巨大的进步。

第三，某些"西方马克思主义者"强调实践在马克思主义哲学中的重要性，意识到实践是马克思主义哲学的出发点和中心范畴，这是对马克思主义哲学的接近。在传统的"辩证唯物主义"的理解中，人们把"物质统一性"原理看作马克思主义哲学的基础、灵魂，把物质范畴看作马克思主义哲学的基本范畴，实践范畴仅仅被理解为认识论的基本范畴。而"西方马克思主义者"能认识实践在马克思主义哲学中的重要性，意识到实践是马克思主义哲学的出发点和中心范畴，并把实践看作人的根本上的存在方式。这是对传统理解的颠覆，这对于理解和把握马克思的哲学革命，理解马克思的实践的唯物主义是有重大的作用的。

第四，某些"西方马克思主义者"从社会关系的总和来理解人的本质问题，接近了对马克思的人的本质问题这一历史唯物主义基本原理的理解。南斯拉夫"实践派"甚至提出人是实践的存在物，实践是人的根本的存在方式的观点，这是对马克思的"人的本质"问题的进一步深入。马克思强调要从各种社会关系的总和来理解人的本质，也就是说要理解一个人区别于其他人的具体本质，必须看他或他们所处的社会关系。人区别于动物的本质是什么？马克思认为是劳动，即实践。马克思说："一当人们自己开始生产他们所必需的生活资料的时候，他们就开始把自己和动物区别开来。"① 而南斯拉夫"实践派"强调的"人的本质是一种实践的存在"②"人区别于其他任何存在是因为人是一种实践的存在"③，是符合马克思的思想的。只有理解实践是人的存在方式，才能理解人的本质在现实性上是各种社会关系的总和，因为正是在实践中，人们才存在着各种具体的社会关系。

第五，"西方马克思主义"提出对思维和存在、精神和物质关系问题的批评，对于理解马克思的新唯物主义哲学的基本问题是有一定启发意义的。传统的辩证唯物主义简单地把马克思主义哲学的基本问题界定为思维和存在、精神和物质的关系问题，这种区别很难区分旧唯物主义和新唯物主义在基本问题上的不同。因为思维和存在、精神和物质的关系问题是全部哲学的基本问题。而实际上，思维和存在、精神和物质的关系问题在马克思主义哲学中是有特殊的表现形式的。这种特殊的表现形式就是社会意识和社会存在、理论和实践的关系。但是，由于有些西方马克思主义者把

① 《马克思恩格斯选集（第1卷）》，人民出版社1972年版，第24－25页。

② ［南］马尔科维奇等：《南斯拉夫"实践派"的历史和理论》，重庆出版社1994年版，"导论"第23页。

③ ［南］加约·彼德洛维奇：《革命的概念》，见马尔科维奇等《南斯拉夫"实践派"的历史和理论》，重庆出版社1994年版，第188页。

思维和存在、精神和物质的关系理解为"二元论"而加以否定，因而不能把"理论和实践的关系"和"思维和存在的关系"之间的关系理解为一种个别和一般的关系。

第六，对《提纲》中马克思对费尔巴哈的抽象人性论的批判给予了恰当的解读。德国马克思主义哲学家恩斯特·布洛赫通过对《提纲》的独特解读，突破了苏联"正统马克思主义"将马克思主义等同于政治经济学批判理论的固有观念，他对《提纲》中马克思对费尔巴哈的抽象的人性论进行的批判给予了恰当的解读，指出了马克思主义的人本主义思想的特征，在当时的理论界产生了十分重大的理论影响。但是，布洛赫的解读始终抓住马克思在哪些地方受到费尔巴哈的影响、又在哪些地方超出了费尔巴哈的人本主义的问题来进行，因此他的解读始终是在人本主义的框架内部进行的。① 在布洛赫的视域中，马克思主义就是人本主义在现实世界的具体发展，其出发点在于对人本身的高度关注，其最终目标则在于运用实践改变世界，从而扬弃现存的一切异化关系，实现人的本质的完满复归。相反地，这种片面凸显马克思思想中蕴含的人文价值因素的做法在很大程度上背离了马克思主义立足现实、探讨人类解放路径的理论特质。在布洛赫那里，对于人的价值的关注取代了对其实际生存状态的关注，抽象的"异化"和"异化扬弃"成了马克思主义的核心所在。但问题是，马克思向来反对以抽象本质为基础来论述人的发展前景，他的关注点始终在于如何从现实层面实现人类解放。②

第七，接近理解马克思否定哲学的思想。国外马克思主义学者对《提纲》最后一条的解读，大部分学者接近理解马克思否定哲学的思想。马克思从《提纲》开始表现出了对"哲学"的否定，他不再把自己与以往的"哲学家们"放在同一阵营。马克思在这里所提出的否定哲学，并不是否定作为世界观意义上的哲学，而是否定一种具体的哲学。从马克思当时的历史语境来说，马克思处于同青年黑格尔派相冲突和决裂的关键时期，这里指称的"哲学家们"应该是青年黑格尔派的哲学。布洛赫认为马克思反

---

① 夏凡：《具体的人本主义与抽象的实践概念之悖谬——评布洛赫对马克思〈关于费尔巴哈的提纲〉的解读》，载《哲学研究》2006 年第 2 期，第 30 - 31 页。

② 李博：《论恩斯特·布洛赫对〈关于费尔巴哈的提纲〉的人本主义解读》，载《唐山学院学报》2016 年第 1 期，第 58 - 62 页。

对的哲学不是"哲学本身",而是"自身时代黑格尔追随者的哲学"。这种理解的确是对马克思反哲学思想的接近。而马克思所提出的"解释世界"和"改造世界"的关系,有学者认为两者对立,有学者认为两者是递进关系。认为两者是对立关系的学者,可能是依据恩格斯的修改版本来解读而得出此观点的。恩格斯对《提纲》进行修改的过程中,在马克思的原稿"解释世界"和"改造世界"之间加了一个"而"字,从而使两者体现出对立的关系。其实在马克思的原稿中,马克思认为两者并不是对立的关系,而是递进的关系。所以,海德格尔对两者对立关系的质疑是有道理的,他指出马克思的这句名言自我矛盾,在逻辑上难以自洽,一方面马克思要否定哲学,另一方面却暗含着要依赖哲学,因为"改变世界是以世界观念的改变为前提,并且,要获得一种世界观念,人们就必须充分解释世界。这就是说,马克思在谈他的改变时,他依据了一种完全确定的解释世界的方式。由此可见,这句话是缺少根基的。它唤醒了一种印象,好像马克思说了坚决反对哲学的话,事实上,它的后半部分恰恰有以哲学为前提的要求,虽然他没说"①。

(二) 偏离《提纲》中的科学唯物主义思想

"西方马克思主义"学者由于反对"主客二分"的思维反思,以致不能坚持唯物主义的思维方式,对唯物主义的认识模糊、混乱和矛盾,在对待马克思的唯物主义时表现出含糊、动摇和折中的倾向,甚至偏离唯物主义,所以偏离了《提纲》中的科学唯物主义思想,不能真正理解马克思的实践唯物主义。

第一,对唯物主义的认识模糊、混乱和矛盾,拒绝把马克思主义哲学叫作唯物主义。

葛兰西明确说马克思主义哲学不是唯物主义哲学,但又没有明确反对把马克思主义哲学叫作"历史唯物主义"。他针对人们把马克思主义哲学叫作历史唯物主义时说:"人们忘记了在一个非常普通的用语(历史唯物主义)的场合,人们应当把重点放在第一个名词——'历史的'——而不是把重点放在具有形而上学的根源的第二个名词上面。实践哲学是绝对

---

① [德] 贡特·奈斯克等编著《回答:马丁·海德格尔说话了》,陈春文译,江苏教育出版社 2005 年版,第 190 页。

的'历史主义',思想的绝对世俗化和此岸性,一种历史的绝对的人道主义,人们正是必须沿着这条路线追踪新世界观的这条线索。"① 因此,尽管葛兰西没有明确反对"历史唯物主义"这个提法,但他认为历史唯物主义不是唯物主义,而是一种绝对的历史主义或人道主义。

葛兰西之所以拒绝把马克思主义哲学叫作唯物主义,与他对"唯物主义"的理解有关。葛兰西并没有把唯物主义理解为是对精神和物质、思维和存在关系特定理解的一般世界观。他对唯物主义的理解是极其混乱、矛盾的。他既说唯物主义要素与宗教不相冲突,又说唯物主义是宗教唯灵论的对立面。他说"在常识中居支配地位的,是'实在论的'、唯物主义的要素,原始感觉的直接产物,这决不同宗教的要素相冲突,远不是这样的,但是在这里,这些要素是'迷信的'和非批判的"②。但他又说"唯物主义是严格意义上的唯灵论即宗教唯灵论的对立面"③ "在常识的术语中,唯物主义包括一切倾向于把生活的目的放在这个地球上而不是放在天国里的一切东西"④。有时,他又把唯物主义理解为讲究实际目的的观念。他说:"同样地,在常识的术语中,唯物主义包括一切倾向于把生活的目的放在这个地球上而不是天国里的东西。因为看来它是'自在的目的',为经济的经济,为活动的活动,正如在今天,对于一般的欧洲来说,美国是'唯物主义的',因为它使用超越出被一般欧洲人认为是'公平的'界限的机器和公司商业的规模——在这个规模内,'精神'要求没有被压抑。"⑤ 有时,他又把唯物主义和群众的宗教等同起来。他说:"'从政治上说',唯物主义概念是接近人民、接近常识的。它是和许多信仰和偏见,和几乎所有的人民大众的迷信(巫术、幽灵)紧密相连的。"⑥

---

① [南]加约·彼德洛维奇:《革命的概念》,见马尔科维奇等《南斯拉夫"实践派"的历史和理论》,重庆出版社 1994 年版,第 161 页。

② [南]加约·彼德洛维奇:《革命的概念》,见马尔科维奇等《南斯拉夫"实践派"的历史和理论》,重庆出版社 1994 年版,第 156 页。

③ [南]加约·彼德洛维奇:《革命的概念》,见马尔科维奇等《南斯拉夫"实践派"的历史和理论》,重庆出版社 1994 年版,第 150 页。

④ [南]加约·彼德洛维奇:《革命的概念》,见马尔科维奇等《南斯拉夫"实践派"的历史和理论》,重庆出版社 1994 年版,第 150 页。

⑤ [意]葛兰西:《实践哲学》,徐崇温译,重庆出版社 1990 年版,第 150 页。

⑥ [意]葛兰西:《实践哲学》,徐崇温译,重庆出版社 1990 年版,第 85 页。

由于对唯物主义认识的混乱和矛盾，葛兰西把黑格尔哲学、整个德国古典哲学、感觉主义、法国启蒙哲学都归于唯物主义的范围，而把费尔巴哈划出了唯物主义之外。他说："人们能够把整个黑格尔主义，一般地说德国古典哲学，以及感觉主义和法国启蒙哲学，统统包括在唯物主义的标题之下。"① 而当新康德主义者朗格把费尔巴哈排除在唯物主义之外时，他却给予高度的赞扬，说"他（朗格）对唯物主义有一个十分精确、明晰和有限的概念，所以，使某些人（诸如普列汉诺夫）感到十分惊讶和甚至愤怒的是，他既不把历史唯物主义，又不把费尔巴哈的哲学看成是唯物主义。"②

更有甚的是，葛兰西把唯物主义和它的特定形态混淆起来，即把唯物主义和机械的、形而上学的唯物主义等同起来。特别是当他正确地批评布哈林把马克思主义割裂为一种被认为可以按照自然科学方法构造的、称为社会学的历史和政治理论，和另一种本来意义上的哲学时，竟然脱口而出说"哲学的唯物主义别名形而上学的或机械的（庸俗的）唯物主义"③。他在正确地反对形而上学唯物主义的时候，一般地反对唯物主义，犯了和费尔巴哈同样的错误。其实，即使在哲学史上，唯物主义也并不都是机械的、形而上学的唯物主义。哲学唯物主义是哲学上一切形式唯物主义的总称，其中也包括反对形而上学的、机械的、庸俗的唯物主义的实践唯物主义。葛兰西也没有像马克思那样，把旧唯物主义称之为直观的唯物主义，而是称作机械的、形而上学的唯物主义。旧唯物主义并不都是形而上学的唯物主义，但都是直观的唯物主义。直观的唯物主义和形而上学的唯物主义是两个不同的概念。由于葛兰西把唯物主义等同于机械的、形而上学的唯物主义，所以他否认马克思同唯物主义的联系。他说马克思"从来不曾把自己的概念称作唯物主义，当他写道法国唯物主义时，他总是批判它，并断言这个批判要更加彻底和穷尽无遗。所以，他从未使用'唯物辩证法'的公式，而是称之为同'神秘的'相对立的'合理的'，这给了'合理的'此词以十分精确的意义"④。

---

① ［意］葛兰西：《实践哲学》，徐崇温译，重庆出版社 1990 年版，第 150 页。
② ［意］葛兰西：《实践哲学》，徐崇温译，重庆出版社 1990 年版，第 152 页。
③ ［意］葛兰西：《实践哲学》，徐崇温译，重庆出版社 1990 年版，第 127 页。
④ ［意］葛兰西：《实践哲学》，徐崇温译，重庆出版社 1990 年版，第 152 页。

第二，不理解唯物主义主客二分的本质，把思维和存在的分离看成二元论，对马克思的唯物主义立场动摇。

卢卡奇在唯物主义的问题上也表现出某种动摇的立场，他对唯物主义的理解是模糊、混乱的。他既认定马克思主义是唯物主义，赞成马克思主义，又经常引用马克思的一些历史唯物主义的观点，例如"不是人们的意识决定他们的存在，而是相反，是他们的社会存在决定他们的意识"①。甚至他的某些说法也表现出唯物主义反映论的观点。例如，他所提到的"社会发展及其在思想上的反映"② "理论符合于现实"③ "经济规律反映着整个社会"④ "历史唯物主义只不过是资本主义社会的自我认识"⑤ "的确，现实是正确思维的标准"⑥ 等观点。但是，他又经常批评唯物主义反映论。他认为唯物主义反映论使思维和存在处于僵死的对立之中，是一种二元论。他说："在'反映论'中，我们发现了思维和存在、意识和现实的理论上的具体的两重性。这种两重性对物化意识来说很难统一。从这样的观点来看，无论是事物被认为是概念的反映，还是概念反映了事物，这都无足轻重。在这两种情况下，两重性依然如故。"⑦ 他还把这种唯物主义反映论看成是一种机械的反映论，是一种神秘的颠倒了的柏拉图学说。他认为"李凯尔特曾把唯物主义说成一种本末倒置了的柏拉图主义，他这样是对的。只要和存在仍处在他们原先的那种僵硬对立的局面，只要他们自己的结构和他们相关联的结构仍未变化，那么，思想是头脑的产品，因

① ［匈］卢卡奇：《历史和阶级意识——马克思主义辩证法研究》，张西平译，重庆出版社1989年版，第23页。

② ［匈］卢卡奇：《历史和阶级意识——马克思主义辩证法研究》，张西平译，重庆出版社1989年版，第209页。

③ ［匈］卢卡奇：《历史和阶级意识——马克思主义辩证法研究》，张西平译，重庆出版社1989年版，第243页。

④ ［匈］卢卡奇：《历史和阶级意识——马克思主义辩证法研究》，张西平译，重庆出版社1989年版，第245页。

⑤ ［匈］卢卡奇：《历史和阶级意识——马克思主义辩证法研究》，张西平译，重庆出版社1989年版，第249页。

⑥ ［匈］卢卡奇：《历史和阶级意识——马克思主义辩证法研究》，张西平译，重庆出版社1989年版，第232页。

⑦ ［匈］卢卡奇：《历史和阶级意识——马克思主义辩证法研究》，张西平译，重庆出版社1989年版，第227页。

而它必须符合经验世界的客体这样的观点就和那种回忆说及其柏拉图的理念世界一样是一种神秘的理论。之所以说它是神秘的理论，是因为它无法用关于这个原则的理论来解释这里提出的具体问题"①。

卢卡奇之所以否认反映论，是受其总体性观点影响所致。因为他认为现实是一个总体，其不是僵死的、不变的，在现实的变易中，思维起了积极的作用，因而思维是现实这个总体的一个不可分割的组成部分。所以，说思维反映现实、思维必须和现实相符合或一致是没有意义的。他说："如果变易的真理是将要被创造出来，而尚未被产生出来的未来，如果它是种新的东西，存在于各种倾向之中，这些倾向（借助于我们的意识）将会变成现实，那么，思维是否为一种反映这个问题就显得毫无意义了。的确，现实正是正确思维的标准，但它并非本来就是这样，而是后来变易的——这样就需要使它成为思维的一部分。我们到这里完成了古典哲学的纲领：创造的原则实际上就意味着教条主义的克服（首先是在其最重要的历史表现中，即柏拉图式的反映论）。但是，只有具体的（历史的）变易才能够起到这样一种创造的作用。而且，意识（无产阶级实际中的阶级意识）是这种变易过程中的一个必然的、不可分割的组成部分。"② "这样思维和存在的关系在以下这些含义上并不是等同的，例如思维和存在之间的相互'符合'，或者相互'反映'，或者说二者是'平行发展'的，或者二者的相互'吻合'（所有这些看法都反映出僵硬的两重性）。思维和存在的同一性在于它们是一个而且同样真实的、历史的、辩证过程的诸多方面。在无产阶级意识中反映出来的是产生于资本主义辩证矛盾的新的绝对的现实。但这并不是意味着无产阶级虚构了现实，也不是凭空'创造的'，而是在它的总体性中这一过程的不可避免的结果。只有在它成为无产阶级意识的一部分和被无产阶级意识所实践时，这种现实才能从抽象的可能转变为具体的现实。"③

---

① ［匈］卢卡奇：《历史和阶级意识——马克思主义辩证法研究》，张西平译，重庆出版社 1989 年版，第 229－230 页。

② ［匈］卢卡奇：《历史和阶级意识——马克思主义辩证法研究》，张西平译，重庆出版社 1989 年版，第 232－233 页。

③ ［匈］卢卡奇：《历史和阶级意识——马克思主义辩证法研究》，张西平译，重庆出版社 1989 年版，第 233 页。

从这里可以看出，卢卡奇虽然看到了思维和存在的统一，看到了思维的积极的能动作用，但是由于他把思维看成是现实的不可分割的部分，所以不能真正理解唯物主义的主客二分的本质，而把思维和存在的分离看成是一种二元论，从而产生了唯物主义立场的动摇和自己理论的混乱与矛盾。

第三，对唯物主义的认识模糊、混乱，否定马克思的唯物主义是"世界观"理论。

虽然柯尔施把马克思主义哲学看作一种唯物主义，但对于为什么马克思主义哲学是唯物主义这一问题，柯尔施的认识也是混乱的。他有时在把理论看作对现实的把握的意义上把马克思主义哲学叫作唯物主义，如"马克思主义理论的出现，用黑格尔主义——马克思主义的术语来说，仅仅是现实的无产阶级运动出现的'另一个方面'；正是这两个方面一起构成了这一历史过程的具体整体。"① "给予理论以一种在历史的客观运动之外独立存在的权利，显然既不是唯物主义的做法，也不是黑格尔意义上的辩证法的做法；它只不过是一种唯心主义的形而上学的做法。"② "理论和实践不可割断的相互联系，作为马克思的唯物主义的第一个共产主义类型的最独特的标志，在他的体系的较后形式中，无论如何也没有被废除。"③ 这样的认识应当说是正确的。但是，从他关于意识也是现实的要素，以及反对所谓的思维和存在的"二元对立"的立场来看，他常常又离开唯物主义立场。他说："对现代辩证唯物主义来说，重要的是，在理论上要把哲学和其他意识形态体系当作现实来把握，并且在实践上这样对它们。……他们总是把意识形态——包括哲学——当作具体的现实而不是空洞的幻想来对待的。"④ "我们将证明，事实上，马克思和恩格斯决没有任何这样的关于意识与现实的关系的二元论的形而上学观——无论在他们的第一（哲学的）时期，还是在第二（实证科学的）时期。他们从来没有想到过他们

————————

① ［德］卡尔·柯尔施：《马克思主义和哲学》，王南湜、荣新海译，重庆出版社1989年版，第13页。

② ［德］卡尔·柯尔施：《马克思主义和哲学》，王南湜、荣新海译，重庆出版社1989年版，第23页。

③ ［德］卡尔·柯尔施：《马克思主义和哲学》，王南湜、荣新海译，重庆出版社1989年版，第25页。

④ ［德］卡尔·柯尔施：《马克思主义和哲学》，王南湜、荣新海译，重庆出版社1989年版，第35页。

会被这样危险地被误解。……没有这种意识和现实的一致，政治经济学的批判根本不可能成为社会革命理论的主要组成部分。"①

施密特对唯物主义的认识也是模糊、混乱的。他有时把唯物主义等同于科学态度。他说："在这点上，马克思受到费尔巴哈的感觉主义的影响，把感性作为'一切科学的基础'出发，认为唯物主义学说和科学态度简直是一致的：'科学只有从感性的意识和感性的需要这两种形式的感性出发时，因而只有从自然界出发，它才是真正的科学。'"② 有时，他又把唯物主义看成是和一切哲学一样的"思想形态"。他说："即便是唯物主义，也和一切哲学一样，总是人的生活过程的一种思想形态。"③ 而且，他认为唯物主义不应该以"物质"这个"抽象体"，而应该以"实践的具体性"作为自己的"真正的对象和出发点"。他说："不是所谓物质这抽象体，而是社会实践的具体性才是唯物主义理论的真正对象和出发点。"④ 因为"物质"仅仅是"抽象体"，它实际上并不存在，而只存在各种具体的物质形态。如果以"物质"作为解释世界、解释"宇宙进化"的"最高原则"，那就"和低劣的唯心主义毫无二致了"⑤。所以，他反对把唯物主义的理论看成是"世界观"理论，反对从本体论去理解马克思的唯物主义。他说："如果马克思的唯物主义像今天仍在苏联和东欧盛行的那样，只是作为一种抽象的世界观的表白的话，那么首先注意：这一来它就和那种低劣的唯心主义毫无二致了。"⑥ "唯物主义的理论既是最精致的文化形态，又是建造它的社会各种条件。但是它决不是今日之东欧从中编造出来

---

① ［德］卡尔·柯尔施：《马克思主义和哲学》，王南湜、荣新海译，重庆出版社 1989 年版，第 47—48 页。

② ［德］A. 施密特：《马克思的自然概念》，欧力同、吴仲昉译，商务印书馆 1988 年版，第 18 页。

③ ［德］A. 施密特：《马克思的自然概念》，欧力同、吴仲昉译，商务印书馆 1988 年版，第 21 页。

④ ［德］A. 施密特：《马克思的自然概念》，欧力同、吴仲昉译，商务印书馆 1988 年版，第 23 页。

⑤ ［德］A. 施密特：《马克思的自然概念》，欧力同、吴仲昉译，商务印书馆 1988 年版，第 31 页。

⑥ ［德］A. 施密特：《马克思的自然概念》，欧力同、吴仲昉译，商务印书馆 1988 年版，第 31 页。

的那种积极的'世界观'。"① 所以，"不能从本体论上去理解马克思的唯物主义"②。"马克思把从本体论角度所提出的关于最初的人和自然的创造者问题，作为一种'抽象的产物'加以拒绝。"③ 他认为马克思的唯物主义是"非本体论"哲学，是"经济唯物主义"，它不探究"宇宙之谜"，不编造"抽象的世界观"，它只想为解除人间的饥饿与痛苦而奋斗，所以没有恩格斯的唯物主义的"禁欲主义"特征。④ "马克思的唯物主义首先关心从这个世界上消除饥饿和痛苦的可能性问题。"⑤

从施密特的上述言论可以看出，他否定从"物质"出发解释世界，探究"宇宙进化"，认为应该以"实践的具体性"作为自己的"真正的对象和出发点"，这比传统的辩证唯物主义的理解有了进步，但他否定马克思的唯物主义是"世界观"理论，认为它不探究"宇宙之谜"，不编造"抽象的世界观"，它只想为解除人间的饥饿与痛苦而奋斗，这种认识则是错误的。马克思的唯物主义不拒绝"世界观"理论，它在继承前人的正确的世界观理论的基础上开创了"新唯物主义"。

---

① ［德］A. 施密特：《马克思的自然概念》，欧力同、吴仲昉译，商务印书馆1988 年版，第 32 页。
② ［德］A. 施密特：《马克思的自然概念》，欧力同、吴仲昉译，商务印书馆1988 年版，第 20 页。
③ ［德］A. 施密特：《马克思的自然概念》，欧力同、吴仲昉译，商务印书馆1988 年版，第 28 页。
④ ［德］A. 施密特：《马克思的自然概念》，欧力同、吴仲昉译，商务印书馆1988 年版，第 32 页。
⑤ ［德］A. 施密特：《马克思的自然概念》，欧力同、吴仲昉译，商务印书馆1988 年版，第 31 页。

第四章 我国"反思哲学"时期的《提纲》

　　"反思哲学"就是对马克思主义哲学的传统理解进行反思，重新理解马克思主义哲学的性质。从 20 世纪 30 年代开始，由于解释学意识的普遍觉醒，西方的马克思主义者开始对马克思主义哲学的传统理解进行反思。我国则是在 1978 年的"真理标准"大讨论之后，开始进入了"反思哲学"时期。学者们从对哲学教科书进行反思开始，到对列宁、恩格斯的思想的理解进行反思。在对传统的"辩证唯物主义"或"辩证唯物主义和历史唯物主义"的理解方式进行反思的过程中，学者们认识到传统的理解方式主要是依据恩格斯、列宁的理解或苏联学者的理解来理解马克思主义哲学的，忽视了对马克思主义哲学的主要创始人马克思的著作的理解。马克思主义哲学是由马克思和恩格斯共同创立的，而马克思是主要的创立者。理解马克思主义哲学以恩格斯的理解来理解没错，但更应该以主要的创立者的理解为依据，其他人的理解都只能是理解的副本而不是原本。原本与副本之间由于作者和理解者之间存在间距，理解者对作者著作的理解就必然会存在误差。解释学意识的觉醒使学者们意识到传统理解视野的缺陷，因此他们提出"重新理解马克思""回到马克思"，要求重新关注马克思的著作，特别是马克思主义哲学创立时期的著作。在这种背景下，马克思的早期著作如《1844 年手稿》《神圣家族》，特别是《提纲》和《形态》被人们重新关注和研究。在文本理解视野下，理解者们重视《提纲》并对《提纲》进行了全面的解读。但由于多种视野相互冲突和碰撞，理解者们对《提纲》的理解呈现出多种形态。

　　从 20 世纪五六十年代开始，东欧和苏联各社会主义国家的马克思主义运动中掀起了"人道主义"思潮。我国则在 80 年代初以关于"人道主义和异化问题"的大讨论为标志，掀起了"人道主义"思潮。"人道主义"思潮是"反思哲学"中后期对马克思主义的一种理解方式，在 80 年代中期，由于官方意识形态的批评而暂时走向低潮。90 年代后，我国又

132

再度掀起"人道主义"思潮,尤其是 20 世纪 90 年代末 21 世纪初官方的"以人为本"的口号的提出,把"人道主义"思潮再度推向了高潮。"人道主义"思潮兴起之后,"人道主义"理解者,从价值观视野出发,为了论证人本主义的合理性,为了从马克思主义理论中为现实的"社会主义市场经济"的发展寻求合理性依据,纷纷从非马克思主义的文本《1844 年手稿》中寻求理论依据,而疏远《提纲》的合理思想。

2010 年前后,随着党中央对哲学社会科学的关注,学术界对《提纲》的理解又呈现出百家争鸣的状态。《提纲》中的实践观、新唯物主义、人的本质、市民社会、人与环境对教育的影响、马克思和恩格斯理解的差距等思想再度被关注。学者们利用新的文献资料重新研究《提纲》,马克思的哲学革命再度被重温。

一、"反思哲学"前期对《提纲》的重视和理解

在我国"反思哲学"前期,由于受"真理标准"大讨论的影响,学者们为论证"实践是检验真理的唯一标准",纷纷回到《提纲》,从《提纲》中寻找原著依据。从 20 世纪 70 年代末到 80 年代末,讨论"真理标准"问题的文章数以百计。从中央到地方、从机关到学校,无人不晓"实践是检验真理的唯一标准"。在论证"真理标准"的过程中,学术界也发起了对"实践"范畴的大讨论,学者们从《提纲》中认识到实践的重要性,认识到实践的观点是马克思主义哲学的根本观点,实践的思维方式是马克思主义哲学的根本思维方式,认识到实践在马克思主义哲学变革中的重要地位。但是,由于学者们从不同的角度和视野去论证,因而对《提纲》的理解呈现出多种不同的形态。

(一)对《提纲》中的新旧唯物主义区别的理解

针对传统的"辩证唯物主义"和"辩证唯物主义和历史唯物主义"的理解方式从唯物主义和辩证法的关系上去理解新旧唯物主义的区别,把旧唯物主义的主要缺点理解为机械性、形而上学性和历史观上的唯心主义,把新唯物主义理解为辩证法和唯物主义的统一,并把这一辩证唯物主义彻底贯彻于社会历史而创立历史唯物主义。"反思哲学"时期的马克思主义研究者重新解读《提纲》,并对新旧唯物主义的区别提出了不同的观点。

　　"反思哲学"时期，有些学者否定传统的"辩证唯物主义"和"辩证唯物主义和历史唯物主义"理解方式，指出马克思对新旧唯物主义区别的理解视角并不是从唯物主义和辩证法的关系去理解，而是从思维和存在的关系入手理解，并指出马克思在《提纲》中所揭示的旧唯物主义的主要缺点是离开实践活动去理解思维和存在的关系，而马克思的新唯物主义则是从实践出发来理解思维和存在的关系。如陈志良就认为："把辩证法与形而上学对立起来，这不是马克思主义哲学与旧唯物主义哲学的根本区别。从客体的角度，还是从主体的角度；从直观的角度，还是从实践、人的感性活动的角度出发来考察世界，这是马克思主义哲学与旧唯物主义哲学的根本区别，也是马克思主义哲学具有能动性，旧唯物主义哲学不具有能动性的根本原因。"① 张奎良则明确提出，新旧唯物主义的区别在于如何看待实践在哲学世界观中的意义和地位。他说："如何看待实践在哲学世界观中的意义和地位就成了新旧唯物主义的分界线。旧唯物主义抛开实践，对事物只从客体的或直观的方面去理解，而新唯物主义则突出实践，对事物从人的实践活动和实践主体方面去理解。对旧唯物主义特别是费尔巴哈直观唯物主义轻视实践的批判和对新唯物主义强调实践的肯定贯穿整个提纲，涵盖了认识、教育、宗教、社会生活等各方面。"② 王金福也指出："马克思不是以自己的辩证唯物主义与旧唯物主义相区别，而是以对感性对象的理解方式与旧唯物主义相区别。马克思不是把旧唯物主义叫作机械的或形而上学的唯物主义，而是把它们叫作'直观的唯物主义'。与机械的或形而上学唯物主义相对应的是辩证唯物主义，与'直观唯物主义'相对应的是'把感性理解为实践活动的唯物主义'即实践的唯物主义。"③

　　有些学者意识到传统的"辩证唯物主义"理解仅仅从认识论的角度理解实践的不足，特别重视和强调实践观在马克思主义哲学中的重要性，并

---

　　① 陈志良：《主体性原则和哲学现代化》，载《江海学刊》1987 年第 5 期，第 23 页。

　　② 张奎良：《马克思的哲学思想及其当代意义》，黑龙江教育出版社 2001 年版，第 95 - 96 页。

　　③ 王金福：《马克思的哲学在理解中的命运：对马克思主义哲学史的解释学考察》，苏州大学出版社 2003 年版，第 479 页。

认识到实践在区别新旧唯物主义时的重要性。如杨耕认为在《提纲》中马克思所说的旧唯物主义和唯心主义的缺点是不了解实践的意义，"旧唯物主义和唯心主义共同的主要缺点就是，二者都不理解人类实践活动及其意义。也正是由于这一主要缺点，在近代哲学中造成了唯物论和辩证法的分离；在旧唯物主义哲学中又形成了'唯物主义和历史彼此完全脱离'，即形成了唯物主义自然观和唯心主义历史观的对立"①。他认为新唯物主义之新是强调实践在人与自然之间进行物质交换的作用，"确认人以自身的活动所引起的人与自然之间的物质变换构成了现存世界的基础，这才是新唯物主义的'新'之所在，或者说是马克思唯物主义的'唯物'之所在"②。黄楠森也指出"旧唯物主义的错误不在于它肯定对象、现实的客观性，而在于忽视了实践对对象、现实的作用，忽视了人的活动的主体性，忽视了对象、现实由于实践的作用也带有不同程度的主体性"③。"马克思主义对旧唯物主义的批判主要表现在：一、旧唯物主义不理解外部世界（主要是人类生活其中的地球）是经过人类实践活动改造过的；二、不理解人的活动的主体性或主观能动性；三、没有把唯物主义原则贯彻于人类社会历史领域。"④

有些学者则试图把"辩证唯物主义"理解和"实践唯物主义"理解综合在一起，他们认为，"'实践的唯物主义'以实践为中介，把唯物主义和辩证法有机统一起来，把唯物主义的自然观和历史观有机统一起来，形成完整的科学体系。从这个意义上说，马克思的唯物主义是辩证唯物主义和历史唯物主义，也就是实践的唯物主义"⑤。他们认为《提纲》中所

---

① 杨耕：《"危机"中的重建——历史唯物主义的现代阐释》，中国人民大学出版社1995年版，第22页。

② 杨耕：《"危机"中的重建——历史唯物主义的现代阐释》，中国人民大学出版社1995年版，第23页。

③ 黄楠森：《〈德意志意识形态〉与当代中国马克思主义哲学研究的三个问题》，载《马克思主义研究》2005年第4期，第23页。

④ 黄楠森：《〈德意志意识形态〉与当代中国马克思主义哲学研究的三个问题》，载《马克思主义研究》2005年第4期，第24页。

⑤ 周泽之等：《社会历史之谜的科学解答：马克思主义经典著作选讲》，上海三联书店2007年版，第43页。

揭示的新旧唯物主义的根本区别在于"是否把世界观的基础建立在实践之上"①,"他们对'对象、现实、感性'只是从客体作用于主体的角度,即人对客体朴素直观的角度去理解,而没有从人对客观事物的能动作用,即人对客观事物的改造获得的角度去理解,这正是旧唯物主义的根本缺陷"②。他们对旧唯物主义的主要缺点的理解,虽然强调了实践的中介作用,但把意识的对象理解为是实践的结果,这仍然是把意识的对象理解为一种既成的存在物,而不是理解为实践活动本身,这仍然是一种旧唯物主义的理解方式。

有些学者关注《提纲》,他们认识到《提纲》中的旧唯物主义的缺点是直观性,这种旧唯物主义被马克思称为"直观的唯物主义"或"自然科学的唯物主义",马克思克服了旧唯物主义的直观性和自然性而创立了新唯物主义。与"直观的唯物主义"相对应的马克思的新唯物主义是"实践唯物主义",与"自然科学的唯物主义"相对应的马克思的新唯物主义是"历史唯物主义"。如俞吾金就说:"马克思哲学决不是在费尔巴哈式的唯物主义的基本立场上引申出来的,而是在对这一基本立场进行彻底改造的基础上,即在马克思所创立的实践唯物主义的基础上阐发出来的。如果说传统唯物主义(包括费尔巴哈唯物主义学说在内)是以感性直观为本质特征的话,那么马克思的哲学则是以实践活动为根本特征的,而实践活动乃是对感性直观的根本性的扬弃。明白这一点,就会抛弃'基本内核 + 合理内核 = 马克思哲学'的神话,从'费尔巴哈化'的马克思哲学走向马克思自己的马克思哲学。"③ 何畏也指出:"马克思……冲破了作为旧唯物主义发展最高峰的费尔巴哈人本学唯物主义(即自然唯物主义)的藩篱,以实践为基础,以人类社会及其主体的思维为对象,对思维和存在关系作出历史唯物主义的科学解决,从而破除以往一切哲学体系的旧套,把认识论、辩证法、逻辑学统一于历史唯物主义,形成了唯一科学的

---

① 周泽之、罗保国、刘国红等:《社会历史之谜的科学解答:马克思主义经典著作选讲》,上海三联书店 2007 年版,第 34 页。

② 周泽之、罗保国、刘国红等:《社会历史之谜的科学解答:马克思主义经典著作选讲》,上海三联书店 2007 年版,第 34 – 35 页。

③ 俞吾金:《让马克思从费尔巴哈的阴影中走出来》,见胡福明《马克思主义实践论与邓小平理论的哲学基础》(论文集),南京大学出版社 1998 年版,第 146 页。

历史唯物主义一体化哲学。"① 张一兵也认为旧唯物主义的根本缺点是其直观性和自然性,并把这种旧唯物主义称为"自然的唯物主义",认为马克思的哲学革命的实质就是从自然唯物主义走向历史唯物主义。他说:"从《德意志意识形态》中可以看出,马克思的新唯物主义基础显然不是自然唯物主义(哪怕是消除了机械性的费尔巴哈的唯物主义),也不是在社会历史领域承认物质条件的基始性的'社会唯物主义',而是一种基于马克思自己重新规定的人的历史性存在之上的新唯物主义。这就是马克思新哲学的基本规定:历史唯物主义!"②

(二) 对《提纲》中的"'革命的''实践批判的'活动"的理解

在"反思哲学"时期,学者们特别重视《提纲》中的实践观在马克思主义哲学中的地位。他们对《提纲》中的"'革命的''实践批判的'活动"在马克思主义哲学中的地位和作用提出了各种不同的理解。

传统的"辩证唯物主义"理解肯定《提纲》中的实践观的重要性,但实践观仅仅被局限在认识论的范围内,实践的观点是认识论的而不是整个马克思主义哲学的首要的和基本的观点。"反思哲学"时期有不少学者强调实践观,但他们不是仅仅限于在认识论内谈论实践观,而是把实践观扩展到了历史观的范围内。如黄枬森就否定传统的"辩证唯物主义"理解把实践理解为马克思主义哲学首要的观点的论断,认为实践观只有进入社会领域,才能成为首要的观点。他说:"我想顺便谈谈一种十分流行的观点,即主张实践观点是马克思主义哲学的基本的首要的观点。我认为说它是基本观点之一是可以的,说它是首要的观点就过分了。……只有进入社会领域,实践才能扮演首要观点的角色。"③ 因为他认为实践是历史观、社会观范畴,不是自然观、世界观范畴。"实践论属于历史观或社会观的

---

① 何畏:《马克思创立的是历史唯物主义一体化哲学》,载《哲学研究》1983年第6期,第23页。
② 张一兵:《马克思历史唯物主义中的历史概念》,载《哲学研究》1998年第9期,第6页。
③ 黄枬森:《哲学的科学之路——马克思主义哲学的科学体系研究》,北京师范大学出版社2005年版,第353页。

范围，不是世界观。"①

张一兵把实践理解为马克思主义哲学的根本的基础范畴，理解为马克思主义哲学的立足点和出发点。他认为"有着具体的、历史的和现实的社会物质发展基础的实践，才是马克思新世界观的真正起点"②。这种"实践概念之最简单、最基本的表述是：'人的感性活动'或'客观的活动'"③，即"把实践理解为感性的、对象性的活动，理解为现实的主体实际地改变对象世界的活动"④。"如果认为马克思的实践概念是他的历史观的基础和出发点，那么就不应该把它理解为脱离外部客观条件的单纯的主体活动，这种活动好像仅仅决定于人自身的观念和意志，而不受外部自然和社会物质条件的制约。"⑤"我以为，马克思的实践范畴是指在一定社会关系形式下实现的人和物、主体和客体相统一的能动的生活过程。它既是能动的，也是受动的；既是自由的，也是必然的，是'定在中的自由'，必然中的选择。对马克思来说，实践不仅是不同于人的单纯思想活动的感性活动，更重要的是这种活动同时是受人之外的客观物质条件的制约和决定的。抽去了这一点，就不是马克思主义的实践概念。"⑥

高清海则把实践放在一切哲学理论的基础的"本体"的位置上，把实践理解为马克思主义哲学用以观察一切问题的思维方式。他说，"对于'实践'观点来说，不能只看作仅仅用来回答认识基础、来源和整理标准等问题的一个原理，而应看作马克思主义哲学用以理解和说明全部世界观问题的一种崭新的思维方式"⑦。"要体现马克思主义哲学与旧哲学的区别，体现马克思主义哲学在哲学发展中革命性变革的实质和意义，就必须

---

① 黄枬森：《哲学的科学之路——马克思主义哲学的科学体系研究》，北京师范大学出版社 2005 年版，第 353 页。

② 张一兵：《实践：在何种意义上成为马克思科学方法论的基石——经济学视域中的〈关于费尔巴哈的提纲〉》，载《学习与探索》1998 年第 6 期，第 64 页。

③ 吴晓明：《历史唯物主义的主体概念》，上海人民出版社 1993 年版，第 110 页。

④ 吴晓明：《历史唯物主义的主体概念》，上海人民出版社 1993 年版，第 113 页。

⑤ 孙伯鍨：《马克思的实践概念——纪念〈关于费尔巴哈的提纲〉写作 150 周年》，载《哲学研究》1995 年第 12 期，第 7 页。

⑥ 孙伯鍨：《马克思的实践概念——纪念〈关于费尔巴哈的提纲〉写作 150 周年》，载《哲学研究》1995 年第 12 期，第 6 页。

⑦ 高清海：《论哲学观念的转变——哲学探进断想之一》，载《哲学研究》1987 年第 10 期，第 19 页。

把实践放在一切哲学理论的基础的位置上，必须把实践观点作为马克思主义哲学用以观察一切问题的崭新的思维方式去理解，必须运用实践观点的思维方式去看待并解决一切哲学问题。"① 他认为"实践就是主观见之于客观的活动，它在本质上属于主体的能动性活动"②。"实践就是人身上的物质性与精神性的结合点，自然性与社会性的结合点。"③ "实践活动作为物质运动最高级、最复杂，内容又最丰富的形式，它就是主体与客体、主观与客观相互规定、相互作用、相互转化的活动。"④ 从高清海对实践概念的这些界定我们可以知道，他所说的实践实质是"主客观统一"的活动。

何中华认为《提纲》中的实践观在马克思主义哲学中具有本体论的意义。他说："马克思确立的'实践'观点构成了《关于费尔巴哈的提纲》的核心问题。它不是认识论和狭义历史观的，而是本体论的。"⑤ 杨耕也持这种观点。他说："实践构成了人类世界得以生存和发展的基础，是人类世界真正的本体。这是一个动态的、不断发展、不断生成的本体，人类世界因此成为一个不断形成更大规模、更多层次的开放性。因此，我们也就不难理解马克思哲学的本体论为什么是实践本体论。"⑥ 除此之外，有少数学者则持相反的意见，否定实践具有本体论的意义。如王金福就认为"实践并不具有世界'本体'的意义，不是世界的本原，它只是自然、物质的特殊存在方式"⑦。实践是人的根本的存在方式，是意识的现实物质基础，是实践唯物主义的根本出发点。

对马克思的哲学作"实践唯物主义"理解的学者对实践提出了各种理

① 高清海：《哲学思维方式变革》，吉林人民出版社 1997 年版，第 79 - 80 页。

② 高清海：《高清海哲学文存 1——哲学的创新》，吉林人民出版社 1997 年版，第 125 页。

③ 高清海：《哲学思维方式变革》，吉林人民出版社 1997 年版，第 181 页。

④ 高清海：《高清海哲学文存 1——哲学的创新》，吉林人民出版社 1997 年版，第 125 页。

⑤ 何中华：《论马克思实践观的本体论向度——重读〈关于费尔巴哈的提纲〉》，载《河北学刊》2003 年第 7 期，第 66 页。

⑥ 杨耕：《重读马克思》，载《哲学动态》1998 年第 5 期，第 24 页。

⑦ 王金福：《马克思的哲学在理解中的命运——对马克思主义哲学史的解释学考察》，苏州大学出版社 2003 年版，第 495 页。

解。首先，他们把实践理解为人的根本的存在方式，理解为人类世界存在和发展的基础。如杨耕就说："通过重读马克思，我得出了一个关于马克思哲学的总体认识，即马克思的哲学是实践唯物主义。"[①]"按照马克思的观点，实践是人的存在方式，人通过实践使自然成为'社会的自然'，从而为自己创造了一个自然与社会'二位一体'的人类世界；在人类世界的运动中，实践具有导向作用，即人通过自己的实践活动'为天地立心''重整河山'，在物质实践的基础上重建世界。换言之，实践构成了人类世界得以生存和发展的基础，是人类世界真正的本体。"[②]"在历史观中，实践构成了人的存在方式和社会的本质。"[③]

其次，他们把实践理解为社会生活的本质。"实践唯物主义"理解者们普遍注意到了马克思《提纲》第八条的内容："社会生活在本质上是实践的。凡是把理论导致神秘主义的神秘的东西，都能在人的实践中以及对这个实践的理解中得到合理的解决。"[④]

再次，他们还把实践理解为意识的基础。实践对于意识的意义，最根本的体现在把实践理解为意识的基础。马克思在《提纲》和《形态》中对现实对象的实践理解方式受到了"实践唯物主义"理解者的普遍重视，但是，不同的"实践唯物主义"理解者对此的理解也不一样。许多"实践唯物主义"理解者把实践理解为意识的中介基础，也就是把实践理解为联结思维和存在、精神和物质、主观和客观的中介。如辛敬良认为"实践是人有意识的自觉的活动，又是感性的物质活动，它表现了主体和客体的相互作用，正是联结主观和客观的'桥梁'和中介"[⑤]。田其治也认为："实践是反映主体和客体、主观和客观之间的相互对立的'中介'环节。"[⑥] 这种理解实质上是把实践理解为"主客观统一"的活动。辛敬良明确提出，"实践既是主观的又是客观的，是主观性和客观性的统一"[⑦]。肖虹也认为"实践既不是纯客观的，也不是纯主观的，既是主观见之于客

① 杨耕：《重读马克思》，载《哲学动态》1998 年第 5 期，第 23 页。
② 杨耕：《重读马克思》，载《哲学动态》1998 年第 5 期，第 23 – 24 页。
③ 杨耕：《重读马克思》，载《哲学动态》1998 年第 5 期，第 24 页。
④ 《马克思恩格斯选集（第 1 卷）》，人民出版社 2012 年版，第 60 页。
⑤ 辛敬良：《马克思主义哲学导论》，复旦大学出版社 1991 年版，第 570 – 571 页。
⑥ 田其治：《也谈实践的定义》，载《晋阳学刊》1981 年第 2 期，第 71 页。
⑦ 辛敬良：《马克思主义哲学导论》，复旦大学出版社 1991 年版，第 19 页。

观,而且也是客观转化为主观的主客观统一的过程"①。而王金福教授则把实践理解为意识的对象。他根据《提纲》第一条"把对象、现实、感性……当作人的感性活动,当作实践去理解""从主体方面去理解""把人的活动本身理解为对象性的活动",而把主体人创造对象的实践活动理解为意识的对象。意识的对象不是主体活动之外的自然存在物,而是主体的创造性的客观物质活动即历史的实践。②这种理解实质上是否定把实践理解为"主客观统一"的活动,而把实践理解为人类活动的物质方面。这种感性的物质活动虽然与主观因素发生必然的关系,但其本身并不包括主观的要素。

(三) 对《提纲》在马克思主义哲学中的地位的评价

关于《提纲》在马克思主义哲学创立过程中的地位问题,一直是"反思哲学"时期学者们关注的重要问题。学者们根据对马克思的早期著作《提纲》《形态》和中晚期的著作如《1857—1858年经济学手稿》及《资本论》等所做的比较,对《提纲》的地位提出了不同的见解。

1. 认为《提纲》是马克思的哲学革命的诞生地

"反思哲学"时期的绝大部分的学者都承认《提纲》在马克思主义哲学中具有重要的意义,承认《提纲》是马克思哲学革命的诞生地。但是,有些学者却认为《提纲》只是马克思主义哲学创立的标志,《提纲》中的新世界观思想还不完善,马克思的新世界观在《形态》及其后的《1857—1858年经济学手稿》中才逐渐完善。姚顺良教授就针对这个问题进行了深入的讨论,提出了不同的观点。他认为"《提纲》就是一个新世界观的基本范式、基本要点、逻辑框架的基本文件,相当于'关于未来哲学宣言'这样一种东西"③。马克思新唯物主义哲学的本质内容在《提纲》的实践概念中已经得到了根本性的展示,在这之后的文本只是对这一已经

---

① 肖虹:《论实践的目的和实践的结果》,载《江汉论坛》1981年第2期,第53页。

② 王金福:《马克思的哲学在理解中的命运——对马克思主义哲学史的解释学考察》,苏州大学出版社2003年版,第113页。

③ 张一兵、姚顺良、唐正东:《实践与物质生产——析马克思主义新世界观的本质》,载《学术月刊》2006年7月,第35页。

形成的根本观点的具体化和逐步发展。他说:"从《1844 年经济学—哲学手稿》(以下简称《1844 年手稿》)之后,经过《神圣家族》,特别是《评李斯特》,然后到《提纲》,马克思基本上已经建立了其哲学的基本范式;从《提纲》到《形态》,主要是将其进一步展开,更系统化、具体化。……从《提纲》到《形态》是具体化展开、进一步发展,但是这种展开本身已是质变的关节点之后的发挥,是一个从《提纲》中的基本哲学范式、基本要点、逻辑框架即大纲式的东西的展开和系统阐发,而非质变,不存在根本思想的飞跃。这种展开是已建立基本的逻辑框架后的阐述,而不是思想本身的飞跃。"①

张一兵认为,《提纲》中的实践概念只是马克思新唯物主义哲学创立的起点,《形态》中的物质生产概念才真正显现了"历史科学"意义上的广义历史唯物主义的深层内涵。在《形态》中,马克思才提供了一般历史唯物主义的模型,但这并不是马克思和恩格斯心目中理想的历史唯物主义的最后形态。只有到了《1857—1858 年经济学手稿》(以下引文《1857—1858 年手稿》为简称),马克思的历史唯物主义和历史辩证法的科学方法才丰富完善。他说:"历史唯物主义和历史辩证法的科学方法论在这种重要的研究中被极大地加深和丰富了。所以我才说,历史唯物主义最终的完成,是在《1857—1858 年手稿》(包括其他《资本论》手稿)中。这才是马克思主义哲学发展的最高峰。我同样充分肯定《提纲》和《形态》在马克思主义哲学创立过程中的地位,但只是说那两个文本相对来说还不够完善。"②

唐正东认为,《形态》中的物质生产概念只是标志马克思的历史唯物主义理论基础的基本形成,马克思后期通过对政治经济学的研究,深化了对资本主义的私有制内在矛盾的理解,才完成了其历史唯物主义理论。他说:"《形态》体现了马克思历史唯物主义基本理论的达成,其标志是生产力和交往形式的矛盾运动规律的揭示;但我们不能说在这一著作中历史唯物主义的全部内容都已经实现了,因为马克思后来对生产力和生产关系

---

① 张一兵、姚顺良、唐正东:《实践与物质生产——析马克思主义新世界观的本质》,载《学术月刊》2006 年 7 月,第 34 页。

② 张一兵、姚顺良、唐正东:《实践与物质生产——析马克思主义新世界观的本质》,载《学术月刊》2006 年 7 月,第 39 页。

概念都加以进一步深化和丰富。"①"我的定位是：《形态》标志了历史唯物主义基本理论的达成，而马克思后面的著作包括《资本论》在内，则是对历史唯物主义全部内容的完成。"②

针对张一兵教授和唐正东教授的观点，姚顺良教授提出："马克思主义哲学包括历史唯物主义的确立，与其完成、成熟、完备化、最高峰不是一个概念。我的想法是：承认决定性的关节点是在1845年的《提纲》，后面到了《1857—1858年手稿》更成熟，后者是对历史唯物主义原理的进一步精确化。现在的问题是，能不能把《提纲》的不完善，与其实现的根本性变革区别开来，即总的哲学范式、观察世界的视角变化是决定性的，然后用这个视角来理解、批判世界，并为实践的改变现实作论证。这两者不同，是两回事。"③

侯惠勤教授则认为："在马克思主义哲学史上，马克思和恩格斯的世界观经历了由唯心主义和革命民主主义向唯物主义和共产主义，再向辩证唯物主义、历史唯物主义和科学共产主义的两次转变。这两次转变的过程也就是马克思主义哲学的形成过程，是哲学领域革命变革实现的过程。《德意志意识形态》（以下有时简称《形态》）就是这个过程大致完成的标志。"④

2. 认为《1844年手稿》是马克思哲学革命的起点，《提纲》和《形态》则是马克思哲学革命的全面展开和集中表述

王东教授认为，"马克思哲学革命是一个过程，而不是一次性行为。马克思哲学革命的起点不是1845年的《关于费尔巴哈的提纲》，而是《1844年经济学哲学手稿》"⑤　（以下引文的《手稿》皆为《1844年手

---

① 张一兵、姚顺良、唐正东：《实践与物质生产——析马克思主义新世界观的本质》，载《学术月刊》2006年7月，第36页。

② 张一兵、姚顺良、唐正东：《实践与物质生产——析马克思主义新世界观的本质》，载《学术月刊》2006年7月，第40页。

③ 张一兵、姚顺良、唐正东：《实践与物质生产——析马克思主义新世界观的本质》，载《学术月刊》2006年7月，第39页。

④ 侯惠勤：《〈德意志意识形态〉的理论贡献及其当代价值》，载《高校理论战线》2006年第3期，第23页。

⑤ 王东，刘军：《马克思哲学革命的源头活水和思想基因——〈1844年经济学哲学手稿〉的新解读》，载《理论学刊》2003第5期，第25页。

稿》)。他还明确做出界定,"这里的起点有两层含义:历史起点和逻辑起点。历史起点意指马克思实现哲学革命的历史开端应被前溯到 1844 年 4—8 月,尤其是 8 月写作《手稿》的第四手稿部分,即对黑格尔哲学进行批判这一时期。逻辑起点是指马克思哲学体系建立的初始范畴和理论基石应是实践范畴,而马克思第一次系统表达自己的实践观思想是在《手稿》中"①。"马克思的《关于费尔巴哈的提纲》是马克思哲学革命过程中的展开环节。它将《手稿》时期形成的实践观外化到对存在观、世界观、历史观、哲学观的思考中,并在'十一条论纲'中作了提纲挈领的表述,从而构成马克思哲学实践观论纲的外篇。"②

　　张奎良教授也认为马克思的哲学革命的发源地是《1844 年手稿》。他说:"马克思以其实践唯物主义彻底摆脱了黑格尔和费尔巴哈的影响,将唯物主义由费尔巴哈的直观形态推进到实践形态,实现了哲学发展的划时代伟大变革。所以,只有实践唯物主义才标志着一种新的'把感性理解为实践活动'的思维方式和世界观的创生,体现了马克思走完了其思想发展由'不成熟'到'成熟'的过程。而实践唯物主义正是发源于《手稿》,在《手稿》中业已形成并表述了实践唯物主义的基本思想。"③

　　吴晓明教授也认为《1844 年手稿》是马克思主义哲学的秘密和诞生地。他认为"《提纲》作为马克思独立的新世界观的最初理论表现,其核心的主导原则乃是'实践批判'活动(或约言之,'实践')"④,"实践"就是"人的感性活动"或"对象性活动"。而"对象性活动"这一提法正是在《1844 年手稿》中提出来的。"'对象性的活动'这一提法,本身体现了《1844 年经济学哲学手稿》的哲学主线,而《关于费尔巴哈的提纲》

――――――――――

　　① 王东,刘军:《马克思哲学实践观思想的内外篇——〈1844 年经济学哲学手稿〉和〈关于费尔巴哈的提纲〉》,载《武汉大学学报(人文科学版)》2003 第 1 期,第 5 页。

　　② 王东,刘军:《马克思哲学实践观思想的内外篇——〈1844 年经济学哲学手稿〉和〈关于费尔巴哈的提纲〉》,载《武汉大学学报(人文科学版)》2003 第 1 期,第 5 页。

　　③ 张奎良:《哲学革命变革的源头和对"历史之谜"的解答——纪念马克思写作〈1844 年经济学哲学手稿〉160 周年》,载《现代哲学》2004 年第 1 期,第 11 页。

　　④ 吴晓明:《思入时代的深处:马克思哲学与当代世界》,北京师范大学出版社2006 年版,第 214 页。

和《德意志意识形态》予以充分阐述的'实践'原则乃是其直接的逻辑后承，并且富有特征地表现着马克思哲学的革命性变革，表现着马克思开启的崭新的思想地平线，表现着新世界观基础中关乎本质的东西。"① 所以，《1844 年手稿》才是马克思主义哲学的诞生地。

（四）对马克思主义哲学革命的实质的理解

通过对《提纲》中所揭示的新旧唯物主义区别的理解，学者们揭示了马克思主义哲学革命的实质。不过，由于学者们理解的视野不同，因而他们对马克思的哲学变革的实质的理解分歧很大。大致可分为以下四种观点。

1."辩证唯物主义"的理解

"辩证唯物主义"理解方式的辩护者认为，传统的"辩证唯物主义"理解"它基本上是科学的，不能推翻，只能发展，而且必须发展。为什么？因为它是一门科学。而科学就是推不翻的，但一定会随着实践的发展而发展，除非它是一门伪科学"②。所以，他们坚持"辩证唯物主义"理解方式，认为马克思创立的哲学就是"辩证唯物主义"，"辩证唯物主义在马克思主义哲学的各种名称中是最确切的名称，为了突出历史唯物主义的重要地位而把二者并列起来，称为辩证唯物主义和历史唯物主义当然也是可以的"③。对于传统的"辩证唯物主义"理解方式，他们不谈革命，只谈发展，认为"马克思主义哲学今天面临两方面的任务，一是捍卫马克思主义哲学——辩证唯物主义与历史唯物主义的基本观点，一是建构与当代社会发展水平相适应的有中国特色的马克思主义哲学的新形态，也就是振兴、弘扬和发展马克思主义哲学的任务"④。

① 吴晓明：《思入时代的深处：马克思哲学与当代世界》，北京师范大学出版社 2006 年版，第 4 页。
② 黄枬森：《哲学的科学之路——马克思主义哲学的科学体系研究》，北京师范大学出版社 2005 年版，第 58 页。
③ 黄枬森：《哲学的科学之路——马克思主义哲学的科学体系研究》，北京师范大学出版社 2005 年版，第 357 页。
④ 黄枬森：《哲学的科学之路——马克思主义哲学的科学体系研究》，北京师范大学出版社 2005 年版，第 82 页。

2．"狭义历史唯物主义"的理解

"反思时期"的"狭义历史唯物主义"理解方式认为，传统的"辩证唯物主义和历史唯物主义"理解并没有正确揭示马克思主义哲学革命的实质，马克思的哲学革命是创立历史唯物主义（实质是"狭义历史唯物主义"）。历史唯物主义的创立，实现了哲学主题、哲学基本问题、哲学出发点、哲学理论体系的变革。

（1）历史唯物主义的创立，实现了哲学主题的变革。

"狭义历史唯物主义"理解者认为，旧唯物主义的研究主题是自然，或整个世界的一般本质，而不关心人和人类历史。传统的"辩证唯物主义和历史唯物主义"理解虽然有"历史唯物主义"部分，但是这只是马克思主义哲学的一个部分，并不是马克思主义哲学的核心内容，马克思主义哲学的核心内容是对整个世界的一般本质的看法。而且在讲"历史唯物主义"的时候，是离开人的实践去理解社会存在和社会意识，因而不能真正突出人的主体性。而马克思主义创立的历史唯物主义，它的变革就体现在实现了哲学主题的变换，它的主题不是自然或世界的一般本质，而是人或人类社会。如何畏就认为："只要以马克思主义哲学的对象是包括自然、社会在内的'整个世界'为前提，视'历史唯物主义'只是马克思主义哲学的一部分，就无法避免逻辑矛盾与违背史实之虞。因此，重新探讨马克思主义哲学的对象就成为解决问题的前提。"① 他认为，"马克思主义哲学研究的对象不是囊括自然、社会和思维三大领域的'整个世界'及其三个'一般规律'"，"从马克思主义哲学创立历史过程来看，只有'关于现实的人及其历史发展的科学'才是马克思主义哲学探讨的宗旨"。②

（2）历史唯物主义的创立，实现了哲学基本问题的变革。

"狭义历史唯物主义"理解者认为，在传统的"辩证唯物主义"理解中，思维和存在的关系问题是马克思主义哲学的基本问题。而在新唯物主义中，随着研究主题的转化，哲学的基本问题也发生了相应的变化。正如

---

① 何畏：《马克思创立的是历史唯物主义一体化哲学》，载《哲学研究》1983年第6期，第21页。

② 何畏：《马克思创立的是历史唯物主义一体化哲学》，载《哲学研究》1983年第6期，第27页。

俞吾金所说，"如果承认历史唯物主义是马克思主义哲学的最本质的内涵，那么，思维和存在的关系也不可能是马克思主义哲学的基本问题了"①。马克思主义的"哲学基本问题就显现为以下两个方面的辩证统一：一是人对自然的关系，二是人对人的关系"②。

（3）历史唯物主义的创立，实现了哲学出发点的变革。

"狭义历史唯物主义"理解者认为，旧唯物主义立足于自然存在或物质存在，从自然存在出发来解释问题，马克思的新唯物主义则"立足于人类历史活动"，从"物质实践出发来解释观念的东西"。实践是人的根本的存在方式，所以，从实践出发来解释问题，就是从人的历史存在出发来解释问题。如何畏所说："马克思创立的哲学与以往一切哲学的立足点根本不同，以往一切哲学无不是离开实践着的现实的人及其现实社会，而从抽象的非现实的人的精神来谈论哲学。马克思离开旧哲学的基地，从哲学与现实的联系中找到了新的哲学基地——社会实践。整个马克思主义哲学就是按照'实践唯物主义'的总题目来安排的，其根本特征就是把社会实践作为历史的基础，从实践出发来说明现实的人及其历史发展。"③

（4）历史唯物主义的创立，实现了哲学理论体系的变革。

"狭义历史唯物主义"理解者认为，本体论是"形而上学"的，是旧哲学的特征。本体论关心的是整个世界的终极根源，关心整个世界的一般本质。而马克思主义哲学的变革，就是抛弃本体论的思维方式，不再关心无人的世界，而是关心人的现实的世界，立足于人的现实世界来探讨人的现实世界的本质和规律。所以，无论是唯心主义的精神本体论，还是唯物主义的物质本体论，都不再是马克思主义哲学的理论体系的内容。如张一兵就说："马克思的新世界观中已经没有旧的本体论。"④"马克思的哲学

---

①　俞吾金：《重新认识马克思的哲学和黑格尔哲学的关系》，载《哲学研究》1995 年第 3 期，第 27 页。

②　俞吾金：《重新认识马克思的哲学和黑格尔哲学的关系》，载《哲学研究》1995 年第 3 期，第 27 页。

③　何畏：《马克思创立的是历史唯物主义一体化哲学》，载《哲学研究》1983 年第 6 期，第 22 页。

④　张一兵：《历史唯物主义、历史认识论与历史批判理论》，载《哲学研究》1999 年第 10 期，第 21 页。

是对旧哲学本体论的拒绝，是一种全新的科学的革命的方法论。"①

3. "实践唯物主义"的理解

"实践唯物主义"理解方式认为马克思的哲学革命就是创立实践唯物主义。实践唯物主义的创立，实现了哲学主题、哲学基本问题、哲学出发点、哲学基本范畴、哲学基础理论、哲学理论体系和哲学功能的变革。

（1）实践唯物主义的创立，实现了哲学主题的变革。

"实践唯物主义"理解方式认为，旧唯物主义的主题是自然，关注对自然的认识而不是对自然的改造。而马克思主义的新唯物主义的主题是人类社会，它真正关心人的解放，首先是无产阶级的解放。如杨耕就说："与传统哲学关注宇宙本体不同，马克思主义哲学关注的是人类世界，注目于现实的人及其发展。对于马克思主义哲学来说，'全部问题都在于使现存世界革命化'，即以现实的人及其发展为坐标来重新'安排周围世界'。这样，马克思变哲学的聚焦点从宇宙本体转向人类世界，从而使哲学的主题发生了根本的转换。"② 王吉胜也持这种观点。他认为："实践唯物主义的哲学主题也发生必然的转换：它不再探究世界的本原问题，而是研究人与自然，人与人之间的相互关系、相互作用。"③

（2）实践唯物主义的创立，实现了哲学基本问题的变革。

"实践唯物主义"理解方式认为，由于马克思主义哲学的主题已经由旧唯物主义关注的自然转变为人类世界，所以必然引起哲学基本问题的变革。俞吾金就认为："如果承认历史唯物主义是马克思主义哲学的最本质的内涵，那么，思维与存在的关系也不可能是马克思哲学的基本问题了……哲学基本问题就显现为以下两个方面的辩证统一：一是人对自然的关系，二是人对人的关系。"④

杨耕、陈志良也认为："思维和存在的关系问题作为哲学基本问题，一方面具有永恒性；另一方面，在不同时代的哲学思维坐标系统中又有不

---

① 孙伯鍨、张一兵：《走进马克思》，江苏人民出版社 2001 版，第 140 页。
② 杨耕：《重读马克思》，载《哲学动态》1998 年第 5 期，第 23 页。
③ 王吉胜：《实践唯物主义三题》，载《哲学动态》1991 年第 5 期，第 19 页。
④ 俞吾金：《重新认识马克思的哲学和黑格尔哲学的关系》，载《哲学研究》1995 年第 3 期，第 27 页。

同的形式，处于不断更新之中。"① "哲学基本问题的现代与近代形式的区分，在于对这一问题理解的坐标转换。这一坐标转换表现为三个方面：1. 从客体出发转换到从主体出发；2. 从实体出发转换到以从功能过程出发；3. 从静态出发转换到从动态出发。实践唯物主义的创立正是这种坐标转换的标志，因而实践唯物主义是现代形态的唯物主义。"②

（3）实践唯物主义的创立，实现了哲学出发点或思维方式的变革。

"实践唯物主义"理解方式认为，旧唯物主义哲学的出发点是自然（或物质），而马克思的新唯物主义的出发点是实践。不同的哲学出发点体现了不同的思维方式，旧唯物主义是从自然出发来理解问题的直观的思维方式，而马克思创立的实践唯物主义是从实践出发来理解问题的实践思维方式。正如张奎良所说："实践唯物主义意味着一种崭新的世界观，这是因为它确立了一种前所未有的全新的思维方式。这种思维方式以人的主体地位为前提，以人的实践活动为中心，把事物、现实、感性当作人的实践过程和结果去理解。"③ 有些学者把新旧唯物主义这两种思维方式称为"主体思维方式"和"客体思维方式"，"主体性原则"和"客体性原则"，或"主体坐标系统"和"客体坐标系统"。④

（4）实践唯物主义的创立，实现了哲学基本范畴的变革。

"实践唯物主义"理解方式认为，旧唯物主义哲学体系的最基本的范畴是"自然""物质"，而马克思的实践唯物主义哲学体现的基本范畴是实践。正如肖前所说："实践范畴是马克思主义哲学体系的核心和基础范畴。"⑤ 杨耕说："'实践'范畴在实践唯物主义中是一个首要的基本的范

---

① 陈志良、杨耕：《实践唯物主义是唯物主义的现代形态》，载《哲学动态》1989 年第 3 期，第 17 页。

② 陈志良、杨耕：《实践唯物主义是唯物主义的现代形态》，载《哲学动态》1989 年第 3 期，第 17 页。

③ 张奎良：《马克思的哲学思想及其当代意义》，黑龙江教育出版社 2001 年版，第 97 页。

④ 李景源：《论马克思的实践唯物主义》，载《哲学研究》1988 年第 11 期，第 14 – 17 页。

⑤ 肖前：《实践是马克思主义哲学的出发点范畴——访肖前教授》，载《哲学动态》1994 年第 7 期，第 2 页。

畴。""实践是马克思哲学之魂。"① 陈志良说："实践唯物主义的'实践'，是人类以主体地位来改造世界、社会和人自身的物质活动，它是整个哲学的起点和总体性范畴。"②

（5）实践唯物主义的创立，实现了哲学基础理论的变革。

"实践唯物主义"理解方式认为，旧唯物主义的基础理论是物质一元论的一般世界观，而马克思的实践唯物主义则实现了基础理论的变革，以科学实践观作为其基础理论。如肖前就说："实践唯物主义是以科学的实践观为其首要和基本观点的唯物主义。"③ 杨耕说："'实践唯物主义'是一种全局性、根本性的定义，它所要表明的不仅仅是一种要把理论付诸行动的哲学态度，更重要的，是指实践的观点是马克思主义哲学的首要的和基本的观点，'实践'是马克思哲学的建构原则。"④ 李景源说："马克思是以实践概念为起点，来逐步构建自己的哲学体系的。"⑤

（6）实践唯物主义的创立，实现了社会历史观的变革。

"实践唯物主义"理解方式认为，在社会历史观的变革上，旧唯物主义因为缺乏科学的实践观，不了解实践活动对于人类生活的意义，所以在历史观上陷入唯心主义；而辩证唯物主义理解方式则把唯物史观看成是辩证唯物主义原理在历史观中的推广和应用，这些理解都不符合马克思的新唯物主义的理解。"实践唯物主义"理解者认为，唯物史观并不是"推广应用"的结果，而是创立科学实践观的结果，科学实践观本身就是唯物史观。

（7）实践唯物主义的创立，实现了哲学功能的变革。

马克思在《提纲》和《形态》中关于哲学的实践功能的论述受到了"实践唯物主义"理解者的关注，他们认识到旧唯物主义只停留在解释世界的层面，而马克思的实践唯物主义则强调对现存世界的批判和改造。马克思主义哲学是指导无产阶级的和广大人民群众变革世界的强大

① 杨耕：《重读马克思》，载《哲学动态》1998 年第 5 期，第 24 页。
② 陈志良：《实践范畴再认识》，载《哲学动态》1988 年第 12 期，第 39 页。
③ 肖前：《实践是马克思主义哲学的出发点范畴——访肖前教授》，载《哲学动态》1994 年第 7 期，第 2 页。
④ 杨耕：《重读马克思》，载《哲学动态》1998 年第 5 期，第 24 页。
⑤ 李景源：《论马克思的实践唯物主义》，载《哲学研究》1988 年第 11 期，第 18 页。

武器。

4."超越"的"实践哲学"的理解

"超越"的"实践哲学"理解方式认为，马克思的哲学革命就是创立了"超越"唯物主义、唯心主义两极对立的"实践哲学"。正如高清海所说："马克思主义哲学诞生的秘密、变革的实质，恰恰就在于对抽象的两级对立模式的超越。"① 实践哲学的创立，实现了哲学主题、哲学世界观内容、哲学出发点和思维方式、哲学基本问题的变革。

（1）实践哲学的创立，实现了哲学主题的变革。

在马克思以前，哲学的主题基本上是世界的终极本原问题，由此形成了两种基本的对立的哲学思维方式，就是唯物主义和唯心主义的思维方式。唯物主义和唯心主义哲学，都是以探究世界本原为主题的哲学思维方式，在答案上互相对立，而在哲学的主题上则是一致的。正如高清海所说："马克思主义哲学以前的唯物主义哲学和唯心主义哲学，分别从对立的两极去思考思维与存在、精神与物质、人与世界的关系问题，始终僵持于本原问题上的自然本体与精神本体的抽象对立。"② 然而，没有永恒的哲学主题，"哲学主题是随着人的自我意识水平的发展而不断转换的"③。马克思主义哲学的主题不再是整个世界的一般本质的问题，而是人的问题。"马克思关心和注重研究的是人的历史生成和人的现存世界及其未来的发展问题，例如在《德意志意识形态》这部著作里所论述的。"④

（2）实践哲学的创立，实现了哲学世界观内容的变革。

哲学主题的变革意味着哲学世界观内容的变革。"超越"的"实践哲学"理解者认为，马克思主义哲学的世界观所理解的"世界"不再是

---

① 高清海：《高清海哲学文存 1——哲学的创新》，吉林人民出版社 1997 年版，第 135 页。

② 《哲学动态》记者：《全国哲学观念变革讨论会侧记》，载《哲学动态》1988年第 10 期，第 27 页。

③ 《哲学动态》记者：《全国哲学观念变革讨论会侧记》，载《哲学动态》1988年第 10 期，第 28 页。

④ 高清海：《哲学思维方式的历史性转变——论马克思〈提纲〉和〈形态〉哲学变革的实质》，见《高清海哲学文存 1——哲学的创新》，吉林人民出版社 1997 年版，第 87 页。

旧唯物主义所理解的整个世界的一般本质，而是人的世界，所以马克思主义哲学的世界观内容实质上是对人的自我了解。如高清海所说："所谓哲学，表达的实质上是人对自己的观点，这不只是说，人总是从人出发去看待世界、为了人的目的而去研究世界；而主要是说，哲学对世界的认识实际上不过是对人自己的认识，它是通过世界以理解、把握人自身的存在及其活动的性质、意义和价值的。当然，这句话反过来也意味着，人也总是从对自己的理解中去把握外部世界。这样，在哲学史上才出现这种情况：哲学是怎样理解人的，它也就怎样去理解世界；哲学关于世界不同观点的分歧和论争，表现的实质都是对自身的不同看法。"① 其晚年虽然不再公开提倡"超越"的"实践哲学"，而转向提倡"类哲学"，但"类哲学"实质正是他关于马克思主义哲学主题转换和哲学世界观内容转换的继续。

（3）实践哲学的创立，实现了哲学出发点和思维方式的变革。

"超越"的"实践哲学"理解者认为，马克思哲学变革的实质首先在于实现哲学思维方式的变革，唯物主义是从存在（自然、物质）出发去解释问题的思维方式，唯心主义是从思维、意识出发去解释问题的思维方式，而马克思主义是从实践出发去理解问题的思维方式。实践是马克思主义哲学的出发点，实践观是马克思主义哲学的根本理论基础。正如高清海所说，唯物主义和唯心主义，"实质是一种思维方式，即都是从两极对立中试图直接地把它们统一起来的思维模式……这种认识方式在人类认识尚不够发达的历史阶段仍是不可避免的。只有经过这一发展阶段充分暴露出所含矛盾的内容之后，才有可能克服它们，发现出统一二者的真实基础和中介。马克思恰好在这一转折点上，他的功绩就在于发现了这一基础，实现了思维方式的转变"②。"马克思把实践作为理解一切哲学问题、解决各种哲学纷争的立足点和出发点，这就意味着确立了一种崭新的思维模式。这种思维模式既不是单纯从脱离人的自然出发，也不是单纯从脱离自然的人出发，既不是单纯以本原存在为依据，也不是单

① 高清海：《人是哲学的奥秘——我对哲学如是说》，载《哲学研究》1993 年第 6 期，第 26 页。

② 高清海：《再论实践观点的超越性本质》，载《哲学动态》1989 年第 1 期，第 3 页。

纯以超越自然形态为依据，而是从人和自然、主体和客体、主观性和客观性在现实活动中的相互作用关系出发，以本原存在和超越形态在现实活动中的统一关系为依据，去观察各种事物、理解现实世界、回答两重化矛盾的思维方式。"① 所以，他"认为马克思最大的贡献就在于把哲学理论奠立在实践的基础上，由此根本改变了哲学思维方式，使哲学进入新的发展阶段"②。

（4）实践哲学的创立，实现了哲学基本问题的变革。

"超越"的"实践哲学"理解者认为，唯物主义、唯心主义的对立，根源于对思维和存在何者为世界的本原、何者为第一关系的解答；唯物主义、唯心主义派别的划分，根源于把思维和存在的关系问题作为哲学的基本问题。但是，不仅哲学的主题是变动的，哲学基本问题本身也是变动的。思维和存在的关系问题是近代哲学的基本问题，不再是现代哲学的基本问题，不再是马克思主义哲学的基本问题，所以对马克思的哲学就不应再问一个唯物主义或唯心主义的问题。高清海说："唯物论和唯心论是围绕世界本原问题而形成的哲学派别，在一定认识阶段有十分重要的意义。但哲学的课题是经常转换的，哲学并不总是停留在揭开宇宙之谜、探究万物本原的阶段。哲学按其本质说，主要是探究体现着人和自然矛盾的属人世界的奥秘。因而唯物论和唯心论的争论并不具有永恒的意义。"③ 所以，"只有从属人世界与自然世界的矛盾去理解世界观的内容，才能正确地把握并深刻理解马克思主义哲学在理论观点上变革的实质"④。孙正聿也持这种观点，他认为："从对立的两极出发，并以抽象的两极对立关系为基础而形成的旧唯物论和旧唯心论，被探索两极融合、过渡和转化的中介哲学——现代哲学——所取代了。这种取代，是迄今为止的最深刻的哲学革命。它改变了哲学的提问方式和追求方式，从而改变了人类的致知取向、

① 高清海：《再论实践观点的超越性本质》，载《哲学动态》1989 年第 1 期，第 4 页。
② 高清海：《再论实践观点的超越性本质》，载《哲学动态》1989 年第 1 期，第 3 页。
③ 高清海：《重新评价唯物论唯心论的对立》，载《哲学动态》1989 年第 4 期，第 42 页。
④ 高清海：《论哲学观念的转变——哲学探进断想之一》，载《哲学研究》1987 年第 10 期，第 19 页。

价值取向和审美取向，即从深层改变了人类的思维方式。"①

纵观我国"反思哲学"前期各种理解方式对马克思的《提纲》的理解，虽然观点各异，但他们都关注了《提纲》第一条的核心思想，意识到实践在马克思主义哲学变革中的重要地位以及《提纲》在马克思主义哲学中的重要地位和意义。总体而言，在我国"反思哲学"前期，《提纲》格外受到重视。然而，随着"人道主义"思潮在我国的兴起，《提纲》的命运发生了变化。

二、"反思哲学"中后期对《提纲》的疏远

我国 20 世纪 80 年代初以关于"人道主义和异化问题"的大讨论为标志，掀起了一场"人道主义"热潮。"人道主义"思潮是"反思哲学"中后期对马克思主义的一种理解方式，在 20 世纪 80 年代中期，由于官方意识形态的批评而暂时走向低潮。20 世纪 90 年代后期，"人道主义"思潮又再度掀起，丛大川的"实践人道主义"和高清海的"类哲学"思想就是"人道主义"思想的继续。尤其是 20 世纪 90 年代末、21 世纪初，官方的"以人为本"口号的提出，把"人道主义"思潮再度推向高潮。"人道主义"思潮兴起之后，"人道主义"理解者从价值观视野出发，为了论证人本主义的合理性，为了从马克思主义理论中为现实的"社会主义市场经济"的发展寻求合理性依据，纷纷从非马克思主义的文本《1844 年手稿》中寻求理论依据，而疏远了《提纲》。

（一）"人道主义"思潮的兴起和发展

在传统的理解中，"人道主义"作为资产阶级的意识形态而被理解为是与马克思主义相对立的一种唯心主义历史观而受到反对。在"反思哲学"时期，随着"真理标准"的讨论，学术界被禁锢已久的思想得到了解放，学者们在重新理解传统思想的时候，对传统理解的"人道主义"思想也进行了反思。在 20 世纪 80 年代前半期，以关于"人道主义和异化问题"的大讨论为标志，学术界发表了数以百计的文章讨论"人道主义和异

---

① 孙正聿：《从两极到中介——现代哲学的革命》，载《哲学研究》1988 年第 8 期，第 7 页。

化问题"。这次讨论主要是围绕马克思主义人的学说来展开的。争论由"什么是马克思主义的出发点"引起，进而引发出马克思主义和人道主义的关系、人道主义与社会主义异化等问题的讨论。

王若水在 1980 年 8 月发表的《人是马克思主义的出发点》起着开路先锋的作用。王若水认为，"人既是马克思主义的出发点，又是马克思主义的归宿点。我们不应该简单地否定人道主义这个口号和概念"①。马克思主义继承了人道主义，也可以说马克思主义与人道主义是相吻合的。"马克思始终是把无产阶级革命、共产主义同人的价值、人的尊严、人的解放、人的自由等问题联系在一起的。这是最彻底的人道主义。"当然，"不能把马克思主义全部归结为人道主义，但是马克思主义是包含了人道主义的。正如我们所主张的不是别的唯物主义而是马克思主义的唯物主义一样，我们所主张的人道主义也不是别的人道主义而是马克思主义的人道主义（或社会主义的人道主义、革命的人道主义，等等）"②。

"人是马克思主义的出发点"的观点提出后，在理论界引起了极大的反响。1984 年 1 月胡乔木在《关于人道主义和异化问题》中认为马克思前期与后期对人的看法有区别，马克思在后期"有了新的出发点，并由此出发而建立了科学体系。在这个根本问题上，是不容含糊的。提出'人是马克思主义的出发点'这样的命题，这就离开了马克思主义的根本思想，抛弃了马克思主义之所以成为马克思主义的东西，抹煞了马克思主义之所以区别于非马克思主义的实质。这样，马克思主义在历史观上所完成的革命变革实际上就被一笔勾销了"③。由此，对"什么是马克思主义的出发点"的问题争论就引发了马克思主义和人道主义的关系问题的讨论。

在批评传统哲学理解的"人道主义"思想和对马克思的著作进行重新理解研究的基础上，国内的许多学者提出，马克思主义是人道主义的思想。如王若水在考察了马克思早晚期的一系列著作后得出结论："从这里可以清楚地看出，马克思始终是把无产阶级革命、共产主义同人的价值、人的尊严、人的解放、人的自由等问题联系在一起的。这是最彻底的人道

---

①　王若水：《为人道主义辩护》，生活·读书·新知三联书店 1986 年版，第 1 页。

②　王若水：《为人道主义辩护》，生活·读书·新知三联书店 1986 年版，第 231 页。

③　胡乔木：《关于人道主义和异化问题》，人民出版社 1984 年版，第 15 页。

主义。这里不存在西方一些马克思主义研究者说的什么早期的'人道主义的马克思'和晚期的'非人道主义的马克思'的区别。"① 汝信也持这种观点。他更明确地说："马克思主义是一种最彻底的人道主义。"② 周扬认为，马克思主义是现实的人道主义。"我们都知道，从文艺复兴以来，崇尚人的全面发展是资产阶级人道主义的基本标志之一。……但是几个世纪以来，先进人们崇尚的人的全面发展的理想，只有到了马克思主义这里，才有实现的可能。因为马克思主义与以往的人道主义不同，马克思主义找到了实现人的全面发展理想的现实依据和方法，即改变旧的社会关系，取消私有制，建立社会主义、共产主义。而以往人道主义者幻想在人奴役人的社会里，靠'理性力量''泛爱''美'等唯心主义说教，实现人的全面发展，那只能是一句空话。在这个意义上，不妨说，马克思主义确实是现实的人道主义。"③ 薛德震认为，只要我们不是停留于抽象的议论而是具体分析，"我们就会发现在科学社会主义的理论和实践中有丰富的马克思主义的人道主义内容"。如"革命的人道主义""社会主义的人道主义"，用"马克思主义的人道主义"来表述这些思想是比较准确和科学的。④ 尹继佐认为，"人道主义就是以人为对象，以人的价值、尊严、幸福和解放等等为内容的哲学理论。……人道主义决不是资产阶级专有独用的；马克思主义也有自己的人道主义，而且是真正的人道主义，是马克思主义哲学的有机组成部分"⑤。

在讨论人道主义问题的过程中，涉及对人的价值、地位、尊严的失落或复归等问题的讨论，这就不可避免涉及与此密切相关的异化劳动问题的

---

① 王若水：《为人道主义辩护》，生活·读书·新知三联书店 1986 年版，第 231 页。

② 汝信：《人道主义就是修正主义吗？——对人道主义的再认识》，见《人性、人道主义问题讨论集》，人民出版社 1983 年版，第 31 页。

③ 周扬：《关于马克思主义的几个理论问题的探讨》，载《人民日报》1983 年 3 月 16 日。

④ 薛德震、黄枬森、王守昌等：《有没有马克思主义的人道主义——北京大学"马克思主义与人"学术讨论会部分发言摘要》，载《哲学动态》1983 年第 6 期，第 1－2 页。

⑤ 薛德震、黄枬森、王守昌等：《有没有马克思主义的人道主义——北京大学"马克思主义与人"学术讨论会部分发言摘要》，载《哲学动态》1983 年第 6 期，第 5 页。

讨论。在讨论中，学者们对在社会主义建设过程中是否存在异化现象这一问题进行了激烈的争论。

周扬在1983年3月16日的《人民日报》上发表的《关于马克思主义的几个理论问题的探讨》指出，我们承认社会主义比资本主义有极大的优越性，"但这并不是说，社会主义社会就没有任何异化了。在经济建设中，由于我们自食其果，没有认识社会主义建设这个必然王国，过去就干了不少蠢事，到头来是我们自食其果，这就是经济领域的异化。由于民主和法制的不健全，人民的公仆有时会滥用人民赋予的权力，转过来做人民的主人，这就是政治领域的异化，或者叫权力的异化。至于思想领域里的异化，最典型的就是个人崇拜"。"彻底的唯物主义者应当不害怕承认现实。承认有异化才能克服异化。""异化的根源并不在于社会主义制度，而在于我们的体制上和其他方面的问题。"① 王若水对周扬的观点持赞同态度，他认为在社会主义里，"实践证明还是有异化的。不仅有思想上的异化，而且有政治上的异化，甚至经济上的异化"②。薛德震也认为社会主义社会存在异化现象，他指出了社会主义存在"精神生活领域的异化""科学技术领域的异化""权力的异化"等，还指出要正视社会主义社会中存在的异化现象。他说："现在我们承认人类在改造自然和改造社会的过程中可能会出现异化现象，也正是为了正视它、认识它、预防它和克服它，求得'人与自然的和谐发展'和'人与社会的和谐发展'。"③

针对周扬和王若水的观点，胡乔木提出批评，指出他俩在讨论人道主义和异化问题时"抛开对具体问题作具体分析的方法，把如此复杂的问题简单化为一个社会主义的异化，似乎有很深刻的内容，实际上思想极为贫乏。它在认识上不能推进任何对真理的接近，在实践上不能提供任何解决的办法。他还说："宣传人道主义世界观、历史观和社会主义异化论的思潮，不是一般的学术理论问题，而是关系到是否坚持马克思主义的基本原

---

① 周扬：《关于马克思主义的几个理论问题的探讨》，载《人民日报》1983年3月16日。

② 王若水：《为人道主义辩护》，生活·读书·新知三联书店1986年版，第189页。

③ 薛德震：《驳在异化问题上所谓两个马克思对立的观点》，原载《江汉论坛》1981年第5期，收入《以人为本构建和谐社会20论》，人民出版社2006年版，第9页。

理和能否正确认识社会主义实践的有重大现实政治意义的学术理论问题。在这个问题上带有根本性质的错误观点，不仅会引起思想理论的混乱，而且会产生消极的政治后果。"① 自此，对人性、异化和人道主义问题的讨论渐趋沉寂。②

20世纪90年代后"人道主义"思潮又再度掀起，高清海"类哲学"思想和丛大川的"实践人道主义"就是"人道主义"思想的继续。高清海在晚年重新理解哲学，提出了"类哲学"的概念。1994年10月，高清海在《学术月刊》上发表了长文《人的未来与哲学未来——类哲学引论》，他指出：人是哲学的主题和实质，人类在经历了群体本位、个体本位之后，正在走向类本位的时代，因此，类哲学既是当代哲学的应有形式，也是未来哲学的形态。该文发表后，引起了广泛的关注。高清海指出，要推进当代哲学的建构，就"要用人的方式理解人，以类哲学的方式看待哲学。所谓以人的方式理解人，就是要破除物种的思维方式。人按其本性看，是一种类存在物，具有类本性，只有从类性去了解人性，把人性了解为类性，才能抓住人与物的本质区别。以往哲学在看待人性时，总是在人与物的区别中认识人，把人的本质理解为劳动、实践、社会存在物，等等，然而，这只是人与物的区别而已，而不是人所具有的本性，我们可以从人与物的区别中举出人之异于物的许多本质规定，却无法真正认识人、认识人的本质。从人与物的区别中认识人，就是物种的方式，就是知性思维和形式逻辑的方法，而不是辩证逻辑的方式。……应用辩证思维的高度认识人、把握人，把人的本质看成是不断变化的，而不是试图给出关于人的本质和最终定义。以这样的视角看待人，把人理解为一种类存在，在此基础上形成的哲学就是类哲学，这也是马恩哲学的现代解释"③。从高清海的介绍可以看出，其"类哲学"实质是人道主义哲学。"类哲学"是高清海前期提出的"超越"的实践哲学的继续，只不过"超越"的实践哲学中的"人道主义"思想是隐含的，而"类哲学"则把这一"人道

---

① 胡乔木：《关于人道主义和异化问题》，人民出版社1984年版，第67页。

② 张锡金：《开端：关于人道主义与异化的讨论》，载《学海》2003年第6期，第187—189页。

③ 高清海：《高清海哲学文存2——哲学的奥秘》，吉林人民出版社1997年版，第170页。

主义"思想公开出来。高先生的"类哲学"并不像许多人那样明确强调马克思主义哲学是人道主义，但其思想实质就是马克思主义的人道主义。

丛大川在 20 世纪 90 年代发表了许多文章公开强调"实践人道主义"思想就是马克思主义哲学。他说："以马克思的名字命名的马克思主义哲学，是一种唯物主义的科学观点，还是一种人道主义的价值观念……我取'实践人道主义'的马克思主义哲学观。"① 他认为"马克思的'实践人道主义'已是无产阶级的哲学意识形态，是以异化劳动理论为基础的形成中的唯物史观，是与费尔巴哈人本学根本对立的'新世界观'，它的创立实现了人类哲学史上的真正的哥白尼式的哲学革命"②。丛大川所提出的这种"实践的人道主义"，不再是对世界的一种科学解释，而是一种价值观念。他说："马克思的哲学观念不是认知求是的科学和知识形态的科学唯物主义观点，而是评价求善的价值和意义形态的实践人道主义观念。"③ "作为无产阶级和进步人类的价值观念的马克思哲学，其内在精神实质是实践的人道主义，其理论形态是超越科学的否定、批判、革命、扬弃、超越性的实践精神辩证法，它为人类树立起掌握必然、克服异化、改变现状、创造更适合人的自由全面发展理想社会的崇高价值观念。"④ 丛大川的这种观点实质上就是把马克思主义哲学理解为人道主义价值观。

20 世纪 90 年代末、21 世纪初，官方"以人为本"口号的提出引发了学术界对"以人为本"思想的讨论，"以人为本"成为近 20 年来在刊物上出现频率极高的词汇。学术界的讨论主要涉及的问题有：什么是"以人为本"？马克思主义学说中有"以人为本"的思想吗？"以人为本"与马克思主义哲学是什么关系？"以人为本"的理论意义和实践意义是什么？等等。这些问题的讨论，又一次掀起了"人道主义"思想的浪潮。此思潮

---

① 丛大川：《是唯物主义的科学观点还是人道主义的价值观念——我的'实践人道主义'的马克思主义哲学观》，见任平等《当代视野中的马克思主义哲学》，苏州大学出版社 1999 年版，第 852 页。

② 丛大川：《关于马克思的"实践的人道主义"的几点看法》，载《云南学术探索》1993 年第 2 期，第 21 页。

③ 丛大川：《是科学唯物主义还是实践人道主义？——与王金福、刘怀玉、朱宝信同志谈马克思哲学的本性》，载《理论探讨》1997 年第 6 期，第 90 页。

④ 丛大川：《是科学唯物主义还是实践人道主义？——与王金福、刘怀玉、朱宝信同志谈马克思哲学的本性》，载《理论探讨》1997 年第 6 期，第 92 页。

的影响比第一次更加深远，其不仅是在学术界，在社会各界也产生了影响。"以人为本"的思想深入到各行各业："发展经济要以人为本""发展科学技术要以人为本""教育要以人为本""文艺要以人为本""体育要以人为本""管理要以人为本""哲学要以人为本"等等，"以人为本"成了社会上的一句时髦的口头禅。

（二）《1844 年手稿》是"人道主义"思潮的哲学据点

纵观"人道主义"思潮在中国的兴起和发展历程，可以看出其关注的问题主要是：社会主义社会中是否存在异化现象？马克思主义与人道主义的关系是什么？是否存在"马克思主义的人道主义"？对这些问题的分析与论证离不开马克思的《1844 年手稿》，因为《1844 年手稿》的哲学内容正是围绕着人的问题展开的。马克思在《1844 年手稿》中描述了大量人本主义和异化思想，并明确宣布共产主义是彻底的人道主义，这就为对马克思主义作"人道主义"理解的思想找到了一个非常重要的依据。所以，学术界对《1844 年手稿》抱有很大的热情，纷纷从《1844 年手稿》中寻找马克思主义的"人道主义"思想，论证马克思是"人道主义的马克思"。他们从《1844 年手稿》中找到了以下的依据。

第一，马克思把自己的学说称为"人道主义"。许多学者引用马克思在《1844 年手稿》和《神圣家族》中把自己的学说称为"人道主义"的句子，来证明马克思主义是"人道主义"。如汝信说："实际上，马克思自己也明确指出，他的'这种共产主义，作为完成了的自然主义，等于人道主义'。"[1] 王若水也指出，马克思在《1844 年手稿》中就宣布："无神论是以扬弃宗教作为自己的中介的人道主义，共产主义则是以扬弃私有财产作为自己的中介的人道主义。"[2] "在一八四四年《手稿》里，马克思曾经称自己的共产主义思想是'实践的人道主义''积极的人道主义''完成了的人道主义'；直到《神圣家族》里，马克思仍然自称'真正的人道

---

① 汝信：《人道主义就是修正主义吗？——对人道主义的再认识》，见《人性、人道主义问题讨论集》，人民出版社 1983 年版，第 24 页。
② 王若水：《为人道主义辩护》，生活·读书·新知三联书店 1986 年版，第227 页。

主义'。"①

第二，人是马克思主义的主题，是马克思主义的出发点。许多学者把"人道主义"简单地理解为关于人的学说，因此认为，马克思主义是以人为主题、以人为出发点的，所以说马克思主义就是人道主义。汝信说："马克思主义学说本身，则不仅不忽视人，而且始终是以解决有关人的问题作为自己的出发点和中心任务的。"②"只要我们不抱成见地采取科学的客观态度，那就不能不承认，当马克思开始作为一个共产主义者踏上自己的发展道路时，他所最为关心的也正是有关人的问题。"③ 高清海说："马克思关心和注重研究的是人的历史生成和人的现存世界及其未来的发展问题。"④ 王若水说："抽象的人不是马克思主义的出发点，现实的人是马克思主义的出发点。"⑤

第三，马克思认为人是人的最高价值，人是目的而不是手段。许多学者依据马克思著作中提到的"人是人的最高本质"这一费尔巴哈命题引申出"人是人的最高价值"或"人是目的而不是手段"这两个命题，并把这两个命题看作是"马克思主义人道主义"的基本原则。正如王若水所说："人道主义也和唯物主义一样，是有许多派别的。不管社会主义人道主义和以往的人道主义有多么大的不同，既然都是人道主义，它们就有共同点。这个共同点在我看来就是人的价值。把人、人的价值放在首位，这是一切形式的人道主义都承认的。"⑥ 而马克思在他的学说中多次谈到人的价值问题。如汝信说："他（马克思）在对资本主义社会里的人的处境

---

① 王若水：《为人道主义辩护》，生活·读书·新知三联书店1986年版，第231页。

② 汝信：《人道主义就是修正主义吗？——对人道主义的再认识》，见《人性、人道主义问题讨论集》，人民出版社1983年版，第22页。

③ 汝信：《人道主义就是修正主义吗？——对人道主义的再认识》，见《人性、人道主义问题讨论集》，人民出版社1983年版，第24页。

④ 高清海：《哲学思维方式的历史性转变——论马克思〈提纲〉和〈形态〉哲学变革的实质》，见《高清海哲学文存1——哲学的创新》，吉林人民出版社1997年版，第79页。

⑤ 王若水：《为人道主义辩护》，生活·读书·新知三联书店1986年版，第256页。

⑥ 王若水：《为人道主义辩护》，生活·读书·新知三联书店1986年版，第255页。

和地位的深刻分析，以及对未来共产主义社会里的人的展望，都贯彻着一种把人的价值放在第一位的人道主义精神。"[1]

第四，马克思始终是一位人道主义者，不存在"两个马克思"的对立。为了证明"人道主义"理解的正确性，许多学者否定了西方学者提出的"两个马克思"对立的思想，认为马克思的前后思想是一致的，马克思始终是一位人道主义者。如王若水说："从这里可以清楚地看出，马克思始终是把无产阶级革命、共产主义同人的价值、人的尊严、人的解放、人的自由等问题联系在一起的。这是最彻底的人道主义。这里不存在西方一些马克思主义研究者说的什么早期的'人道主义的马克思'和晚期的'非人道主义的马克思'的区别。"[2] 尹继佐说："马克思的人道主义是一贯的，如果要从统计学上说的话，单以《资本论》《剩余价值学说史》和《1857年经济学手稿》这三部书为限，有关人道、异化的思想比早期还要多得多。"[3] 薛德震还通过对《政治经济学批判》《剩余价值理论》和《资本论》等著作中的异化观思想的考察来证明马克思的思想中不存在"两个马克思"的对立。他说："我们围绕着异化等概念，通过对《政治经济学批判》《剩余价值理论》和《资本论》三部巨著所作的简要考察，可以清楚地看出，马克思在这些著作中，不但根本没有抛弃异化等概念，而且在凡是需要使用这些概念的地方，从不回避；在使用这些概念时，没有丝毫的踌躇。马克思也根本没有背弃对扬弃劳动异化和人性异化，实现共产主义和人的全面、彻底解放这个崇高目标的热烈追求和科学探讨。而马克思的这些思想，同《1844年经济学哲学手稿》相比，虽然在用词用语的精确性方面有所提高，在其理论的广度和深度方面有所发展和前进，但在其基本立场和观点，在其精神实质方面则是一脉相承、基本一致的，

---

① 汝信：《人道主义就是修正主义吗？——对人道主义的再认识》，见《人性、人道主义问题讨论集》，人民出版社1983年版，第24页。

② 王若水：《为人道主义辩护》，生活·读书·新知三联书店1986年版，第231页。

③ 薛德震、黄枬森、王守昌等：《有没有马克思主义的人道主义——北京大学"马克思主义与人"学术讨论会部分发言摘要》，载《哲学动态》1983年第6期，第6页。

根本不存在两个马克思的对立。"①

从以上的几点依据可以看出,"反思哲学"中后期的许多学者完全是从价值观的视野出发来考察马克思主义哲学的。他们为了论证马克思具有"人道主义"思想,只关注马克思的早期的著作。有些学者虽然也研究了《提纲》之后的一些著作如《政治经济学批判》《剩余价值理论》和《资本论》等,但其目的只是寻找其中的"人道主义"思想。虽然有些学者也承认马克思的思想存在一个从非马克思主义向马克思主义转变的阶段,但他们把分界线界定在《1844年手稿》,认为马克思的新世界观思想在《1844年手稿》中已经诞生,虽然期间还有一些费尔巴哈的"痕迹",但并不影响新世界观的特征的表现。正如尹继佐所说:"如果把1845年《德意志意识形态》以前划为马克思的早期,那么1844年《手稿》正是新世界观形成的标志,尽管有'痕迹',尽管不完善,甚至带有思辨色彩,但无论如何,马克思把哲学和经济学连在一起了,从经济事实、从实践活动出发来考察哲学了,这就是新世界观的特征。"② 虽然他们已经认识到实践的观点在马克思主义哲学中的重要性,并把实践作为区分新旧唯物主义的标志,如王守昌就把实践作为区分新旧唯物主义的标志,他说,"事实上马克思在这里已明确提出了实践的观点(这是马克思主义哲学与一切旧唯物主义的根本区别所在)"③,但他们看重的是《1844年手稿》中的实践思想,而不是《提纲》中的实践思想。他们认为《提纲》中所提到标志新世界观诞生的"实践"思想在马克思的《1844年手稿》中就已经出现,所以只关注《1844年手稿》而不关注《提纲》。《提纲》在"人道主义"思潮中遭遇了被冷落和疏远的命运。

---

① 薛德震:《驳在异化问题上所谓两个马克思对立的观点》,原载《江汉论坛》1981年第5期,收入《以人为本构建和谐社会20论》,人民出版社2006年版,第242-261页。

② 薛德震、黄枬森、王守昌等:《有没有马克思主义的人道主义——北京大学"马克思主义与人"学术讨论会部分发言摘要》,载《哲学动态》1983年第6期,第6页。

③ 薛德震、黄枬森、王守昌等:《有没有马克思主义的人道主义——北京大学"马克思主义与人"学术讨论会部分发言摘要》,载《哲学动态》1983年第6期,第3页。

三、新时代对《提纲》的再度关注

2010 年前后，随着我国进入新时代，以习近平同志为核心的党中央对哲学社会科学的发展高度重视。为了推动 21 世纪的中国马克思主义的蓬勃发展，学术界对《提纲》的理解又呈现出百家争鸣的状态。《提纲》中的自然观、生态观、实践观、新唯物主义、人的本质、人与环境对教育的影响、马克思和恩格斯理解的差距等思想再度被关注。学者们利用新的文献资料重新研究《提纲》，马克思的哲学革命再度被重温。

（一）关注《提纲》中的自然观、生态观

自 21 世纪以来，党中央围绕生态文明建设出台了一系列方针政策。党的十七大以来，党中央坚持以科学发展观统领经济社会发展全局，创造性地提出了建设生态文明的重大战略部署。十七大提出，"各地区、各部门认真落实党和国家关于建设生态文明的重大战略部署，经济社会发展与资源环境更加协调，可持续发展能力得到增强，生态环境质量得到改善，生态文明观念在全社会进一步得到树立，生态文明水平得到提高"。党的十八届三中全会进一步提出，"建设生态文明必须建立完整的生态文明制度体系，实行最严格的源头保护制度、损害赔偿制度、责任追究制度，完善环境治理和生态修复制度，用制度保护生态环境。将人与自然和谐相处提高到国家的战略层次"。在这样的政治背景下，学者们开始关注《提纲》中的自然观和生态观思想。

李龙强和李桂丽先后写了《马克思主义实践观与生态文明建设——〈关于费尔巴哈的提纲〉中人与自然关系的当代解读》与《〈关于费尔巴哈的提纲〉中的自然观及其当代启示》来解读《提纲》中的自然观和生态观思想。他们指出，马克思在《提纲》中就人与自然的关系做了精辟论述。马克思批判旧唯物主义者把自然对人的影响看作决定性因素的看法，是一种消极的"环境决定论"，从而全面论述了人与环境、主体与客体的辩证关系。马克思认为，人们通过实践活动改变自然、形成"人化自然"的过程，也是自然影响、改变人的过程，是主体客体化与客体主体化相统一的过程，这是人与自然关系辩证统一的真实写照。马克思主义理论中包含的唯物主义自然观和历史观，自然的人化和人的自然化等观点，是我们

深刻理解生态危机、建设生态文明的一把钥匙。[①]

他们还指出，《提纲》中包含着丰富的自然观点。马克思通过对费尔巴哈相关思想的批判分析，指出实践关系是人与自然的基本关系，要求我们从人与社会的本质关系中去把握人与自然的关系。马克思还从哲学立脚点和哲学历史使命角度论证了人与自然的关系及其背后的社会关系，并指出了解决自然、经济、社会问题的途径和方法，这些思想对我国社会主义生态文明建设具有积极的指导意义。[②]

王雅君在《结合〈关于费尔巴哈的提纲〉试析马克思主义实践观与生态文明建设的关系》中，分析了马克思主义实践观与生态文明建设的关系，理论联系实际，通过实践观指导当前的生态文明建设问题。[③]

单提平在《历史的自然与自然的历史——从〈关于费尔巴哈的提纲〉第 1 条看唯物史观的生态视角》中指出，历来解读《提纲》的侧重点集中在马克思的主体性思想上，但却忽略了马克思在文本意义和历史意义上的生态视角，也即历史与自然相互交织作用的视角。他认为，费尔巴哈通过神学的批判瓦解了超自然和自然的对立，马克思则进一步通过实践的存在论瓦解了历史与自然的对立，开创了在实践基础上解决人与自然矛盾的新生态视角。在费尔巴哈所处的时代，工业革命已有一个多世纪的发展，这不仅带来了世界面貌的巨大变化，也引发了人与自然的危机，物质利益的争夺破坏了人与自然的关系。德国在 18 世纪和 19 世纪之交的浪漫主义运动以及谢林的自然哲学都对此进行了强烈的回应，显露出生态哲学的先声。从理论渊源上来说，费尔巴哈是和浪漫派哲学一脉相承的。浪漫主义对工业革命的消极后果有极为深刻的批判，是费尔巴哈哲学登上历史舞台的重要背景。他从此背景出发去考察费尔巴哈的文本，从费尔巴哈的自然唯物主义的角度去解读《提纲》的思想。如他认为在费尔巴哈看来，"对象、现实、感性"是指广义的自然，并非泛指一般客体。"回到费尔

---

① 参见李龙强、李桂丽《马克思主义实践观与生态文明建设——〈关于费尔巴哈的提纲〉中人与自然关系的当代解读》，载《甘肃理论学刊》2012 年第 2 期，第 60 页。

② 参见李龙强、李桂丽《〈关于费尔巴哈的提纲〉中的自然观及其当代启示》，载《山东社会科学》2017 年第 2 期，第 181 页。

③ 参见王雅君《结合〈关于费尔巴哈的提纲〉试析马克思主义实践观与生态文明建设的关系》，载《经济师》2016 年第 4 期，第 51 页。

巴哈的文本语境，我们可以清晰地看到他在界定'对象、现实和感性'中采取了'现实'与'感性对象'相通的立场，并非泛指一般客体，因为'凡有现实性的现实事物或作为现实的东西的现实事物，乃是作为感性对象的现实事物，乃是感性事物。……只有通过感觉，一个对象才能在真实的意义之下存在——并不是通过思维本身'。那么，什么是'现实'呢？费尔巴哈这样界定：'现实的总和就是自然（普遍意义的自然）。'所谓普遍意义上的自然，不仅包括自然本身，也包括从自然存在意义上来看待人。要言之，在费尔巴哈看来，'对象、现实、感性'是指广义的自然。"①

（二）对《提纲》文本的新解读

1. 对《提纲》第一条的新解读

安启念教授认为，20 世纪 80 年代，对马克思主义哲学做实践唯物主义的解读一度成为学术界的热点。这种解读受解读者的主观实践需要的影响。当时改革开放的号角刚吹响，正在兴起的社会主义市场经济的发展，需要人们大胆去闯去试。所以，学者们高举人的主体性旗帜，掀起了一股强大的实践唯物主义思潮。这股思潮极大地推动了马克思主义哲学在我国的发展，但是现在看来这种理解并没有全面反映《提纲》第一条的丰富内涵，没有准确理解马克思的实践概念的深刻含义。《提纲》第一条的实践观，既强调人的能动性，也强调人的受动性，实践活动是人的能动与受动的统一。我国的实践唯物主义思潮对人的受动性关注不够，这是它的重要不足。这一不足使它既不能明确地区别于唯心主义，也无法揭示马克思所理解的人的发展与解放之路。②

马克思在《提纲》第一、二两条指出，实践是人的受动性（唯物主义因素）与能动性（唯心主义因素）在唯物主义基础上的结合，第三条运用上述思想批评旧唯物主义片面强调人是环境的产物，提出人通过实践活动与环境相互作用、协同发展。以上思想是一种大唯物史观，它是马克思

① 单提平：《历史的自然与自然的历史——从〈关于费尔巴哈的提纲〉第 1 条看唯物史观的生态视角》，载《山东社会科学》2015 年第 4 期，第 28 – 29 页。
② 参见安启念《〈关于费尔巴哈的提纲〉第一条思想再探——兼评我国实践唯物主义思潮的实践观》，载《高校理论战线》2011 年第 6 期，第 24 – 28 页。

哲学思想的核心，是他哲学探索的最后成果。大唯物史观揭示了人、社会、自然界的发展机制，包含实现人类解放这一马克思毕生追求的价值目标。它体现了人的主体性，把人、社会、自然作为有机整体来看，从一个角度超越了唯物主义和唯心主义的对立，对认识世界和改造世界都具有重要的方法论意义。①

何中华教授认为，表面看来，《提纲》第一条的内容是批判旧唯物论（包括费尔巴哈唯物论）的致命缺陷，实质上，该条的基本蕴意在于揭示"唯物—唯心"及其对立的学理基础和社会根源。《提纲》第一条指出，"受动的方面"被唯物论抽象地发展了，而"能动的方面"则被唯心论抽象地发展了。由于都脱离了实践，无可逃避的后果是："从前的一切唯物主义（包括费尔巴哈的唯物主义）的主要缺点是：对对象、现实、感性，只是从客体的或者直观的形式去理解，而不是把它们当作感性的人的活动，当作实践去理解，不是从主体方面去理解"；相反，"能动的方面却被唯心主义抽象地发展了"。唯心论之所以导致这种"抽象地发展"，就在于它"不知道现实的、感性的活动本身"。吊诡的是，唯物论和唯心论是相互对立、截然相反的，但双方的局限性却又是一致的和共同的。它们对立的学理基础，恰恰在于这种共同的缺陷。因此，马克思认为唯物论和唯心论必须同时被扬弃。只有马克思所确立的那种"把感性理解为实践活动的唯物主义"，也就是"实践的唯物主义"，才能真正实现对"从前的一切唯物主义"和"唯心主义"的双重清算。②

姜涌教授以资本与劳动关系作为切入点，从政治经济学的角度诠释《提纲》第一条。他认为马克思当时的语境主要是政治经济学，旨在褒扬劳动主体性，批判资本主义社会中的劳动异化现象，唯物史观的建构只是其"副产品"。《提纲》之前的《1844年手稿》《神圣家族》，以及《提纲》之后的《形态》等，都是为马克思写作政治经济学服务的，目的是解答其中的世界观问题。《提纲》第一条中的主题论述在于从劳动主体性出发批判资本主体性。在马克思看来，不研究政治经济学，就不可能"获

① 参见安启念《再读〈关于费尔巴哈的提纲〉前三条——论马克思的核心哲学思想及其方法论价值》，载《马克思主义与现实》2015年第3期，第33页。

② 何中华：《超越"唯物—唯心"之争的纲领——再读马克思〈关于费尔巴哈的提纲〉第1条》，载《山东社会科学》2015年第4期，第12-14页。

得理解人类历史发展的过程的钥匙"①，从而不可能创立唯物史观。而《提纲》第一条正是马克思劳动主体性的正义坐标。

2. 对《提纲》第二条与"真理标准"关系的新解读

国内学界通常把《提纲》第二条作为"实践是检验真理的标准"的文本依据。鲁克俭教授认为，这一条与"真理标准"毫无关系。如果说该条与认识论有关的话，也是与批判"不可知论"有关，与某一具体理论的真理性的检验问题无关。因为马克思的《提纲》是针对费尔巴哈的。在批判不可知论问题上，马克思显然不同意费尔巴哈以及黑格尔仅仅从理论上来解决问题的做法。在马克思看来，在理论上无法真正解决不可知论。如果说康德认为以知性方式来论证超验的理性问题（如上帝、自由）永远存在"二律背反"，那么马克思进一步认为，"不可知论"既不能以知性方式来解决，也无法以理性方式（像黑格尔那样）来解决。所以，这个问题不仅仅是理论理性的问题，也不仅仅是实践理性的问题，而是感性的对象性活动，即现实的实践问题。②

3. 对《提纲》第三条的新解读

国内学界对《提纲》第三条通常从实践与教育的关系角度去解读。而鲁克俭教授则认为这条最能体现《提纲》与《1844年手稿》之间的密切关系。其一，《提纲》与《1844年手稿》的关系非常密切。马克思在《提纲》中放弃了《神圣家族》中对共产主义的论证思路，又回到了《1844年手稿》的劳动（实践）—历史辩证法思路。其二，基于先于主客二分的实践的"人的自我改变"与"环境的改变"的统一，《提纲》是马克思唯物史观从《1844年手稿》到《形态》转换的枢纽。在《1844年手稿》中，马克思把工业私有财产、家庭、国家、宗教、艺术、科学等都看作是人的本质（力量）异化（即对象化）的产物，而在《形态》中，马克思遵循的是从社会存在到社会意识，从生产、经济基础到上层建筑的进路。在《1844年手稿》和《形态》中，都蕴含了"人的自我改变"及"环境的改变"的思想，但在《1844年手稿》中，其内在的逻辑是人的本质

---

① 姜涌：《马克思劳动主体性的正义坐标——〈关于费尔巴哈的提纲〉第1条新解读》，载《山东社会科学》2015年第4期，第23页。

② 参见鲁克俭《基于 MEGA2 的〈关于费尔巴哈的提纲〉文本研究：一个路线图》，载《创新》2016年第1期，第12页。

（力量）的异化；在《形态》中，其内在的逻辑是生产（即生产的逻辑）。①

4. 对《提纲》第十条的新解读

单提平认为，学界一直把新唯物主义立脚点解读为未来的社会主义社会或共产主义社会，并强调社会化的人类是无产阶级。他对《提纲》第十条加以考辨，表明"新唯物主义的立脚点"应该是指社会现实生活，并且应在个体与社会之间的张力中加以把握。马克思把新唯物主义的立脚点界定为"人类社会或社会的人类"，但中文语境中"人类"和"社会"都是集合名词，有同义反复之嫌，不妨译作"人的社会或社会的人"。可以把"human"看作现实的个人，与作为集合名词的"society"正好相反相成，它们正是在相互界定的张力中生发出意义来的。"人的社会"强调社会对现实的个人的生成性，"社会的人"强调社会对现实的个人的制约性。这种辩证关联在历史实践中体现为动态的点，把握人就是立足于人在社会关系中表征为怎样的历史的存在、实践的存在。②

5. 对《提纲》第十一条的新解读

何中华教授认为，马克思在《提纲》第十一条中所说的解释世界和改变世界的关系，很多学者倾向于认为是加和性的补充关系，即在解释世界的基础上再加上改变世界，但这其实是一种误解。从整个《提纲》的立意和马克思哲学的用心看，解释世界和改变世界只能是超越和替代的关系，它们是"非此即彼"的，亦即体现着两种完全不同、互盲互斥的哲学视野和立场。如果说解释世界是认识论的、静观的、形式逻辑的看待方式，那么改变世界则是存在论的、动观的、辩证逻辑的看待方式。从解释世界向改变世界的"格式塔"转变和过渡，标志着马克思所建构的新哲学观的确立，也标志着马克思所引发并完成的哲学范式的革命性重建。③

单提平认为，在理解和执行马克思这句名言时，我们不只是关注"改

---

① 参见鲁克俭《基于 MEGA2 的〈关于费尔巴哈的提纲〉文本研究：一个路线图》，载《创新》2016 年第 1 期，第 13 页。

② 参见单提平《从"立脚点"重思新唯物主义"新"在何处——〈关于费尔巴哈的提纲〉第 10 条的考辨》，载《山东社会科学》2013 年第 6 期，第 23 – 26 页。

③ 参见何中华《解释世界和改变世界：是补充还是超越？——再读马克思〈关于费尔巴哈的提纲〉第 11 条》，载《天津社会科学》2019 年第 3 期，第 11 – 22 页。

变世界"本身，而更应该从马克思实践哲学的总体出发，注意到它所隐含的两个维度，即理论建构和伦理诉求。伦理诉求就是全人类告别主奴关系的存在结构，真正达到人的解放和自由。这种伦理道德维度隐含在实践哲学本身中。当理论构建与伦理诉求同实践本身相协调时，马克思哲学的真理性就能得到最大的展现和释放。①

（三）对《提纲》中的教育观的关注

学界有不少学者关注《提纲》中的教育观思想，他们通过对第一条的实践观，第三条的人与环境、教育的关系，以及第六条人的本质的理论的解读，挖掘这几条理论对教育的指导意义。朱慧欣在《马克思教育哲学的革命性变革及其实现路径——基于〈关于费尔巴哈的提纲〉第三条的考察》一文中指出，18 世纪法国唯物主义哲学家从机械唯物论和人本学唯物主义出发，得出教育和环境对人起决定作用的结论。马克思剖析了这种唯物主义在人和环境、人和教育关系问题上的错误观点，批判了教育万能论，从阶级性和实践性两个方面阐述了实践教育观，开启了教育哲学新范式，对重新审视当今教育困境具有重要的启发意义。在马克思的教育哲学中，"人"是教育的根本目的，而当今由于知识中心主义的泛滥，多数教育活动却把"人"作为实现个人价值的工具，忙于向学生灌输知识，而忽视他们的思想和道德，在片面追求智育的过程中与我们的教育初衷渐行渐远。马克思教育哲学的全部主旨在于实现人的全面而自由的发展，每个人的自由发展是一切人自由发展的条件，"革命的实践"则是实现这一主旨的主要手段。②

肖婷婷、彭建国在《〈关于费尔巴哈的提纲〉第三条对高校思想政治教育的启示》一文中指出，马克思在《提纲》第三条中科学阐述了其关于人与环境、教育关系的理论，这些论述对当今高校思想政治教育仍然具有重要的理论指导意义。它启示我们在新时期下，一要正确处理好高校思

---

① 参见单提平《"改变世界"的两个隐含维度——〈关于费尔巴哈的提纲〉第十一条的理解》，载《社会科学研究》2010 年第 4 期，第 15 – 18 页。

② 参见朱慧欣《马克思教育哲学的革命性变革及其实现路径——基于〈关于费尔巴哈的提纲〉第三条的考察》，载《高校马克思主义理论研究》2017 年第 4 期，第 35 – 41 页。

想政治教育者和受教育者之间的关系；二要加强对大学生的中国梦主题教育；三要营造良好的高校思想政治教育环境；四要充分发挥社会实践在高校思想政治教育中的重要作用。①

吴云、夏康康在《〈关于费尔巴哈的提纲〉对思想政治教育的启示》中，则从马克思的实践观、人与环境和教育关系理论、人的本质理论这三个视角探讨了《提纲》对思想政治教育的启示。他们指出，马克思的实践观要求我们必须充分发挥社会实践在思想政治教育中的重要作用。社会实践是受教育者由外化到内化又到外化的循环过程，是提升受教育者道德修养和文化素养的重要途径。我们必须充分发挥社会实践在思想政治教育的重要作用，带学生走出课堂，通过渗透式教学法，潜移默化地使受教育者的品格和能力在具体的社会实践中得到发展。马克思的人与环境、教育的关系理论要求我们必须重视思想政治教育的环境建设，同时要求我们要充分发挥受教育者的主观能动性。马克思的人的本质理论要求我们必须树立"以人为本"的思想政治教育理念。②

程秀霞也是从马克思的实践观、人与环境和教育的关系、人的本质理论这三个角度探讨了《提纲》对思想政治教育的启示。她认为实践是思想政治教育的根本依据和本质特征，环境是人的思想发展和行为养成的现实场域，教育是人成为社会人、得到全面自由发展的有效途径，人的本质理论是思想政治教育的终极目的和最终归宿。思想政治教育是以人的本质为基础，以人的全面发展为目标，在一定环境中开展教育的实践活动，要大力开展社会实践，营造良好氛围，提高教育效果。③

祝大勇、贾立平在《〈关于费尔巴哈的提纲〉对于认知思想政治教育对象的启示》中，通过对《提纲》的解读指出，思想政治教育工作者应坚持从"现实的个人"观点出发认识新时代青年学生，应坚持"人与环境辩证统一"的基本观点，尤其是在受到不良环境影响时注重发挥主客体

---

① 参见肖婷婷、彭建国《〈关于费尔巴哈的提纲〉第三条对高校思想政治教育的启示》，载《佳木斯大学社会科学学报》2014年第6期，第85—92页。

② 参见吴云、夏康康《〈关于费尔巴哈的提纲〉对思想政治教育的启示》，载《淮海工学院学报（人文社会科学版）》2013年第17期，第117—118页。

③ 参见程秀霞《马克思〈关于费尔巴哈的提纲〉对思想政治教育的现实意义》，载《重庆交通大学学报》2018年第5期，第2—6页。

的主观能动性，应坚持实践的基本观点，促使青年学生在认识世界、改造世界的实践过程中实现自身世界的改造，以不断接近自由而全面发展的境界，成为可堪重任的时代新人。①

（四）对马克思和恩格斯理解的差异的关注

关于马克思和恩格斯的关系，一直都是学术界关注的问题。对此问题，学术界存在"统一论""对立论"和"差异论"这三种比较流行的观点。随着《马克思恩格斯全集》的新版本 MEGA2 的出版，学者们在新的文本资料的基础上又进一步考证了马克思和恩格斯的关系。王巍认为，对"马克思—恩格斯关系"问题的学术探讨，应当深入到马克思和恩格斯的文献文本之中。《提纲》有马克思原始稿和恩格斯修改稿两个版本，二者之间存在着一定的文字差异。通过对这些差异的文本解读和分析，我们可以发现二者在根本思想观点和理论原则上是一致的，但也不可否认在理论的侧重点和对一些问题的认识程度上存在一定差异。我们应当坚持"在差异基础上的一致"的观点，并用这种观点来开展今后对"马克思—恩格斯关系"问题的文献研究、文本分析和思想解读。②

刘同舫教授和黄漫在认真比对原始稿和修改稿的差异后指出，在恩格斯的修改稿中，人在活动中发生变化，特别是自我变化的思想被明显弱化。这表明，马克思的原始稿和恩格斯的修改稿两者不能互相代替，它关涉文本归属的严肃问题。我们必须从文本的客观归属上严格区分马克思独著文本、恩格斯独著文本和马克思恩格斯合著文本等文本归属类型。对马克思和恩格斯文本归属的清理，既符合马克思恩格斯本人的学术严谨态度与学术规范，也是当今学术界严谨治学的基本要求。③

曹克朴认为，马克思的原稿和恩格斯的修改稿在结构和内容上没有大的变化，思想内涵也有着总体的一致性。但是，恩格斯的修改还是使原稿

---

① 参见祝大勇、贾立平《〈关于费尔巴哈的提纲〉对于认知思想政治教育对象的启示》，载《河北农业大学学报》2019 年第 1 期，第 2 - 5 页。

② 参见王巍《"马克思—恩格斯关系"的文本学审视——以〈关于费尔巴哈的提纲〉原始稿与修改稿的比较为例》，载《贵州师范大学学报》2016 年第 2 期，16 - 24 页。

③ 参见刘同舫、黄漫《在何种意义上区分马克思文本与恩格斯文本——基于〈关于费尔巴哈的提纲〉之思》，载《人文杂志》2012 年第 1 期，第 8 - 12 页。

的思想发生了细微的变化,尤其是恩格斯对《提纲》的学术价值估量不甚恰当,所以我们有必要对两个版本进行认真研究,并依据文本衡定其学术价值。①

(五) 对《提纲》的学术影响力的关注

为了准确把握《提纲》的学术影响力,南京大学的课题组以两个版本的《马克思恩格斯选集》(以下简称《选集》)为来源文献,基于2002—2012 年 CSSCI② 引用数据,详细分析了 11 年间《提纲》的总体引用情况,并对每一条目的具体引用情况和年引用次数展开了定性定量的分析,既客观反映了 11 年间国内学界对这一文献研究的具体进展和特点,也揭示了当前研究存在的问题。11 年间引用《选集》的 CSSCI 论文为 36472 篇,其中有 2901 篇引用了《提纲》,占全部论文的 7.95%,平均每篇文章引用《提纲》1.32 次。从研究对象来看,学界对《提纲》的专题式研究主要聚焦于马克思的实践观、新唯物主义、人的本质学说三个核心内容,而对《提纲》其他方面的研究成果则相对偏少。这表明,学界对《提纲》思想的整体性研究还有待提升,需要进一步加大对《提纲》的研究力度,全面挖掘其思想脉络和整体逻辑。

从问题意识来看,国内学界在下述两个问题上也有待进一步深化:一是《提纲》的文献学研究;二是《提纲》中的"马克思—恩格斯问题"研究。他们认为在这 11 年中,国内学界对这两方面问题的研究,不论在力度上还是深度上,都还存在明显不足。

(六) 对《提纲》中的新唯物主义的关注

吉林大学哲学社会学院的白刚认为,"新唯物主义"既是"实践唯物主义""历史唯物主义",又是实践哲学。首先,"新唯物主义"与旧唯物主义、唯心主义的根本区别并不在于"对象"的不同,而在于理解和把握对象的"方式"不同。旧唯物主义和唯心主义都只是单纯从客体或主体角度去理解和把握对象,这种理解就是"抽象的"理解,而"新唯物主义"

---

① 参见曹克朴《重思〈关于费尔巴哈的提纲〉的学术价值——从恩格斯对马克思原稿的修改说起》,载《中共福建省委党校学报》2019 年第 2 期,第 36 – 44 页。

② Chinese Social Sciences Citation Index,中文社会科学引文索引。

则是从主体与客体统一的"实践的观点"去理解。所以，从此角度看，"新唯物主义"就是"实践唯物主义"。其次，旧唯物主义和唯心主义也关注和研究历史，但旧唯物主义包括古典经济学，主要是从实证主义的立场出发，对历史进行了"非历史性"的实证化论证；而唯心主义者如黑格尔则在"绝对精神"自我运动的意义上，实现了对历史的"超历史性"的精神化阐释。在马克思看来，"历史"既不是"无人身的物质"的自我运动，也不是"无人身的理性"的自我发展，历史就是追求着自己目的的人的现实活动过程。所以，从此角度看，"新唯物主义"就是"历史唯物主义"。最后，"新唯物主义"既不是抽象思辨，也不是经验实证，而是实践批判。"新唯物主义"反对抽象思辨，但又没有完全退回到古典政治经济学那种"非批判的实证主义"之中，而是立足于"改变世界"，即在批判旧世界中发现新世界的实践哲学之上。因此，"新唯物主义"本质上就是一种作为"批判的实证主义"的实践哲学。

南京大学的周嘉昕认为，在《提纲》中，马克思并没有将唯物主义与唯心主义严格地对立起来，而是力图从不同的角度客观诠释两者的优劣，以此来彰显"新唯物主义"的精神特质及其革命意义。中国社会科学院哲学研究所的崔唯航认为，马克思的确从未将唯物主义与唯心主义作为一对对立的概念提出来。《1844年手稿》中，马克思提出过一个与唯物主义相对立的概念，那就是唯灵主义。而在《提纲》中，马克思则以两面作战的理论姿态，分别讨论唯物主义与唯心主义的不足，并没有将两者对立起来。因此，当马克思在《提纲》中将两者并列起来进行谈论的时候，其着重点在于试图有机整合两者的优劣，从而开辟一条新的路径，这就是"新唯物主义"。

中国人民大学马克思主义学院的郗戈认为，马克思在《提纲》的开篇就提出了一个关键性的问题：如何理解"对象、现实、感性"？所谓"感性确定性"是一种无概念的直观，是对现存事物的直接接受。黑格尔对感性确定性进行了批判，并且把感性确定性提升到了精神总体的高度，认为感性确定性是认识发展的一个过渡性环节。在此基础上，黑格尔批判了以洛克、贝克莱、休谟和康德为代表的近代主流认识论传统所遵循的一个基本前提：对感觉本身怀有确信，对感觉的内容不加怀疑。马克思在《提纲》和《形态》中对感性确定性提出了自己的批判。马克思用"樱桃树"做分析案例，从感性对象一下子深入到了感性确定性背后的社会历史运动。马克思批判性地指出，包括费尔巴哈在内的旧唯物主义在感性直观层面所把握到的感性对象，不过是感性世界的深层基础，即实践活动的派生物，是其辩证运动过程的一个对象性的产物。成熟时期的马克思在对资本主义生产方式，尤其是对拜物教的批判中，深化并发展了感性确定性批判。因此，从青年马克思到成熟马克思思想的发展，概括地说，也是一个从抽象发展到具体的逻辑进程。在这个过程中，马克思实现了问题视域的转换，从传统的认识论问题内在地超越出来，转化为一个社会历史哲学问题，又进一步具体化为政治经济学批判、资本逻辑批判。南京大学哲学系的孙乐强接着郗戈提出的话题，认为从感性对象到感性活动的转变，可以说是马克思思想发展的一个重要转变。也是在此基础上，马克思提出了物质生产理论，建立了自己的历史唯物主义。①

（七）对《提纲》和《形态》关系的关注

对马克思主义哲学形态的理解，哲学界有多种不同的观点，诸如"实践唯物主义""人学""辩证唯物主义""实践人学""历史唯物主义""生存论""生活哲学"等。张传开认为，在《提纲》和《形态》等文本中，马克思、恩格斯从揭示自然史和人类史的真实关系，到揭示人类史的发生、发展的探讨，再到对人与人、人与社会、社会存在与社会意识及其关系的论述，都是从"现实的个人及其历史发展"出发的。他们构建了一个以物质生产为逻辑起点，以生产方式的发展为动力，以实践观为灵魂，以自然与人、人与人、人与社会、社会存在与社会意识、自然与历史为统一形式的理论体系。这个理论体系，恩格斯曾把它称为"现实的个人及其历史发展的科学"，实际上，就是历史唯物主义。②

邹诗鹏认为，关于马克思的实践唯物主义研究，有必要将其与唯物史观的相通性当成新的起点来研究。通过比较《提纲》和《形态》，他认为《提纲》偏重于主体性、活动及其与旧唯物主义的区分，是新唯物主义暨实践唯物主义或实践观的正面阐释，《形态》则偏重于结构、历史叙述及

---

① 参见周嘉昕《马克思"新唯物主义"之"新"在何处——纪念〈关于费尔巴哈的提纲〉写作170周年》，载《哲学动态》2016年第1期，21–36页。

② 参见张传开《关于马克思主义哲学形态问题的思考——重读〈关于费尔巴哈的提纲〉和〈德意志意识形态〉》，载《哲学动态》2010年第2期，第21–28页。

其对德国观念论传统的批判，是唯物史观的正面表达。二者本质上是相通的，新唯物主义包含实践唯物主义，也涵摄了唯物史观，实践唯物主义的历史自觉，直接通向作为历史科学的唯物史观。①

四、小　结

（一）"反思哲学"前期

通过上文对我国"反思哲学"时期《提纲》的命运的考察可以看出，在"反思哲学"前期（1978 年的"真理标准"大讨论之前），由于受"真理标准"大讨论和"实践"范畴大讨论的影响，学者们普遍关注《提纲》，重视对《提纲》的研究，并从多种视野出发提出了多种不同的理解。

他们对《提纲》的理解有接近的成分，也有远离的成分。

第一，"反思哲学"前期的学者普遍认识到马克思的新唯物主义和旧唯物主义哲学的根本区别，认识到旧唯物主义的根本缺点是直观性，并强调马克思的新唯物主义是在改造了旧唯物主义的"直观性"的基础上建立起来的"实践的唯物主义"或"历史唯物主义"，这是对《提纲》的接近。如"实践唯物主义"理解者就认识到了传统的"辩证唯物主义"从唯物主义和辩证法的角度去理解新旧唯物主义的错误，转而从思维和存在的关系入手来理解，并认为新旧唯物主义的区别在于是否离开实践去理解思维和存在的关系。就这点而言，他们的理解是正确的。"狭义历史唯物主义"理解者也认识到了旧唯物主义"直观性"的缺点，并强调马克思的新唯物主义是在改造旧唯物主义的"直观性"的基础上建立起来的"历史唯物主义"（又称"实践的唯物主义"），这是对《提纲》的接近。但是，他们所强调的"历史唯物主义"是否定本体论的，没有本体论的"历史唯物主义"不是马克思的"历史唯物主义"，而只能是"狭义的历史唯物主义"。"反思哲学"时期的"辩证唯物主义"坚持者，已经意识

① 参见邹诗鹏《"实践唯物主义"与唯物史观的相通性——基于〈关于费尔巴哈的提纲〉与〈德意志意识形态〉的探讨》，载《马克思主义与现实》2015 年第 4 期，第 22 – 31 页。

到了传统的"辩证唯物主义"仅仅从认识论的角度理解实践的不足，开始从实践的角度来区别新旧唯物主义。虽然他们强调了实践对意识对象的基础作用，强调了主体性，但是他们把意识的对象理解为实践的结果，而不是理解为实践本身，这实质上还是一种旧唯物主义的理解方式。

第二，"反思哲学"前期的学者普遍强调实践在马克思主义哲学中的重要性，意识到实践是马克思主义哲学的出发点和中心范畴，都能够把实践理解为人的根本的存在方式，理解为人类社会存在和发展的基础，理解为社会生活的本质，这是对马克思主义哲学的接近。但在实践与意识的关系问题上，则存在着很大的差异。不管是"辩证唯物主义"理解者、"狭义历史唯物主义"理解者，还是"实践唯物主义"理解者，绝大多数理解者都把实践理解为意识的中介基础，把实践理解为"主客观统一"的活动。这是对《提纲》所揭示的实践本质的误解。只有少数"实践唯物主义"理解者把实践理解为人类活动的物质方面，理解为意识的对象，这才是对《提纲》第一条的基本思想的正确理解。

在对实践在马克思主义哲学中的地位的理解上，学者们的理解则存在着很大的差异。"辩证唯物主义"理解者不再仅仅限于在认识论的范围内来谈实践，而是把实践扩展到社会历史领域，这是一种进步。但是，只要他们仍然是在"辩证唯物主义"的框架内来理解实践，实践在马克思主义哲学中的地位就不会上升到首要的地位，而只能像黄枬森所说"只有进入社会领域，实践才能扮演首要的观点的角色"。超越的"实践哲学"理解者把实践范畴理解为一切哲学理论的基础，并赋予了实践以本体论的地位，这是对实践地位的过高的肯定。"实践唯物主义"理解者中，绝大部分都高估了实践在马克思主义哲学中的地位，把实践理解为本体。只有少数学者把实践理解为马克思主义哲学的出发点，否定其有本体的意义，正确地理解实践在马克思主义哲学中的地位。而"狭义历史唯物主义"理解者把实践范畴理解为马克思主义哲学的基础，理解为马克思主义哲学的立足点和出发点，这是对实践地位的正确理解。

第三，"反思哲学"前期的学者普遍关注《提纲》在马克思主义哲学中的地位，他们绝大部分都承认《提纲》是马克思主义哲学革命的诞生地，而少数学者则认为《提纲》只是马克思主义哲学新世界观创立的起点，其中的新世界观思想还不成熟和完善，只有到了《形态》及其以后的《1857—1858年经济学手稿》才真正建立。其实，世界观的确立和世界观的具体观点的成熟和完善是两回事。马克思在《提纲》中已经确立了从实践出发来研究现实问题的科学方法，这种方法的确立使他能够创立科学的新世界观。虽然他创立的"新唯物主义"的某些具体观点还不是很完善，但这并不能否定其创立新世界观的方法的正确性。有些学者认为马克思的历史唯物主义思想只有通过对政治经济学的研究深化了对资本主义的私有制内在矛盾的理解时，才可能真正完善。这点并不错，但这并不能否定马克思在《提纲》中已经确立的形成新世界观的科学的方法。新世界观方法的正确不代表具体世界观观点的完全正确，这是两个不同的层次。

此外，有少部分学者认为《提纲》中所体现的马克思主义哲学新世界观的实践思想在《1844年手稿》中已经形成，所以《1844年手稿》才是马克思主义哲学革命的诞生地。这种观点只看到了《1844年手稿》中实践思想，而没有看到《1844年手稿》中同时仍存在的费尔巴哈的人本主义思想。马克思的《1844年手稿》中的思想因素比较复杂，其中包含了两种思想因素：一是费尔巴哈的人本主义思想因素；二是新世界观的思想萌芽因素。新世界观的思想萌芽因素体现为唯物主义实践观（也就是学者们所说的实践思想）、历史观和辩证法等的因素（下一章再详细列举其内容）。要理解马克思思想发展的整体性质，就不能简单地根据某一方面的因素来确定其是否是马克思主义的思想，而应该去分析马克思的哪种思想是占主导地位的思想。在《1844年手稿》中，马克思虽然萌发了新世界观的因素，但总体上还没有形成自己的世界观，还主要是以费尔巴哈的人本主义思想为基础来观察和分析现实问题。因为马克思在此阶段还没能自觉地意识到对费尔巴哈哲学的迷信和崇拜，他不仅没有把费尔巴哈哲学作为自己批判的对象，反而表现出对费尔巴的极大敬意，并把费尔巴哈哲学作为自己思想的理论基础；他不仅大量沿用费尔巴哈普遍使用的"类""类本质""类生活""类存在物""自我异化"等哲学术语，还自觉地以费尔巴哈的"颠倒"的方法和人本主义思想为原则来观察和分析历史问题，在历史观上表现出唯心主义倾向，在唯物主义与唯心主义的对立问题上表现出"超越"的思想。这些事实就表明，在马克思的《1844年手稿》中占主导地位的思想仍是费尔巴哈的人本主义思想，还不是马克思主义的思想。马克思在此时还没有形成自己独立的思想，所以这个时候的马克思还不是马克思主义的马克思，马克思的哲学革命还没有爆发。

（二）"反思哲学"中后期

"反思哲学"中后期（20 世纪 80 年代末—21 世纪初），由于"人道主义"思潮的盛行，学者们研究"人道主义"思潮，纷纷把研究的重心转移到了《1844 年手稿》，从《1844 年手稿》中寻找"人道主义的马克思"，而疏远了《提纲》，导致了理论研究的退步。这种退步就体现在把马克思主义理解为"人道主义"。

第一，依据马克思的早期著作，尤其是《1844 年手稿》，把马克思主义哲学理解为"人道主义"。能否依据马克思的早期著作来理解马克思主义哲学呢？

从思想史的视野来分析，我们就要考虑：马克思是否就是作为马克思主义者的马克思？马克思的思想是否就是马克思主义的思想？马克思的全部思想是否具有同质性？前面已经分析过，马克思的早期著作（主要指1843—1844 年的著作）的思想因素比较复杂，其中包含了有两种思想因素：一种是费尔巴哈的人本主义思想因素；另外一种是新世界观的思想萌芽因素。1843—1844 年，马克思的思想中占主导地位的思想仍是费尔巴哈的人本主义思想，还不是马克思主义的思想，所以此时的马克思还不是马克思主义者的马克思。所以，我们不能以这个时期的马克思的著作作为理解马克思主义哲学的依据。而把马克思主义理解为"人道主义"的学者，他们所提出的"马克思主义的人道主义"思想的来源是马克思 1843—1844 年的著作，如《〈黑格尔法哲学批判〉导言》《神圣家族》《1844 年手稿》等。他们的这种理解是缺乏思想史和文本理解视野的，没有用历史发展的眼光来对待马克思的思想，没有看到马克思在这些著作中还存在着两种矛盾的思想逻辑，即"以抽象的人的本质为出发点的思辨逻辑和以现实的经济事实为出发点的科学逻辑"[①]。而且在这双重逻辑中，占主导地位的是费尔巴哈的人本主义逻辑，这就使得马克思的新世界观思想仍未能脱颖而出。所以，《1844 年手稿》的思想仍不是马克思主义的思想，以《1844 年手稿》为依据而把马克思主义哲学理解为"人道主义"是不合理的。

---

① 孙伯鍨、张一兵：《走进马克思》，江苏人民出版社 2001 年版，第 13 页。

第二，否认马克思的思想发展中存在"两个马克思"的对立，认为马克思的思想始终都是同质的"人道主义"思想。马克思的思想发展中是否存在"两个马克思"的对立？

"两个马克思"的对立的争论是由 20 世纪 30 年代的《1844 年手稿》的发表激起的。德国社会民主党人朗兹·胡特和迈耶尔首先在《马克思历史唯物主义的早期著作》的前言中指出，在《1844 年手稿》中，"马克思的观点已经达到了完善的高度"，"《手稿》是包括马克思思想的整个范围的唯一文献"。① 其后，比利时的社会民主党人亨·德曼以《新发现的马克思》为题发表文章，把《1844 年手稿》中的人道主义马克思说成是"马克思成熟的顶点"，把晚期马克思的著作称为"创作能力衰退和削弱"的结果②，从而引发了"两个马克思"对立的争论。

对于西方学者制造的"两个马克思"的对立，其错误不在于肯定存在不同的马克思，而在于以人道主义的马克思来否定历史唯物主义的马克思，以早期的马克思来否定晚期的马克思。从前面的分析可以知道，马克思的思想发展并不是同质的，存在一个从非马克思主义向马克思主义过渡的阶段。具体考察马克思的思想发展史可以知道，在马克思的世界观的形成过程中，曾经有过"从前的哲学信仰"。"从前的哲学信仰"主要是指对黑格尔哲学的信仰和对费尔巴哈哲学的信仰。除此之外，如果再往前追溯，马克思的思想中实际上还有过一种理想主义。理想主义、黑格尔哲学、费尔巴哈哲学，就是马克思"从前的哲学信仰"。这些"从前的哲学信仰"并非马克思主义的世界观思想。直到 1845 年春，马克思在《关于费尔巴哈的提纲》中清算了费尔巴哈哲学这最后一个哲学信仰后，马克思主义的新世界观才诞生。所以，否定马克思的思想发展中存在着不同的马克思的思想不符合马克思的思想史。而有些学者否定西方学者提出的"两个马克思"的对立，目的并不是要指出西方学者以人道主义的马克思来否定历史唯物主义的马克思、以早期的马克思来否定晚期的马克思的错误，而是要证明马克思的前后思想是一致的，马克思始终是一位人道主义者。

---

① 中共中央马克思恩格斯列宁斯大林著作编译局马恩室：《〈1844 年经济学哲学手稿〉研究（文集)》，湖南人民出版社 1983 年版，第 285 页。

② 中共中央马克思恩格斯列宁斯大林著作编译局马恩室：《〈1844 年经济学哲学手稿〉研究（文集)》，湖南人民出版社 1983 年版，第 374 页。

如王若水说："马克思始终是把无产阶级革命、共产主义同人的价值、人的尊严、人的解放、人的自由等问题联系在一起的。这是最彻底的人道主义。这里不存在西方一些马克思主义研究者说的什么早期的'人道主义的马克思'和晚期的'非人道主义的马克思'的区别。"① 他们的这种理解是不正确的，缺乏思想史视野，没有用历史发展的眼光来研究马克思的文本，没有看到在马克思的思想中还存在着不同性质的思想。而薛德震通过对《1844 年手稿》《政治经济学批判》《剩余价值理论》和《资本论》等著作中的异化观思想的考察来证明马克思的思想中不存在"两个马克思"的对立，其错误在于看不到《1844 年手稿》中的异化观和《政治经济学批判》《剩余价值理论》和《资本论》等著作中异化观的区别。《1844 年手稿》中的异化观是受费尔巴哈的人道主义思想影响的人本主义异化观，而《形态》及其之后的著作中的异化观思想则是历史唯物主义的异化观，这是两种性质根本不同的异化观，从这两种异化观的区别也可以看出，《1844 年手稿》中的马克思与《形态》之后的马克思是不同质的。所以，以否定"两个马克思"来论证马克思的思想是同质的人道主义的思想是错误的。

第三，依据人是马克思主义的主题、是马克思主义的出发点，与人道主义的主题和出发点一致，就得出马克思主义就是人道主义的结论。从主题和出发点的一致能判断马克思主义就是人道主义吗？

从主题来说，马克思主义和人道主义都是以人为研究对象，都是关于人的学说。但是，对象上的共同性只能规定学科上的共同性，而不能说明在同一学科上两者的特殊性。人道主义作为一种关于人的学说，它对人的理解是特殊的，它把人的本质理解为"类本质"，认为"人是人的最高本质"，应该把所有的人都当人看，无视他们的其他一切差别。而马克思主义学说对人的理解则不一样，它把人理解为实践的存在物，把生产活动理解为人的基本的实践活动，把人的本质理解为一切社会关系的总和，认为生活于不同时代、不同社会中的人有不同的价值观念和伦理原则，而不存在一切社会都普遍适用的伦理原则。人道主义和马克思主义这两者的差别非常大，不能因为研究对象的一致就把两者等同起来。

---

① 王若水：《为人道主义辩护》，生活·读书·新知三联书店 1986 年版，第 231 页。

从出发点来说，马克思主义和人道主义的出发点上的共同点只是在于它们不是从神出发来解释人，而是从人出发来解释神和自然。除此之外，"人"并不是它们共同的出发点。作为人道主义出发点的人，是抽象的人，或是人的"类本质"，从这个抽象的人出发来解释历史的运动发展的观点就是唯心主义的历史观。而马克思主义的出发点是现实的人，是从事着实践活动的处于一定社会关系中的人。从这个现实的人出发来解释历史发展运动的观点就是历史唯物主义的观点。出发点的不同规定了哲学路线的不同，也决定哲学性质的不同。马克思主义和人道主义在出发点"人"的理解上不一样，所以它们的哲学路线和哲学性质就不同。

许多"马克思主义的人道主义"理解者也认识到这种区别，他们把马克思主义的人道主义的出发点理解为现实的人，而把资本主义的人道主义的出发点理解为抽象的人。对于这种说法，可从逻辑上分析他们的矛盾：既然把现实的人理解为马克思主义的出发点，那从这样的出发点去解释人的本质问题，人就是具体的社会关系的总和，而不是人道主义说的"人是人的最高本质"，那这样的马克思主义就不是人道主义，而是历史唯物主义。所以，要想证明马克思主义是人道主义，就必须坚持把出发点的人理解为抽象的人的"类本质"。把马克思主义理解为"人道主义"思想在理论上和现实上的矛盾，所以说这是一种退步的理论。

什么是"人道主义"的思想？马克思主义的学说中是否有"人道主义"的思想？

"人道主义"思潮中所提到的"人本主义""人道主义""以人为本"等名词，是意思很宽泛的用语，不同的学者从不同的角度可以做出不同的界定。纵观学术界对这些用语的使用，总的来说，"人道主义"一词包含三种意义：①作为一种价值观念来理解的人道主义，其意指把人看作最高的价值，把人看作目的而不是手段；②作为一种伦理原则来理解的人道主义，其意指把人当人看，要尊重人、爱人；③作为一种历史观理解的人道主义，其意指把"类本质"看成是人的真正本质，认为人的存在与人的本质的矛盾是人类历史的基本矛盾，人类历史的发展就是异化及异化克服的历史。"人道主义"的这三种含义可以相对独立地加以区别，但不能绝对地区别开来，因为它们三者之间相互联系、相互贯通，讲其中的任何一层意思，都必然要涉及另外两层的意思，而贯穿其间的核心思想是人道主义的历史观。① 马克思主义学说是否同意"人道主义"的这三层意思？

首先，从作为一种价值观念来理解的人道主义角度分析，马克思主义学说是否认同"人是人的最高价值"及"人是目的而不是手段"这两个命题？

对于这两个命题，马克思主义可以在人和"神"的关系层次上及人和自然的关系层次上同意。在人与"神"的关系上，"人是人的最高价值"及"人是目的而不是手段"这两个命题作为反对宗教神学的武器是有意义的，马克思主义认同人的活动是为了人自己的利益，而不是为了"神"的利益；人的活动不是"神"显现其魔力的手段，而是人自己的目的。在人与自然的关系上，马克思主义也赞同"人是人的最高价值"及"人是目的而不是手段"这两个命题。它认同人是为了自己的利益而不是为了自然的利益而活动的，人改造自然的目的不是为了自然而是为了人的利益。

但是，离开人和"神"的关系及人和自然的关系，在现实的人与人的关系层次来考虑，"人是人的最高价值"及"人是目的而不是手段"这两个命题就不成立了。从"人是人的最高价值"这个命题看，一定的价值观念是人们的现实利益关系的体现。无论是看以往历史中的人们，还是看现实生活中的人们，人们都生活于一定的社会关系中，有着不同的利益追求，因而人们的价值观念不同甚至对立。资产阶级有资产阶级的价值观念，无产阶级有无产阶级的价值观念，两者是对立的。各阶级都是把本阶级的利益放在首位，而不是把抽象的人的利益放在首位。所以，"人是人的最高价值"这个命题在现实生活中不成立。再看"人是目的而不是手段"这个命题。在现实生活中，生活于不同的社会关系中的人们，总是把自己的利益当作目的，而把他人当作实现自己利益的手段。如在奴隶社会，奴隶主总是把奴隶当作实现自己利益的工具；在封建社会，地主租土地给农民，目的不是为了养活农民，而是为了收取地租；在资本主义社会，资本家总是把工人当作获取最大资本的工具和手段；而在社会主义的市场经济中，每个市场主体也是把自己的利益当作目的，而把他人当作实现自己利益的手段。所以，"人是目的而不是手段"这个命题在现实生活中也不成立。

---

① 王金福：《马克思的哲学在理解中的命运——对马克思主义哲学史的解释学考察》，苏州大学出版社 2003 年版，第 722 - 723 页。

"人道主义"的这两个命题，作为一种价值追求，认为人应当把人的价值当作最高价值，应当把人当作目的而不是手段，这种从"应然"出发，而不是从"现实"出发的观点，是一种唯心主义的观点，马克思主义学说是不同意的。

其次，从作为一种历史观来理解的人道主义角度分析，马克思主义学说是否认同"人是人的最高本质"这个命题？

"人是人的最高本质"这个命题是马克思在1843年的《〈黑格尔法哲学批判〉导言》中提出来的。在文中，马克思说："对宗教的批判最后归结为人是人的最高本质这样一个学说，从而也归结为这样一条绝对命令：必须推翻那些使人成为受屈辱、被奴役、被遗弃和被蔑视的东西的一切关系。"①"德国唯一实际可能的解放是从宣布人本身是人的最高本质这个理论出发的解放。"② 马克思在这里引用的"人是人的最高本质"这个命题是费尔巴哈的命题。在费尔巴哈看来，类本质是人的最高本质，人的本质只有在对象身上才能表现出来，宗教就是人的类本质的对象化，宗教体现了人的本质；而在现实中，人的存在与人的本质处于对立之中，神学就是人的本质的异化；所以要批判神学，使人的存在与本质在人与人（也包括自然）的爱中达到统一。③ 这就是费尔巴哈的人本主义异化观。马克思在《〈黑格尔法哲学批判〉导言》中引用费尔巴哈的命题，就是要说明德国人要想获得解放就要消灭异化，复归人的类本质，而共产主义是人的本质的复归，所以要实现共产主义。这种思想就是典型的费尔巴哈的人本主义思想。马克思在1843年至1844年间还深受费尔巴哈的影响，其思想还带有明显的人本主义性质；1845年以后，他就抛弃了"类本质"的概念，不再讲"人是人的最高本质"这样的命题。在《提纲》中，他还批判费尔巴哈对人的本质的抽象理解的错误，指出"人的本质在其现实性上是一切社会关系的总和"这一历史唯物主义的思想。这一转变意味着马克思主义思想的形成。所以，"人是人的最高本质"这个命题是唯心史观的命题，并不是马克思主义的命题。

---

① 《马克思恩格斯全集（第1卷）》，人民出版社1956年版，第461页。
② 《马克思恩格斯全集（第1卷）》，人民出版社1956年版，第467页。
③ 舒永生：《论费尔巴哈"人是人的最高本质"的思想及其意义》，载《武汉大学学报》2001年第1期，第25页。

"马克思主义人道主义"理解者依据"人是人的最高本质"这一命题来理解马克思主义哲学，就不可避免在人的本质问题上陷入矛盾的境地。因为他们要对马克思主义哲学进行人道主义的理解，逻辑上就要把人的本质理解为抽象的类本质，但在口头上他们却不承认类本质是人的本质，而强调人的本质是一切社会关系的总和这一历史唯物主义的观点，这就导致了他们逻辑与语言上的矛盾。许多学者也意识到了这点，所以他们都不承认人道主义是一种历史观，而认为人道主义是一种伦理道德原则，比如王若水和丛大川。

最后，从作为一种伦理道德原则来理解的人道主义角度分析，马克思主义学说是否认同人道主义原则？

马克思主义学说只是在人道主义作为处理人与人之间的同类关系的伦理原则的时候持肯定态度。在人与人的关系中，同类关系是其中最低层次的关系。在同类关系中，人与人之间没有阶级、民族、种族、性别、年龄和信仰方面的差别，都是人。人道主义认为，在人与人之间的同类关系中，每个人都要把他人当人来尊重、爱护和帮助。对于人道主义所规定的这种作为处理同类关系的原则，马克思主义赞同。但是，在阶级社会中，同类关系并非人与人的关系中最基本、最本质的关系，经济关系才是人与人的关系中最基本、最本质的关系，它影响和制约着人与人之间的其他关系。所以，在现实的阶级社会中，作为处理同类关系的人道主义原则所要求的"把人当人看""尊重人""爱人"这些伦理道德原则是不适用的。奴隶主阶级不可能把奴隶当人来看，地主阶级不可能尊重和爱护农民阶级，资本家不可能把工人当成自己人一样关心和爱护。一切无视人与人之间的差别，把人道主义泛化为处理人与人之间的一切关系的普遍原则，都是不现实的、虚伪的。马克思主义并不认同把人道主义泛化为处理人与人之间关系的普遍的伦理道德原则。

（三）新时代

党的十九大之后，中国特色社会主义进入新时代。学者们立足新时代的实践需要和社会发展状况，再度关注《提纲》。他们从多角度多领域开展研究，他们的研究丰富了《提纲》研究的视角，对加深《提纲》的研究大有裨益。

有学者关注《提纲》中的自然观思想，挖掘出了《提纲》中的自然观和生态观思想，对指导我国当下的社会主义生态文明建设具有积极的意义。但是，仔细研读，我们发现学者们的解读有一定的实用主义的倾向。如李龙强和李桂丽在解读"对于世俗基础本身首先应当从它们的矛盾中去理解，然后用排除这种矛盾的方法在实践中使之革命化"时指出，"在社会物质生产过程中，由于没有妥善处理好物质生产与保护环境的关系，使得人与自然之间的矛盾变得越来越突出，表现在世俗社会中就是生产力和生产关系之间矛盾运动的尖锐化，而这恰恰是今天生态文明建设的基础和全部内容"。马克思的世俗基础的矛盾并不是人与自然的矛盾。作者把马克思在《提纲》中所说的主体与客体的关系，实用主义地理解为人与自然的关系。[①]

有学者关注《提纲》中的教育思想。我国 20 世纪 80 年代以来，因受苏联哲学教科书的影响，《提纲》中的某些重要思想的确被遮蔽了，使得人们对马克思哲学变革的实质也出现了误解，这一问题在教育领域也存在。无论是王焕勋先生主编的《马克思教育思想研究》，还是陈桂生先生著的《马克思主义教育论著研究》，重视的都只是《提纲》的第三条与第六条，而对最关键的第一条都没给予太多的关注。《提纲》第一条的教育学意义尤其值得关注与重视，其中最核心的就是教育要创造条件让人在感性物质活动中彰显人之为人、教育之为教育的意义与价值。张文关注了第一条，此举值得肯定。

2016 年 12 月 7 日至 8 日，全国高校思想政治工作会议在北京召开，习近平总书记发表了重要讲话。他强调，高校思想政治工作要坚持把立德树人作为中心环节，把思想政治工作贯穿教育教学全过程，实现全程育人、全方位育人，努力开创我国高等教育事业发展新局面。[②] 在此政治导向下，教育界对《提纲》的关注又发生了转向，学者们纷纷挖掘《提纲》中的教育思想，尤其是对高校思想政治教育的启示，大批论文出版，这大大丰富了《提纲》的研究。

有学者关注马克思和恩格斯理解的差异。关于马克思和恩格斯对《提

---

① 李龙强、李桂丽：《〈关于费尔巴哈的提纲〉中的自然观及其当代启示》，载《山东社会科学》2017 年第 2 期，第 182 页。

② 参见新华社评论员《立德树人，为民族复兴提供人才支撑》，载《新华每日电讯》2016 年 12 月 9 日第 1 版。

纲》理解的差异，从恩格斯发表《提纲》以来就一直受到学术界的关注。两者的关系从之前的"对立论""统一论""差异论"到现在的"在差异基础上的一致"，这些改变是学者们利用当下的新的历史文献资料重新研究马克思的原稿和恩格斯的修改稿后得到的新成果，这些成果更进一步接近了马克思的真实思想。

有学者对《提纲》的文本进行了新的解读。安启念教授在不同时代多次解读《提纲》，他的解读仍然是从历史唯物主义的角度去深化对《提纲》的理解的。而鲁克俭教授利用 MEGA2（《马克思恩格斯全集》历史考证版）这些新的文献资料，重新去研究国内对《提纲》的中文翻译，提出了自己的诸多新的理解。他的这些理解有一定新意，但在学术界仍属一家之言，附和者甚少。有些观点论证的说服力不太大，其理解难以撼动学界已经形成的对《提纲》的成熟理解。

有学者对《提纲》在学术界的影响力进行分析，这些分析反映了进入21 世纪以来 10 多年间国内学界对这一文献研究的具体进展和特点，也揭示了当前研究存在的问题。这些问题的揭示对学界接下来进一步提升《提纲》的研究也是有一定的引导价值的。

第五章 《提纲》在马克思思想中实现的变革及时代价值

通过对《提纲》诞生前后马克思的思想史的研究，笔者发现马克思在《提纲》中实现了两个变革：研究问题的基本立场的变革和世界观内容的变革。研究问题的基本立场的变革是指从"哲学立场"到"实证科学立场"的转变。在《提纲》诞生前，马克思的思想发展中曾经有过一个"哲学时期"。在这个时期，马克思肯定"哲学"，从哲学原则出发解答现实问题，这种研究问题的立场即"哲学立场"；《提纲》诞生后，他反对"哲学"，终结"哲学"，对现实问题的研究不以任何理论原则为根据而是以现实本身为根据，把现实本身作为思维真理性的最高标准，这种研究问题的方式即"实证科学立场"。从"哲学立场"到"实证科学立场"的转变，意味着马克思思维方式和研究问题的基本立场的转变，也意味着马克思哲学革命的发生。

世界观内容的变革是指马克思在《提纲》中清算了最后的"哲学信仰"，即费尔巴哈的人道主义的思想，开创了"把感性理解为实践活动的唯物主义"，即实践唯物主义这一新世界观。实践唯物主义是从实践出发解释一切问题的新唯物主义，从实践出发来理解意识的对象，将其理解为不包括精神活动在内的客观物质性活动，这是《提纲》所揭示的"新唯物主义"的本质特征。

通过研究《提纲》的理解史来澄清马克思的哲学革命，这不仅彰显了《提纲》在哲学史上的历史地位和理论价值，还梳理了学界 130 多年来研究《提纲》的成果，澄清了学界对马克思的哲学革命的各种曲解，对促进21 世纪的马克思主义哲学在当代的繁荣和发展大有裨益。

一、终结"哲学"，转变研究立场

要考察《提纲》在马克思思想史中的意义，首先要研究《提纲》诞生前后马克思的思想变化。在《提纲》诞生前，马克思的思想发展中曾经有过一个"哲学时期"。《提纲》诞生后，他终结"哲学"，开创"实证科学"，从"站在哲学基地上"转向现实生活的基地，这是马克思思想发展中的革命变革，是马克思思维方式和研究问题的基本立场的根本转变，即从"哲学立场"转向"实证科学"立场。从"哲学立场"到"实证科学"立场的转变，意味着马克思思维方式和研究问题的基本立场的转变，也意味着马克思哲学革命的发生。

（一）马克思"哲学时期"的"哲学立场"

所谓马克思的"哲学时期"，是指马克思在 1845 年以前曾经经历过的一个阶段，在这个阶段他对哲学的态度表现出三个基本特征："（1）对'哲学'持肯定态度，他批判、否定这一哲学那一哲学，但没有批判、否定'哲学'本身；（2）哲学是他思想发展的核心内容；（3）站在'哲学基地'上，从哲学原则出发来思考、解决各种问题。"[①] 如果不了解马克思思想发展中的"哲学时期"，就难以理解他在 1845 年发生的"哲学革命"的意义。

1845 年以前，马克思对"哲学"持肯定态度，他高度赞扬哲学，并用"哲学"这一术语来表达自己的有关思想。

在大学初期，马克思就已经表现出对哲学的极大热情。1835 年 10 月，马克思进入波恩大学就读法律系。由于波恩大学的学习环境使其不能认真学习，所以马克思的父亲 1836 年将其转入了柏林大学继续学习法律。在柏林大学期间，由于受柏林大学浓厚的哲学氛围的影响，马克思当时虽然主修法律，但对哲学产生了浓厚的兴趣，在研究法律之余，他也花了大量的时间研究哲学，尤其是康德和费希特的哲学。在康德和费希特的理想主义的指导下，他搞了一个法哲学体系，并写了厚厚的一大本，结果"遇到

---

① 王金福：《从"哲学共产主义"到科学共产主义——马克思、恩格斯的哲学革命与共产主义学说的转变》，载《哲学研究》2006 年 11 期，第 23 页。

严重的障碍"而失败。1837 年 11 月 10 日，马克思给父亲写了一封信反映自己在柏林大学的学习和思想状况。在信中他总结了自己构建法哲学体系失败的教训，他说："在实体的私法的结尾部分，我看到了全部体系的虚假，体系的纲目近似康德的纲目，而执行起来却完全不是那样。这一次使我明白了，没有哲学我就不能前进。这样我就必须怀着我的良知重新投入她的怀抱，并写了一个新的形而上学体系，但在这个体系的结尾我又不得不承认它和我以前的全部努力都是不恰当的。"① 在写给父亲的信中，他还告诉父亲说："我同我想避开的现代世界哲学的联系却越来越紧密了。"② 在其博士论文中，马克思也多次流露出对哲学的赞美之情，他说，"哲学，只要它还有一滴血在它那个要征服世界的、绝对自由的心脏里跳动着，它就将永远用伊壁鸠鲁的话向它的反对者宣称"③；"对于那些以为哲学在社会中的地位似乎已经恶化因而感到欢欣鼓舞的懦夫们，哲学再度以普罗米修斯对众神的侍者梅斯所说的话来回答他们"④。

1842 年，马克思进入《莱茵报》编辑部。此间，他在《莱茵报》上发表的文章也有诸多肯定哲学的言论，如："任何真正的哲学都是自己时代精神的精华。"⑤ "必然会出现这样的时代：那时哲学不仅从内部即就其内容来说，而且从外部即就其表现来说，都要和自己的时代的现实世界接触并相互作用。那时……它是文明的活的灵魂，哲学已成为世界的哲学，而世界也成为哲学的世界。"⑥

1843 年，马克思转向费尔巴哈的人本主义，开始批判黑格尔哲学，但并没有批判"哲学"本身。在《〈黑格尔法哲学批判〉导言》中，马克思就多次对哲学给以肯定的评价，如："德国的革命的过去就是理论性的，这就是宗教改革。正像当时的革命是从僧侣的头脑开始一样，现在的革命则从哲学家的头脑开始。"⑦ "哲学把无产阶级当做自己的物质武器，同样地，无产阶级也把哲学当做自己的精神武器；思想的闪电一旦真正射入这

---

① 《马克思恩格斯全集（第 40 卷）》，人民出版社 1982 版，第 13 页。
② 《马克思恩格斯全集（第 40 卷）》，人民出版社 1982 版，第 15 页。
③ 《马克思恩格斯全集（第 40 卷）》，人民出版社 1982 版，第 189 页。
④ 《马克思恩格斯全集（第 40 卷）》，人民出版社 1982 版，第 190 页。
⑤ 《马克思恩格斯全集（第 1 卷）》，人民出版社 1956 版，第 121 页。
⑥ 《马克思恩格斯全集（第 1 卷）》，人民出版社 1956 版，第 121 页。
⑦ 《马克思恩格斯全集（第 1 卷）》，人民出版社 1956 版，第 9 页。

块没有触动过的人民园地，德国人就会解放成为人。"①"德国人的解放就是人的解放。这个解放的头脑是哲学，它的心脏是无产阶级。哲学不消灭无产阶级，就不能成为现实，无产阶级不把哲学变成现实，就不可能消灭自己。"②

以上就是马克思在 1845 年以前的"哲学时期"对哲学持肯定态度的一些例子。1845 年以前，马克思不仅对"哲学"持肯定态度，而且将哲学思想作为他这一阶段思想发展的核心。他站在哲学思想的"基地"上，从哲学原则出发去思考和解决一切问题。

大学初期，马克思就曾站在康德和费希特的"理想主义"的哲学基地上，从"应有"出发去建构法哲学体系。在 1837 年 11 月 10 日马克思给父亲写的信中，他就总结了构建法哲学体系失败的教训，他说："在实体的私法的结尾部分，我看到了全部体系的虚假，体系的纲目近似康德的纲目，而执行起来却完全不是那样。"③"这里首先出现的严重障碍正是现实的东西和应有的东西之间的严重对立，这种对立是唯心主义所固有的；它又成了拙劣的、错误的划分的根源。开头我搞的是我慨然称为法的形而上学的东西，也就是脱离了任何实际的法和法的任何形式的原则、思维、定义，这一切都是按费希特的那一套，只不过我的东西比他的更现代化，内容更空洞而已。"④从这里我们可以看出，马克思的"理想主义"来源于康德和费希特的哲学思想，就是"对'应有'和'现有'关系的一种哲学理解，'应有'决定'现有'，'应有'是理想主义世界观的基本出发点"⑤。马克思当时就是从"应有"出发去构建他的法哲学体系的，结果"现有的东西"与"应有的东西"之间的对立产生了"严重的障碍"而使其体系失败。

在《莱茵报》编辑部工作时期，马克思从"理想主义"转向"黑格尔主义"后，则以黑格尔主义的哲学为基地，从"理念"出发去说明德

① 《马克思恩格斯全集（第 1 卷）》，人民出版社 1956 版，第 15 页。
② 《马克思恩格斯全集（第 1 卷）》，人民出版社 1956 版，第 15 页。
③ 《马克思恩格斯全集（第 40 卷）》，人民出版社 1982 版，第 13 页。
④ 《马克思恩格斯全集（第 40 卷）》，人民出版社 1982 版，第 10 页。
⑤ 王金福：《马克思的哲学在理解中的命运——对马克思主义哲学史的解释学考察》，苏州大学出版社 2003 年版，第 54 页。

国的现实，批判现实的国家、现实的法和现实的婚姻等。

马克思曾根据黑格尔的理念论的哲学观来说明现实德国的铁路和哲学体系。他认为哲学是精神（作为主体的理念）通过哲学家的头脑对自己的最高的自我意识，正如"那种曾用工人的双手建筑起铁路的精神，现在在哲学家的头脑中树立哲学体系"①。也就是说，铁路和哲学体系都不过是"精神"的自我实现，是依据"精神"而创造的。他还指出，"它（哲学）是文明的活的灵魂，哲学已成为世界的哲学，而世界也成为哲学的世界"②。"它是文明的活的灵魂"是说哲学作为理念的体现，是文明的本质；"哲学已成为世界的哲学"是说，哲学因为是世界普遍本质的表现，它必然不局限于狭隘的地域而成为世界范围内的哲学；"世界也成为哲学的世界"是说，现实世界是哲学（世界精神的自我意识）的实现。

马克思还以黑格尔的"理念"为武器来批判现实的国家、现实的婚姻和现实的法律等。他说："最新哲学认为……国家是一个庞大的机构，在这个机构里，必须实现法律的、伦理的、政治的自由，同时，个别公民服从国家的法律也就是服从自己本身理性的即人类理性的自然规律。"③"国家应该是政治的和法的理性的实现。"④当现存的法庭（代表国家）为林木占有者的私人利益服务时，国家就"脱离常规"，"沦为林木占有者的工具"⑤。这时，"真正的国家"（即符合理念的国家）应当大声呼喊："你（指现存的国家）的道路不是我的道路，你的思想不是我的思想！"⑥"当一个国家离开了国家的观念时，世界历史就要决定其是否还值得继续保存的问题。"⑦"任何国家、任何婚姻、任何友谊都不完全符合自己的概念。"⑧正如国家离开了自己的概念时国家就要灭亡一样，婚姻离开自己的观念时，这种婚姻就应当终结，离婚就是正当的行为。自由是"理性的

---

① 《马克思恩格斯全集（第1卷）》，人民出版社1956版，第120页。
② 《马克思恩格斯全集（第1卷）》，人民出版社1956版，第121页。
③ 《马克思恩格斯全集（第1卷）》，人民出版社1956版，第129页。
④ 《马克思恩格斯全集（第1卷）》，人民出版社1956版，第14页。
⑤ 《马克思恩格斯全集（第1卷）》，人民出版社1956版，第160页。
⑥ 《马克思恩格斯全集（第1卷）》，人民出版社1956版，第155页。
⑦ 《马克思恩格斯全集（第1卷）》，人民出版社1956版，第184页。
⑧ 《马克思恩格斯全集（第1卷）》，人民出版社1956版，第184页。

普遍阳光所赐的礼物"①，"法典就是人民自由的圣经"②。

1843 年至 1844 年，马克思转向"费尔巴哈派"后，则以费尔巴哈的人本主义哲学去批判现实的不合理性和论证共产主义的合理性和历史必然性，从而得出共产主义是向人的本质复归的结论。现实的各种制度之所以不合理，是因为它们蔑视人，不把人当人看。无产阶级为什么不满意于现实制度呢？"是由于它的人类本性和它那种公开地、断然地、全面地否定这种本性的生活状况相矛盾。"③ "由于在无产阶级的生活条件中现代社会的一切生活条件达到了违反人性的顶点，由于在无产阶级身上人失去了自己，同时他不仅在理论上意识到了这种损失，而且还直接由于不可避免的、无法掩饰的、绝对不可抗拒的贫困——必然性的这种实际表现——的逼迫，不得不愤怒反对这种违反人性的现象。"④ 而共产主义之所以合理、之所以必然实现，是因为这种制度是符合人性的制度，是向人性的复归："共产主义是私有财产即人的自我异化的积极的扬弃，因而是通过人并且为了人而对人的本质的真正占有；因此，它是人向人自身、向社会的（即人的）人的复归。"⑤

马克思还把费尔巴哈的人本主义原则视为自己共产主义理论的出发点和依据。他认为，德国的革命一直是"理论性"的，现在的革命即共产主义革命要"从哲学家的头脑开始"。费尔巴哈实现了这一哲学革命，他的哲学为共产主义奠定了原则基础。所以，他在给费尔巴哈的一封信中说："在这些著作（指费尔巴哈的著作——引者注）中您（我不知道是否有意地）给社会主义提供了哲学基础，而共产主义者也就立刻这样地理解了您的著作。"⑥ 马克思把费尔巴哈的"人是人的最高本质"这一原则看作是一个最高原则、一条"绝对命令"，费尔巴哈"对宗教的批判最后归结为人是人的最高本质这样一个学说，从而也归结为这样的绝对命令：必须推翻那些使人成为被侮辱、被奴役、被遗弃和被蔑视的东西的一切关系"⑦。

---

① 《马克思恩格斯全集（第 1 卷）》，人民出版社 1956 版，第 5 页。
② 《马克思恩格斯全集（第 1 卷）》，人民出版社 1956 版，第 71 页。
③ 《马克思恩格斯全集（第 2 卷）》，人民出版社 1957 版，第 44 页。
④ 《马克思恩格斯全集（第 2 卷）》，人民出版社 1957 版，第 45 页。
⑤ 《马克思恩格斯全集（第 2 卷）》，人民出版社 1957 版，第 77 页。
⑥ 《马克思恩格斯全集（第 27 卷）》，人民出版社 1972 版，第 450 页。
⑦ 《马克思恩格斯全集（第 1 卷）》，人民出版社 1956 版，第 9 - 10 页。

"德国唯一实际可能的解放是以宣布人本身是人的最高本质这个理论为立足点的解放。"① 共产主义是一种"实现有原则高度的实践",即"要达到人的高度的革命"。② 正因为如此,他把共产主义叫作"完成了的人道主义""实现了的人道主义""真正的人道主义"。

根据以上的史实可以看出,马克思"哲学时期"所肯定的"哲学",与我们现在所理解的作为世界观的理论体系的"哲学"一词不等同,其不仅包括世界观内容,还包括各种知识体系。这些知识体系本应当通过实证科学的研究而产生,但在此却由哲学基本原则产生;且这样的"哲学"具有三个特征:"第一,原则成为出发点;第二,从原则引出各个领域的知识;第三,从原则出发提供解决现实问题的种种方案。"③ 这种"哲学"不仅具有包罗万象的特征,还是一种研究立场的出发点,是解答现实问题所依据的出发点。从 1845 年起,马克思认识到这样的"哲学"的荒谬和无用,就起来反对"哲学",离开哲学基地,转向从现实生活出发研究问题。马克思所反对的"哲学",并非我们在一般意义上所理解的"关于世界观的理论体系",而是这种马克思称之为"哲学"的"一切从原则出发去获得知识的研究立场"以及通过这种研究立场获得的知识即"哲学知识"。④

(二)《提纲》终结"哲学",转变研究立场

1845 年春,马克思写下了著名的《提纲》,其最后一条提到"哲学家们只是用不同的方式解释世界,问题在于改变世界"⑤。正是在这里,马克思第一次表示了对"哲学"的否定和反对。马克思自觉地把自己排除在"哲学家"的行列之外,不再以新哲学家和"从前的哲学家"相对立,而是以非哲学家和"哲学家"相对立。"哲学家"已成为马克思批评的对象。

---

① 《马克思恩格斯全集(第 1 卷)》,人民出版社 1956 版,第 16 页。
② 《马克思恩格斯全集(第 1 卷)》,人民出版社 1956 版,第 9 页。
③ 王金福:《从"哲学共产主义"到科学共产主义——马克思、恩格斯的哲学革命与共产主义学说的转变》,载《哲学研究》2006 年 11 期,第 27 页。
④ 王金福:《从哲学到实证科学:马克思恩格斯研究立场的重大转变》,载《山东社会科学》2006 年第 11 期,第 24 页。
⑤ 《马克思恩格斯选集(第 1 卷)》,人民出版社 2012 版,第 136 页。

从 1845 年下半年开始，马克思、恩格斯"决定共同钻研我们的见解与德国哲学思想体系的见解之间的对立，实际上是把我们从前的哲学信仰清算一下"①。马克思讲的是"我们的见解与德国哲学思想体系的见解之间的对立"，而不是"我们的哲学见解与德国哲学思想体系的见解之间的对立"，从这句话就可以看出马克思已经把自己的思想和"德国哲学"划清界限。这一反哲学的立场，可以在"把我们从前的哲学信仰清算一下"的最后成果，即《形态》中清楚地看出。在"费尔巴哈"这一章一开始，马克思、恩格斯讲到青年黑格尔运动使德国在最近几年里所引起的"空前的变革"②，马克思、恩格斯把这场革命称之为"哲学骗局"。为什么这是一次"哲学骗局"呢？因为，"德国的批判，直至它最近所作的种种努力，都没有离开过哲学的基地"③。虽然青年黑格尔运动的成员们显得很热衷于革命，但"却是最大的保守派。他们之中最年轻的人宣称只为反对'词句'而斗争，那就确切地表达了他们的活动。不过他们忘记了：他们只是用词句来反对这些词句；既然他们仅仅反对这个世界的词句，那么他们就绝对不是反对现实的现存世界。这种哲学批判所能达到的唯一结果，是从宗教史上对基督教作一些说明，而且还是片面的说明"④。

在《形态》一书中，马克思、恩格斯在谈到他们与"德国哲学"不同的思想路线时说："德国哲学从天国降到人间；和它完全相反，这里我们是从人间升到天国。这就是说，我们不是从人们所说的、所设想的、所想象的东西出发，也不是从口头说的、思考出来的、设想出来的、想象出来的人出发，去理解有血有肉的人。我们的出发点是从事实际活动的人。"⑤ 在这里，马克思、恩格斯再一次把自己和"德国哲学"相对立。马克思、恩格斯明确指出，对现实生活的实证科学的研究使哲学失去了存在的余地："思辨终止的地方，在现实生活面前，正是描述人们实践活动和实际发展过程的真正的实证科学开始的地方。关于意识的空话将终止，它们一定会被真正的知识所代替。对现实的描述会使独立的哲学失去生存

---

① 《马克思恩格斯选集（第 2 卷）》，人民出版社 1972 年版，第 83 - 84 页。
② 《马克思恩格斯选集（第 1 卷）》，人民出版社 2012 年版，第 142 页。
③ 《马克思恩格斯选集（第 1 卷）》，人民出版社 2012 年版，第 143 页。
④ 《马克思恩格斯选集（第 1 卷）》，人民出版社 2012 年版，第 145 页。
⑤ 《马克思恩格斯选集（第 1 卷）》，人民出版社 2012 年版，第 152 页。

环境，能够取而代之的充其量不过是从对人类历史发展的考察中抽象出来的最一般的结果的概括。这些抽象本身离开了现实的历史就没有任何价值。它们只能对整理历史资料提供某些方便，指出历史资料的各个层次的顺序。但是这些抽象与哲学不同，它们绝不提供可以适用于各个历史时代的药方或公式。"①

马克思、恩格斯还反对"从哲学的观点"来理解历史的本质、人的本质。《形态》中，他们讲到："每个个人和每一代所遇到的现成的东西：生产力、资金和社会交往形式的总和，是哲学家们想象为'实体'和'人的本质'的东西的现实基础，是他们加以神化并与之作斗争的东西的现实基础，这种基础尽管遭到以'自我意识'和'唯一者'的身份出现的哲学家们的反抗，但它对人们的发展所起的作用和影响却丝毫也不因此而受到干扰。"②

在谈到人本主义异化观念产生的原因时，马克思、恩格斯说："哲学家们在不再屈从于分工的个人身上看到了他们名之为'人'的那种理想，他们把我们所阐述的整个发展过程看做是'人'的发展过程，从而把'人'强加于迄今每一历史阶段中所存在的个人，并把他描绘成历史的动力。这样，整个历史过程被看成是'人'的自我异化过程，实质上这是因为，他们总是用后来阶段的一般化的人强加于先前阶段的个人，并且把后来的意识强加于先前的个人。借助于这种以一开始就撇开现实条件的本末倒置的做法，他们就可以把整个历史变成意识发展的过程了。"③ 总之，马克思、恩格斯在《形态》中讲到"哲学"和"哲学家"时，都表现出否定、反对和批判的立场。

在《共产党宣言》中，马克思、恩格斯继续从批判、否定的立场谈论"哲学"。他们在评论"德国的或'真正的'社会主义"时说："德国的哲学家、半哲学家和美文学家，贪婪地抓住了这种文献（指法国的社会主义和共产主义的文献——引者注），不过他们忘记了：在这种著作从法国搬到德国的时候，法国的生活条件却没有同时搬过去。在德国的条件下，法国的文献完全失去了直接实践的意义，而只具有纯粹文献的形式。它必然

---

① 《马克思恩格斯选集（第1卷）》，人民出版社2012年版，第153页。

② 《马克思恩格斯选集（第1卷）》，人民出版社2012年版，第173页。

③ 《马克思恩格斯选集（第1卷）》，人民出版社2012年版，第210－211页。

表现为关于真正的社会、关于实现人的本质的无谓思辨。"①"他们在法国的原著下面写上自己的哲学胡说。例如，他们在法国人对货币关系的批判下面写上'人的本质的外化'，在法国人对资产阶级国家的批判下面写上所谓'抽象普遍物的统治的扬弃'，等等。"② 马克思、恩格斯在评论"真正的社会主义者"所说的人时说："这种人不属于任何阶级，根本不存在于现实界，而只存在于云雾弥漫的哲学幻想的太空。"③

马克思晚年在《给〈祖国纪事〉杂志编辑部的信》中也仍然坚持否定哲学研究立场而提倡实证科学的研究立场。他说："他（米海洛夫斯基）一定要把我关于西欧资本主义起源的历史概述彻底变成一般发展道路的历史哲学理论，一切民族，不管他们所处的历史环境如何，都注定要走这条道路，……但是我要请他原谅。他这样做，会给我过多的荣誉，同时也会给我过多的侮辱。"④ 马克思之所以觉得是"侮辱"而不是"荣誉"，是因为他认为要获得对历史发展的科学知识，需要的不是历史哲学而是实证科学研究："如果把这些发展过程中的每一个都分别加以研究，然后再把他们加以比较，我们就会很容易地找到理解这种现象的钥匙；但是，使用一般历史哲学理论这一把万能钥匙，那是永远达不到这种目的的，这种历史哲学理论的最大长处就在于它是超历史的。"⑤

恩格斯在自己独立的著作中也表现出诸多对哲学的批判和否定。在《反杜林论》的"哲学篇"中，恩格斯明确表明"哲学篇"是为批判杜林的哲学，而并不是阐明马克思主义"哲学"而写的。而且，在表达我们今天用"哲学"一词来指称马克思主义理论的地方，恩格斯只用"辩证法""唯物主义""世界观""自然观""历史观"等术语，而不使用"哲学"这个术语。例如，他说："本书所批判的杜林先生的'体系'，扩及非常广泛的理论领域，这使我不得不跟着他到处跑，并以自己的见解去反驳他的见解。因此消极的批判成了积极的批判；论战转变为马克思和我所主张的辩证方法和共产主义世界观的比较连贯的阐述，——而这一阐述包含了

① 《马克思恩格斯选集（第 1 卷）》，人民出版社 2012 年版，第 426 页。
② 《马克思恩格斯选集（第 1 卷）》，人民出版社 2012 年版，第 427 页。
③ 《马克思恩格斯选集（第 1 卷）》，人民出版社 2012 年版，第 427 页。
④ 《马克思恩格斯全集（第 19 卷）》，人民出版社 1963 年版，第 130 页。
⑤ 《马克思恩格斯全集（第 19 卷）》，人民出版社 1963 年版，第 131 页。

相当广泛的领域。我们这一世界观，首先在马克思的《哲学的贫困》和《共产党宣言》中问世，经过了二十余年的潜伏期，到《资本论》出版以后，就以日益增长的速度，扩大它的影响，并为日益广大的阶层所接受。"① "马克思和我，可以说是从德国唯心主义哲学中拯救了自觉的辩证法并且把它转为唯物主义的自然观和历史观的唯一的人。"② 恩格斯把马克思和他的世界观称之为"现代唯物主义"而不是"现代唯物主义哲学"，并且明确地表示了对哲学的否定性的意见。他说："在这两种情况（指历史观和自然观——引者注）下，现代唯物主义都是本质上辩证的，而且不再需要任何凌驾于其他科学之上的哲学了。一旦对每一门科学都提出了要求，要它弄清它在事物以及关于事物的知识的总联系中的地位，关于总联系的任何特殊科学就是多余的了。于是，在以往的全部哲学中还仍旧独立存在的，就只有关于思维及其规律的学说——形式逻辑和辩证法。其他一切都归到关于自然和历史的实证科学中去了。"③ "关于这种一般世界模式、关于这种存在的形式原则的科学，正是杜林先生的哲学基础。如果世界模式不是从头脑中，而仅仅是通过头脑从现实世界中得来的，如果存在的基本原则是从实际存在的事物来的，那末为此所需要的就不是哲学，而是关于世界以及关于世界中所发生的事情的实证知识；由此产生的也不是哲学，而是实证科学。"④ "现代唯物主义，否定的否定，不是单纯地恢复旧唯物主义，而是把两千年来哲学和自然科学发展的全部思想内容以及这两千年的历史本身的全部思想内容加到旧唯物主义的永久性基础上。这已经根本不再是哲学，而只是世界观，它不应当在某种特殊的科学的科学中，而应当在现实的科学中得到证实和表现出来。因此，哲学在这里被'扬弃'了，就是说，'既被克服又被保存'；按其形式来说是被克服了，按其现实的内容来说是被保存了。"⑤ 恩格斯甚至认为哲学"已经死去了"："当欧根·杜林先生大吵大嚷地跳上舞台，并且宣布他在哲学、政治经济学和社会主义中实行了全面的变革的时候，理论的社会主义和已

① 《马克思恩格斯选集（第3卷）》，人民出版社1972年版，第49页。
② 《马克思恩格斯选集（第3卷）》，人民出版社1972年版，第51页。
③ 《马克思恩格斯选集（第3卷）》，人民出版社1972年版，第65页。
④ 《马克思恩格斯选集（第3卷）》，人民出版社1972年版，第75页。
⑤ 《马克思恩格斯选集（第3卷）》，人民出版社1972年版，第178 – 179页。

经死去的哲学方面的情形就是这样。"①

恩格斯在晚年的《路德维希·费尔巴哈和德国古典哲学的终结》一文中，也仍然坚持着"反哲学"的立场。他在批评黑格尔哲学时指出，"这样给哲学提出任务（即发现永恒的、终极的真理——引者注），无非就是要求一个哲学家完成那只有全人类在其前进的发展中才能完成的事情，那末全部以往所理解的哲学也就终结了"②。在谈到费尔巴哈时，恩格斯指出哲学具有"凌驾于一切专门科学之上并包括一切专门科学的科学的科学"的特点。他说，"唯有费尔巴哈是个杰出的哲学家。但是，哲学，这一似乎凌驾于一切专门科学之上并包括一切专门科学的科学的科学，对他来说不仅仍然是不可逾越的屏障，是神圣不可侵犯的东西；而且，他作为一个哲学家，也停留在半路上"。③ 恩格斯认为，随着实证科学的发展，"自然哲学"和"历史哲学"都被清除了："描绘这样一幅总的图画，在以前是所谓自然哲学的任务。而自然哲学只能这样来描绘：用理想的、幻想的联系来代替尚未知道的现实的联系，用臆想来补充缺少的事实，用纯粹的想象来填补现实的空白。今天，自然哲学就最终被清除了。任何使它复活的企图不仅是多余的，而且是一种退步。"④ "但是这种历史观（指马克思的历史观）结束了历史领域内的哲学，正如辩证的自然观使一切自然哲学都成为不必要的和不可能的一样。现在无论在哪一方面，都不再是要从头脑中想出联系，而是要从事实中发现这种联系了。这样，对于已经从自然界和历史中被驱逐出去的哲学来说，要是还留下什么的话，那就只留下一个纯粹思维的领域：关于思维过程本身的规律的学说，即逻辑和辩证法。"⑤

根据以上的史实可以看出，在《提纲》诞生之前，马克思"肯定'哲学'，以从哲学原则出发解答现实问题"的方式来研究现实问题，这种研究问题的立场即"哲学立场"；《提纲》诞生之后，他反对"哲学"，终结"哲学"，"对现实问题的认识不以任何理论原则为根据而是以现实

---

① 《马克思恩格斯选集（第3卷）》，人民出版社1972年版，第67页。
② 《马克思恩格斯选集（第4卷）》，人民出版社1975年版，第215页。
③ 《马克思恩格斯选集（第4卷）》，人民出版社1975年版，第237页。
④ 《马克思恩格斯选集（第4卷）》，人民出版社1975年版，第242页。
⑤ 《马克思恩格斯选集（第4卷）》，人民出版社1975年版，第253页。

本身为根据，通过对现实的研究得出对现实的认识，把现实本身作为思维真理性的最高标准"①，这种研究问题的方式即"实证科学立场"。②从这种研究立场出发而获得的知识即实证知识。

"实证科学立场"一词来源于马克思的《形态》中的"实证科学"一词。实际上，马克思并非在 1845 年的《形态》中才开始使用"实证"这个词，早在 1841 年的博士论文《德谟克利特的自然哲学和伊壁鸠鲁的自然哲学的差别》中他就已经多次谈到"实证""实证哲学"。马克思在博士论文中提到"实证哲学"。他指出："哲学自我意识的这种双重性表现为两个极端，对立的流派"，其中的一个流派是"自由派"；另一个流派是"实证哲学"。③马克思这里所说的"实证哲学"是指 19 世纪 30 年代末 40 年代初德国哲学中的一种宗教神秘主义流派。此流派以克·海·魏瑟、伊·海·小费希特、安·君特、弗·巴德尔以及后期的谢林等人为代表。这些"实证哲学家"企图使哲学从属于宗教，反对理性认识，并且认为神的启示是"实证"知识的唯一源泉。他们把凡是宣布理性认识是自己的源泉的哲学都叫作"否定"哲学。④他们"把哲学的非概念的东西，即实在性的环节作为主要的规定"⑤。也就是说，他们把非理性的世俗世界的东西，包括宗教和专制制度等，都当作合理的规定。他们认为自己活动的内容是"进行哲学思考的尝试"，也就是"哲学的转向自身"，他们在理性和世俗世界之间设置了一条鸿沟，拒绝按照理性的要求来改变世界。⑥所以"实证哲学只能产生一些这样的要求和倾向，这些要求和倾向的形式同它们的意义是互相矛盾的"⑦。

马克思在博士论文中还多次提到了"实证"，认真研究可以发现马克

---

① 王金福：《从哲学到实证科学：马克思恩格斯研究立场的重大转变》，载《山东社会科学》2006 年第 11 期，第 21 页。

② 王金福：《从哲学到实证科学：马克思恩格斯研究立场的重大转变》，载《山东社会科学》2006 年第 11 期，第 19-24 页。

③ 《马克思恩格斯全集（第 40 卷）》，人民出版社 1982 年版，第 259 页。

④ 《马克思恩格斯全集（第 40 卷）》，人民出版社 1982 年版，第 924 页。

⑤ 《马克思恩格斯全集（第 40 卷）》，人民出版社 1982 年版，第 259 页。

⑥ 高光、阎树森、马迅：《马克思恩格斯早期著作研究——从〈博士论文〉到〈德意志意识形态〉》，中共中央党校 1992 年版，第 40 页。

⑦ 《马克思恩格斯全集（第 40 卷）》，人民出版社 1982 年版，第 260 页。

思所使用的"实证"一词都是和"神话和寓言""神秘""实证的宗教""灵魂"等词语联系在一起的，如："柏拉图对绝对的东西采用了实证的解释，而这种解释的基本的，从自身中产生出来的形式则是神话和寓言。"① "为什么柏拉图要竭力给哲学所认识的东西找到一个实证的，首先是神话的根据呢？"② "为什么这个实证的根据是神话性质的，是建立在神话的基础上的？"③ "当然，这里也显示出柏拉图哲学与一切实证的宗教，特别是与基督教——超验的东西的完美哲学——的血缘关系。"④ "在有限的、实证的东西本身中有灵魂，对灵魂说来，这种蛹化是神奇的；整个世界变成神话世界。"⑤ 由此可知，马克思在此所理解的"实证"即"实证哲学"流派所指的"神的启示"。对于这种意义上的"实证"，马克思是持否定态度的。

马克思在 1842 年写的《法的历史学派的哲学宣言》中又提到了"实证"一词。他在文中批判历史学派的代表胡果认为实证的事物是反对理性的观点时强调"实证"是合乎理性的。"他（指胡果——引者注）根本不想证明，实证的事物是合乎理性的；相反，他力图证明，实证的事物是不合理性的。胡果自鸣得意地竭力从各方面搬出证据，以便证明下列论点是显而易见的，即任何一种合乎理性的必然性都不能使各种实证的制度，例如所有制、国家制度、婚姻等等，具有生命力；这些制度甚至是同理性相矛盾的；人们至多只能在拥护或者反对这些制度的问题上空发议论而已。"⑥ 对此，马克思提出批评说："我们决不应该把这一方法归咎于胡果的偶然的个性，其实，这是他的原则的方法，这是历史学派的坦率而天真的、无所顾忌的方法。如果说实证的事物之所以应当有效，就因为它是实证的，那么我就必须证明，实证的事物之所以应当有效，并非因为它是合乎理性的；除了证明不合理性的事物是实证的，实证的事物是不合理性的，实证的事物不是由于理性，而是违背理性而存在以外，还有什么别的

① 《马克思恩格斯全集（第 40 卷）》，人民出版社 1982 年版，第 144 页。
② 《马克思恩格斯全集（第 40 卷）》，人民出版社 1982 年版，第 143 页。
③ 《马克思恩格斯全集（第 40 卷）》，人民出版社 1982 年版，第 143 页。
④ 《马克思恩格斯全集（第 40 卷）》，人民出版社 1982 年版，第 144 页。
⑤ 《马克思恩格斯全集（第 40 卷）》，人民出版社 1982 年版，第 144 页。
⑥ 《马克思恩格斯全集（第 1 卷）》，人民出版社 1956 年版，第 230 – 231 页。

办法能更清楚地证明这一点呢？假如理性是衡量实证的事物的尺度，那么实证的事物就不会是衡量理性的尺度。"① 马克思还指出胡果否定理性的实质，"他不认为实证的事物是合乎理性的事物，但这只是为了不把合乎理性的事物看作实证的事物"②。

从这些文献可以看出，马克思此时期由于受黑格尔主义的影响，肯定理性的意义，他认为一切实际存在的事物都是合乎理性的。他在这里所理解的"实证"已经不是写作博士论文期间所理解的那种反对理性的"实证哲学"流派的"实证"，而是指"实际的"和"实在的"③ 的意思。

在 1844 年写的《1844 年手稿》中，马克思对"实证"的理解又发生了变化，他把"实证"理解为从事实出发去研究。在《1844 年手稿》中，他就批判了黑格尔的思辨哲学是非实证的，并非从事实出发而是从思辨出发的"虚假的实证主义"。他说："黑格尔的虚假的实证主义或他那只是虚有其表的批判主义的根源就在于此，这也就是费尔巴哈所说的宗教或神学的设定、否定和恢复，然而这应当以更一般的形式来表达。"④ 马克思还充分肯定了费尔巴哈对国民经济学的批判是"实证的批判"，肯定费尔巴哈"创立了真正的实在的科学"。他说："对国民经济学的批判，以及整个实证的批判，全靠费尔巴哈的发现给它打下这真正的基础。从费尔巴哈起才开始了实证的人道主义和自然主义的批判。"⑤ "费尔巴哈的伟大功绩在于：……创立了真正的唯物主义和实在的科学，因为费尔巴哈也使'人与人之间的'社会关系成了理论的基本原则。"⑥ 从这两句话可以看出，马克思认为费尔巴哈的人道主义是"实证的人道主义"，因为费尔巴哈的人道主义是从人的存在与人的"类本质"相分离这一"劳动异化"事实出发来研究的理论，这种理论从事实出发，以事实为依据，所以这种

① 《马克思恩格斯全集（第 1 卷）》，人民出版社 1956 年版，第 231 页。
② 《马克思恩格斯全集（第 1 卷）》，人民出版社 1956 年版，第 232 页。
③ 《马克思恩格斯全集（第 1 卷）》，人民出版社 1956 年版，第 230 页。
④ ［德］马克思：《1844 年经济学哲学手稿》，中共中央著作编译局译，人民出版社 2000 年版，第 109 页。
⑤ ［德］马克思：《1844 年经济学哲学手稿》，中共中央著作编译局译，人民出版社 2000 年版，第 4 页。
⑥ ［德］马克思：《1844 年经济学哲学手稿》，中共中央著作编译局译，人民出版社 2000 年版，第 96 页。

人道主义就是"实证的人道主义"，费尔巴哈的功绩就在于创立了这种"实在的科学"。马克思此时还没有认识到，此"劳动异化"现象并非真正的客观事实，而是以虚构的单个人具有"类本质"为前提分析才得出的人的"类本质"与人的存在相分离这一虚假的事实。

而到了写作《形态》时，马克思对"实证科学"的认识又进了一步，他不再从虚构的事实出发去研究，而是从现实的事实出发去研究。他明确指出："思辨终止的地方，在现实生活面前，正是描述人们实践活动和实际发展过程的真正的实证科学开始的地方。关于意识的空话将销声匿迹，它们一定会被真正的知识所代替。对现实的描述会使独立的哲学失去生存环境，能够取而代之的充其量不过是从对人类历史发展的观察中抽象出来的最一般的结果的概括。这些抽象本身离开了现实的历史就没有任何价值。"①在此，马克思明确指出，"描述人们实践活动和实际发展过程"的科学就是"真正的实证科学"，这种"实证科学"不再以任何虚构的"意识的空话"为依据，而是以现实的历史为依据的，"离开了现实的历史就没有任何价值"。这种从事实出发，以事实为依据，并能为事实所证实的科学就是马克思所理解的"实证科学"。自此以后，马克思就是在这样的意义上使用"实证科学"的。

由以上马克思对"实证"的理解的考证可以看出，马克思在不同阶段对"实证"的理解是不一样的。在写作博士论文阶段，他把"实证"理解为"实证哲学"流派所指的"神的启示"而予以否定；在《法的历史学派的哲学宣言》中，他把"实证"理解为是一种合乎理性的实际的事物或实在；在《1844年手稿》中，他把"实证"理解为一种基于事实的研究而予以肯定；在《形态》中，他明确把"实证科学"理解为从事实出发，以事实为依据，并能为事实所证实的科学。

马克思的"实证"与孔德的"实证"一样吗？孔德的《实证哲学教程》头两卷1830年就开始在巴黎出版，随后在法国形成实证主义热潮，而马克思1843年移居巴黎。那么，马克思的"实证科学"思想是否直接受到了孔德的影响？

"实证"一词来源于拉丁语"positivus"，原意是"肯定""明确"

---

① ［德］马克思、［德］恩格斯：《德意志意识形态节选本》，人民出版社2003年版，第17–18页。

"确切"。在孔德看来，"实证"一词具有真实、有用、肯定、精确等含义，也就是说凡是实在的、有用的、肯定的和精确的东西都是实证的；反之，凡是虚妄的、无用的、犹疑不定的、模糊不精确的东西都是非实证的。他在《论实证精神》中就指出，"在其最古老、最通常的词义里，实证一词指的是真实，与虚幻相反……在第二个含义上，与前面的含义相近，但并不相同，它表示有用与无用的对比……按第三个常用的含义，这个巧妙的词经常用于表示肯定与犹疑的对立。……第四个通常的含义主要在于以精确对照模糊，它常常跟前一含义相混。"① 而"所谓实证精神，就是按照实证词义的要求对自然界和人类社会作审慎缜密的考察，以实证的、真实的事实为依据，找出其发展规律"②；"所谓实证哲学，就是把实证精神推广到哲学研究上去"③。孔德认为，人的感觉经验是真实、有用、肯定、精确的，所以是实证的。而世界的基础、本质等形而上学问题是理性的东西，无法证明其是否正确可靠，因而是非实证的。所以"实证哲学"是超出唯物主义和唯心主义的对立之外的新哲学。孔德将数学、天文学、物理学、化学、生物学和社会学都归入"实证哲学"。④

由上分析可知，马克思所理解的"实证科学"和孔德的"实证哲学"既有相同之处，又有明显的区别。共同点是都强调"经验""观察""事实""实证"等的作用。区别在于：其一，马克思的"实证科学"是指一切从事实出发，以事实为依据，并能为事实所证实的科学。从概念的外延来看，不仅孔德的"实证哲学"所指代的数学、天文学、物理学、化学、生物学、社会学等学科是"实证科学"，马克思的科学世界观理论也是"实证科学"。其二，孔德的"实证哲学"把哲学研究局限于经验范围之内，否定认识经验以外的实在的可能性，否定理性，否定对世界的基础、本质等形而上学问题的研究，并认为哲学超出唯物主义和唯心主义的对立

---

① ［法］奥古斯特·孔德：《论实证精神》，黄建华译，商务印书馆1996年版，第29－30页。

② ［法］奥古斯特·孔德：《论实证精神》，黄建华译，商务印书馆1996年版，第1页。

③ ［法］奥古斯特·孔德：《论实证精神》，黄建华译，商务印书馆1996年版，第2页。

④ ［法］奥古斯特·孔德：《论实证精神》，黄建华译，商务印书馆1996年版，第70页。

之外。① 而马克思的"实证科学"虽然终结了"哲学",但并不否定对世界的基础、本质等形而上学问题的研究,并不否定作为世界观意义的哲学超越了唯物主义和唯心主义的对立。

既然马克思的"实证科学"思想与孔德的"实证哲学"思想有相同之处,那么马克思的"实证"思想是否受到孔德的影响?从文本考证来说,马克思在19世纪60年代才首次提到孔德的名字。在1866年7月马克思致恩格斯的信中,马克思首次提到了对孔德及其实证主义的批判。他说:"我现在顺便研究孔德,因为英国人和法国人都对这个家伙大肆渲染。使他们受迷惑的是他的著作简直像百科全书,包罗万象。但是这和黑格尔比起来却非常可怜(虽然孔德作为专业的数学家和物理学家要比黑格尔强,就是说在细节上比他强,但是整个说来,黑格尔甚至在这方面也比他不知道伟大多少倍)。而且这种实证主义破烂货是出版于1832年!"② 从此之后,马克思才多次提到孔德,并批判孔德的实证主义。而在此之前,马克思虽然也使用了"实证""实证哲学"这些词语,但并不完全是孔德意义上的"实证""实证哲学"。这就说明,马克思19世纪40年代在巴黎尚未受到孔德"实证哲学"的影响,马克思倡导"实证科学"并不是受到孔德的直接影响。鲁克俭的《马克思实证方法与孔德实证主义关系初探》一文的观点也认同马克思19世纪40年代在巴黎的社交圈尚未受到孔德实证主义哲学的影响。③

但是,第二国际的理论家对马克思主义的"实证主义"理解却受了以孔德为代表的现代西方哲学的"实证主义"哲学思潮的影响。他们认为马克思主义不再是研究一般世界观本质问题的形而上学哲学,而是研究具体的自然科学、历史科学的实证主义科学。他们所理解的实证主义科学和马克思所理解的"实证科学"不同。

综上所述,马克思终结"哲学",开创"实证科学"的实质,是反对从原则出发,反对以"哲学"代替"实证科学"研究来提供认识现实世界的知识和改造现实世界的方案。对"哲学"的这种反对,意味着马克思

---

① 刘放桐:《现代西方哲学》上册,人民出版社1981年版,第34-35页。

② 《马克思恩格斯选集(第4卷)》,人民出版社2012年版,第463页。

③ 鲁克俭:《马克思实证方法与孔德实证主义关系初探》,载《社会科学》1999年第4期,第22页。

放弃以前那种通过从哲学原则出发来思考和研究从而得出对现实的认识的研究立场，转而采取从事实出发，通过对现实的科学研究而得出对现实的认识的"实证科学"的研究立场，即从"哲学立场"转向"实证科学立场"。这种思维方式和研究问题的基本立场的转变标志着马克思的哲学革命的爆发。

二、清算最后的"哲学信仰"，创立"新唯物主义"世界观

（一）费尔巴哈的哲学：马克思最后的"哲学信仰"

马克思并非天生就是马克思主义者，在其世界观的形成过程中，曾经有过"从前的哲学信仰"。据马克思在1859年写作《〈政治经济学批判〉序言》时谈到自己思想发展的进程时所说："当1845年他（恩格斯）也住在布鲁塞尔时，我们决定共同钻研我们的见解与德国哲学思想体系的见解之间的对立，实际上是把我们从前的哲学信仰清算一下。这个心愿是以批判黑格尔以后的哲学的形式实现的。"① 从马克思的这句话我们可以推断，在1845年之前，马克思的思想发展中曾有过"从前的哲学信仰"。根据马克思清算"从前的哲学信仰""这个心愿是以批判黑格尔以后的哲学的形式实现"，即《形态》的内容可以推测出，"从前的哲学信仰"主要是指对黑格尔哲学的信仰和对费尔巴哈哲学的信仰。除此之外，如果更往前追溯，马克思的思想中实际上还有过一种"理想主义"。"理想主义"、黑格尔哲学、费尔巴哈哲学，就是马克思"从前的哲学信仰"，这些"从前的哲学信仰"并非马克思主义的世界观思想。直到1845年春，《提纲》清算了费尔巴哈哲学这最后一个哲学信仰后，马克思的新世界观才诞生。

中学时期和大学初期（1837年11月以前），马克思曾信仰过一种他自称为"理想主义"的哲学。此"理想主义"来源于康德和费希特的哲学思想，就是"对'应有'和'现有'关系的一种哲学理解，'应有'决

---

① 《马克思恩格斯选集（第2卷）》，人民出版社1972年版，第83–84页。

定'现有'，'应有'是理想主义世界观的基本出发点"①。依据马克思1837年11月10日写给父亲的信可以知道他曾有过"理想主义"的哲学信仰。他在信中告诉父亲，他曾经以"理想主义"来构建法哲学体系，结果失败了，"这里首先出现的严重障碍正是现实的东西和应有的东西之间的严重对立，这种对立是唯心主义所固有的；它又成了拙劣的、错误的划分的根源。开头我搞的是我慨然称为法的形而上学的东西，也就是脱离了任何实际的法和法的任何形式的原则、思维、定义，这一切都是按费希特的那一套，只不过我的东西比他的更现代化，内容更空洞而已"②。"帷幕降下来了，我最神圣的东西已经毁了，必须把新的神安置进去。我从理想主义——顺便提一提，我曾拿它同康德和费希特的理想主义比较，并从其中吸取营养，——转而向现实本身寻求思想。如果说神先前是超脱尘世的，那么现在它们已经成为尘世的中心。"③ 这句话所说的"我最神圣的东西已经毁了"，就是指康德和费希特的理想主义这种"超脱尘世的""神"。马克思在1837年11月总结自己过去构建法哲学的失败经历时已经意识到了"理想主义"的不足，所以"从理想主义……转而向现实本身寻求思想"，把"超脱尘世的""神"转向"尘世的中心"。这一转变是由于马克思当时已经转向了黑格尔主义，站在黑格尔主义的这一"世界哲学"高度上才能看清自己以前的一些错误思想。由马克思1837年11月10日写给父亲的信的这些内容可以推测出，马克思当时已经转向了黑格尔主义，在转向黑格尔主义之前自己也是曾经信仰过康德和费希特的"理想主义"的。"理想主义"是马克思最初的哲学信仰。

如果一个哲人要构建一种新的哲学体系，那么其哲学基点就必须建立在当时的哲学思想的最高水平的基础上才有意义，否则只是重复他人的思想成果，是毫无意义的。依此而言，马克思主义哲学的创建也应该是以当时的哲学思想发展的最高水平为基础的。而"理想主义"虽然是马克思最初的哲学信仰，但其来源于康德和费希特哲学，体现的不是青年马克思所生活的那个时代哲学思想发展的最高水平，所以，从严格的意义上说，

---

① 王金福：《马克思的哲学在理解中的命运——对马克思主义哲学史的解释学考察》，苏州大学出版社2003年版，第54页。

② 《马克思恩格斯全集（第40卷）》，人民出版社1982年版，第10页。

③ 《马克思恩格斯全集（第40卷）》，人民出版社1982年版，第14－15页。

马克思的哲学革命及其时代价值
——《关于费尔巴哈的提纲》理解史的研究

"理想主义"阶段并不构成马克思哲学思想发展的真正起点。当马克思"从理想主义……转而向现实本身寻求思想"即转向黑格尔哲学时，他才站在了那个时代"世界哲学"的最高点，才开始了创立马克思主义哲学的进程。

1837 年 4 月，马克思由于生病不得不到施特拉劳休养。"在患病期间，我从头到尾读了黑格尔的著作，也读了他的大部分弟子的著作。由于在施特拉劳常和朋友们见面，我接触到了一个'博士俱乐部'，其中有几位讲师，还有我的一位最亲密的柏林朋友鲁腾堡博士。这里在争论中反映了很多相互对立的观点，而我同我想避开的现代世界哲学的联系却越来越紧密了。"①虽然"先前我读过黑格尔哲学的一些片断，我不喜欢它那种离奇古怪的调子。我想再钻到大海里一次，不过有个明确的目的，这就是要证实精神本性也和肉体本性一样也是必要的、具体的，并且具有同样的严格形式"②。从这两句话可以看出，马克思在大学初期研究哲学的时候也读过黑格尔的哲学，因为"不喜欢它那种离奇古怪的调子"，所以当时并没有接受黑格尔哲学思想。接触了"博士俱乐部"后，重新读了黑格尔及其弟子的著作后，他发觉他与自己曾"想避开的现代世界哲学的联系却越来越紧密了"，所以"想再钻到大海里一次"去"把真正的珍珠拿到阳光下来"。马克思从 1837 年转向黑格尔主义开始，直至 1843 年 3 月 17 日退出《莱茵报》编辑部，一直都把黑格尔的理念论哲学作为自己分析问题和解决问题的出发点，由此形成其理念论的哲学观、自然观、自由观、国家观和婚姻观。

理念论的哲学观。马克思根据黑格尔的理念论的哲学观如"每一哲学属于它的时代"③"每一哲学都是它的时代的哲学"④"哲学是时代精神的实质的知识"⑤"哲学是对时代精神实质的思想"⑥"哲学知识无疑就是精神的实质、精神的自我认识"⑦"它（哲学——引者加）是时代的精神，

---

① 《马克思恩格斯全集（第 40 卷）》，人民出版社 1982 年版，第 16 页。
② 《马克思恩格斯全集（第 40 卷）》，人民出版社 1982 年版，第 15 页。
③ 黑格尔：《哲学史讲演录（第 1 卷）》，商务印书馆 1959 年版，第 48 页。
④ 黑格尔：《哲学史讲演录（第 1 卷）》，商务印书馆 1959 年版，第 48 页。
⑤ 黑格尔：《哲学史讲演录（第 1 卷）》，商务印书馆 1959 年版，第 57 页。
⑥ 黑格尔：《哲学史讲演录（第 1 卷）》，商务印书馆 1959 年版，第 57 页。
⑦ 黑格尔：《哲学史讲演录（第 1 卷）》，商务印书馆 1959 年版，第 57 页。

208

作为自己正在思维的精神"① 等观点而提出"任何真正的哲学都是自己时代精神的精华"②，哲学是精神（作为主体的理念）通过哲学家的头脑对自己的最高的自我意识，正如"那种曾用工人的双手建筑起铁路的精神，现在在哲学家的头脑中树立哲学体系"③ 一样。

理念论的自然观。 马克思写作博士论文时，在论述"德谟克利特的自然哲学和伊壁鸠鲁的自然哲学在细节上的差别"时，就运用了黑格尔的理念论的思想来论证原子的质。他说："正如原子不外是抽象的、个别的自我意识的自然形式，感性的自然也只是客观化了的、经验的、个别的自我意识，而这就是感性的自我意识。所以感官就是具体自然中的唯一的标准，正如抽象的理性就是原子世界中的唯一标准那样。"④ "由于有了质原子就获得同它的概念相矛盾的存在。就被设定为外在化了的、同自己的本质不同的定在。"⑤ 从这些句子可以看出，马克思依据原子的自我意识（理念）是原子的自然形式即原子是原子理念的外化，把感性的理念看成是感性自然的客观化，把抽象的理性当作原子世界的标准，还把原子这种"定在"看成是原子概念的外在化。

理念论的国家观。 马克思依据黑格尔的国家是理性在社会历史发展阶段的最高实现的思想，把理性也看成是国家的本质。他在1842年1—2月的《评普鲁士政府的书报检察令》中指出，"国家应该是政治的和法的理性的实现"⑥，在1842年6—7月的《第179号"科伦日报"社论》中指出，"不应该把国家建立在宗教的基础上，而应建立在自由理性的基础上"⑦。马克思还在1842年10月写的《关于林木盗窃法的辩论》中指出，合乎理性的真正的国家不应该成为私人利益服务的工具，因为"私人利益的空虚的灵魂从未承受国家观念的照耀和熏染，它的这种非分要求对于国家来说是一个严重而切实的考验。如果国家哪怕在一个方面降低到这种水平，即按私有财产的方式而不按自己本身的方式来行动，那么由此可以直

① 黑格尔：《哲学史讲演录（第1卷）》，商务印书馆1959年版，第48页。
② 《马克思恩格斯全集（第1卷）》，人民出版社1956年版，第121页。
③ 《马克思恩格斯全集（第1卷）》，人民出版社1956年版，第120页。
④ 《马克思恩格斯全集（第40卷）》，人民出版社1982年版，第233页。
⑤ 《马克思恩格斯全集（第40卷）》，人民出版社1982年版，第218页。
⑥ 《马克思恩格斯全集（第1卷）》，人民出版社1956年版，第14页。
⑦ 《马克思恩格斯全集（第1卷）》，人民出版社1956年版，第127页。

接得出结论说，国家应该适应私有财产的狭隘范围来选择自己的手段"①。所以，当法庭在审判"林木盗窃案"过程中为林木私有者辩护时，马克思愤怒地斥责："这种把林木所有者的奴仆变为国家权威的逻辑，使国家权威变成林木所有者的奴仆。整个国家制度，各种行政机构的作用都应该脱离常规，以便使一切都沦为林木所有者的工具，使林木所有者的利益成为左右整个机构的灵魂。一切国家机关都应该成为林木所有者的耳、目、手、足，为林木所有者的利益探听、窥视、估价、守护、逮捕和奔波。"②国家应当是理性的体现，应当为一切人服务而不应当为林木占有者的私人利益服务。如果法庭（国家的代表）实际上成为为私人利益服务的工具，那么，真正的国家就应当大声疾呼："你的道路不是我的道路，你的思想不是我的思想！"③ 这样的国家就应该灭亡，因为"当一个国家离开了国家的观念时，世界历史就是要决定其是否还值得继续保存的问题"④。

理念论的自由观。马克思在写于 1842 年 3—4 月的《关于新闻出版自由和公布省等级会议辩论的情况的辩论》中，以黑格尔的理念论思想为武器，通过层层论证驳斥了省议会官员的"自由仅仅是某些人物某些等级的个人特性，……普遍理性和普遍自由是有害的思想"⑤ 的结论，指出自由是理性的要求，是"理性的普遍阳光所赐的自然礼物"⑥，"自由确实是人的本质，因此就连自由的反对者在反对自由的现实的同时也实现着自由"⑦，因而"自由报刊的本质，是自由所具有的刚毅的、理性的、道德的本质"⑧。马克思还以"行业自由、财产自由、信仰自由、新闻出版自由、审判自由，这一切都是同一个类即没有特定名称的一般自由的不同的种"⑨ 的思想驳斥了新闻出版社"你的自由不是我的自由"⑩ 的荒谬言论。

---

① 《马克思恩格斯全集（第 1 卷）》，人民出版社 1956 年版，第 261 页。
② 《马克思恩格斯全集（第 1 卷）》，人民出版社 1956 年版，第 267 页。
③ 《马克思恩格斯全集（第 1 卷）》，人民出版社 1956 年版，第 261－262 页。
④ 《马克思恩格斯全集（第 1 卷）》，人民出版社 1956 年版，第 285 页。
⑤ 《马克思恩格斯全集（第 1 卷）》，人民出版社 1956 年版，第 163 页。
⑥ 《马克思恩格斯全集（第 1 卷）》，人民出版社 1956 年版，第 163 页。
⑦ 《马克思恩格斯全集（第 1 卷）》，人民出版社 1956 年版，第 167 页。
⑧ 《马克思恩格斯全集（第 1 卷）》，人民出版社 1956 年版，第 171 页。
⑨ 《马克思恩格斯全集（第 1 卷）》，人民出版社 1956 年版，第 190 页。
⑩ 《马克思恩格斯全集（第 1 卷）》，人民出版社 1956 年版，第 191 页。

因此，马克思强调"真正的国家"、社会应当体现平等和自由。莱茵省法庭在审判林木盗窃案时，就没有把大小公民一律看待，偏袒大公民，这是违背国家的理性本质的。"既然大小林木所有者都有同样的权利要求国家的保护，那么，难道国家的大小公民不是更有同样的权利要求这种保护吗？"① 同样，按照理性的要求，人民应当是自由的，"法典就是人民自由的圣经"②。

理念论的婚姻观。马克思在写于 1842 年 12 月 18 日的《论离婚法草案》中指出，婚姻的概念，是友谊和爱情。当实际的婚姻不再符合婚姻概念时，即不再有友谊和爱情时，离婚就是必然的和合理的。"真正的国家、真正的婚姻、真正的友谊都是不可分离的，但是任何国家、任何婚姻、任何友谊都不完全符合自己的概念。正像甚至家庭中现实的友谊和世界上现实的国家都是可以分离的一样，国家中现实的婚姻也是可以分离的。"③

黑格尔主义哲学对马克思主义哲学的创立具有重大的意义。马克思站在巨人的肩上不仅汲取了黑格尔哲学这一"世界哲学"的合理思想，还改造了其不合理成分，萌生了许多宝贵的思想。如关注现实，对不合理的现实制度进行强烈的批判；关切、同情人民，尤其是劳动人民，为劳动人民的命运进行奋力的抗争；接受革命的辩证法；强调"客观性原则"，反对主观主义；确立了主体能动性、创造性思想等等。这些宝贵的思想经过以后的改造被保留下来，成为马克思主义哲学的构成因素。④

1843 年 3 月 17 日，马克思声明退出《莱茵报》编辑部，这一行动标志着马克思思想发展中的黑格尔主义阶段的结束和新阶段的开始。从 1843 年年初到 1844 年年底，这两年是马克思思想发展中的"费尔巴哈派"阶段。"费尔巴哈派"阶段的提法来自恩格斯："这部书（指费尔巴哈的《基督教的本质》——引者注）的解放作用，只有亲身体验过的人才可能想象得到。那时大家都很兴奋：我们一时都成为费尔巴哈派了。"⑤ 学界

① 《马克思恩格斯全集（第 1 卷）》，人民出版社 1956 年版，第 260 页。
② 《马克思恩格斯全集（第 1 卷）》，人民出版社 1956 年版，第 71 页。
③ 《马克思恩格斯全集（第 1 卷）》，人民出版社 1956 年版，第 348 页。
④ 王金福：《马克思的哲学在理解中的命运——对马克思主义哲学史的解释学考察》，苏州大学出版社 2003 年版，第 58 - 60 页。
⑤ 《马克思恩格斯选集（第 4 卷）》，人民出版社 2012 年版，第 222 页。

普遍认同马克思曾经有过黑格尔哲学的信仰的，但对是否具有费尔巴哈哲学信仰的问题却有不同的看法。笔者通过对马克思思想的解释学和文献学考察，证实马克思的思想中的确是有过对费尔巴哈哲学的信仰。证据有三：一是马克思承认曾经有过对费尔巴哈哲学的迷信和崇拜；二是马克思在此期间不仅没有把费尔巴哈哲学作为批判的对象，反而表现出对费尔巴哈的极大敬意，并把费尔巴哈哲学作为自己思想的理论基础；三是马克思此间的诸多思想都表现出费尔巴哈人本主义的痕迹。

证据一：马克思自觉意识到对费尔巴哈哲学的迷信和崇拜。

首先，马克思在 1867 年 4 月 24 日给恩格斯的信中表明了曾经有过对费尔巴哈的迷信。他说："在这里我又看到了《神圣家族》……我愉快而惊异地发现对于这本书，我们是问心无愧的，虽然对费尔巴哈的迷信现在给人造成一种滑稽的影响。"[①]

其次，恩格斯在《路德维希·费尔巴哈和德国古典哲学的终结》中也透露出他和马克思曾经属于"费尔巴哈派"的意思。他在书中说："费尔巴哈的《基督教的本质》出版了。……这部书的解放作用，只有亲身体验过的人才可能想象得到。那时大家都很兴奋：我们一时都成为费尔巴哈派了。马克思曾经怎样热烈地欢迎这种新观点，而这种新观点又是如何强烈地影响了他（尽管还有批判性的保留意见），这可以从《神圣家族》中看出来。"[②]

此外，马克思在 1859 年写作《〈政治经济学批判〉序言》谈到自己思想发展的进程时说："当 1845 年他（恩格斯）也住在布鲁塞尔时，我们决定共同钻研我们的见解与德国哲学思想体系的见解之间的对立，实际上是把我们从前的哲学信仰清算一下。这个心愿是以批判黑格尔以后的哲学的形式实现的。"[③] 他们清算"从前的哲学信仰""这个心愿是以批判黑格尔以后的哲学的形式实现的"，具体成果就是《形态》。从《形态》的副标题"对费尔巴哈、布·鲍威尔和施蒂纳所代表的现代德国哲学以及各式各样先知所代表的德意志社会主义的批判"及第一章"费尔巴哈"的内容可以推断出，费尔巴哈的哲学就包括在"从前的哲学信仰"中。

---

① 《马克思恩格斯全集（第 31 卷）》，人民出版社 1972 年版，第 293 页。
② 《马克思恩格斯选集（第 4 卷）》，人民出版社 2012 年版，第 222 页。
③ 《马克思恩格斯选集（第 2 卷）》，人民出版社 1972 年版，第 83 – 84 页。

证据二：此间的马克思没有把费尔巴哈哲学作为批判的对象，反而表现出对费尔巴哈的极大敬意，并把费尔巴哈哲学作为自己思想的理论基础。

虽然马克思在 1843 年初对费尔巴哈的哲学曾经有过一个批评性的保留意见，但这个批评不表示马克思对费尔巴哈哲学的总体批评态度，而是在总体表示欢迎的范围内的批评。这个批评性的保留意见出现在 1843 年 3 月，马克思读了费尔巴哈发表在卢格主编的《德国现代哲学和政治界轶闻集》中的《关于哲学改造的临时纲要》后，对新世界观的感触很深而写给卢格的一封信中。他在信中说："费尔巴哈的警句只有一点不能使我满意，这就是：他过多地强调自然而过少地关心政治。"① 马克思的这句话表明，他基本上接受了费尔巴哈的新世界观，但同时又包含有自己的不同理解。此后直至 1845 年以前，尤其是在《1844 年手稿》和《神圣家族》这两部著作中，马克思再也没有批评过费尔巴哈，反而对费尔巴哈充满崇敬之情。

在《1844 年手稿》中，马克思高度赞扬了费尔巴哈。他说："对国民经济学的机制，以及对整个实证的批判，全靠费尔马哈的发现给它打下真正的基础。从费尔巴哈起才开始了实证的人道主义的和自然主义的批判。费尔巴哈的著作越不被宣扬，这些著作的影响就越扎实、深刻、广泛而持久；费尔巴哈著作是继黑格尔的《现象学》和《逻辑学》之后包含着真正理论革命的唯一著作。"② "费尔巴哈是唯一对黑格尔辩证法采取严肃的、批判的态度的人；只有他在这个领域内作出了真正的发现，总之，他真正克服了旧哲学。费尔巴哈成就的伟大以及他把这种成就贡献给世界时所表现的那种谦逊纯朴，同批判所持的相反态度恰成惊人的对照。"③ 而且，马克思还在《提纲》中把费尔巴哈的"伟大功绩"概括为三大方面。

在此特别指出，学界有学者认为在《提纲》中找到了两处马克思批评费尔巴哈的言论。第一处是"费尔巴哈把否定的否定仅仅看作是哲学同自

① 《马克思恩格斯全集（第 27 卷）》，人民出版社 1972 年版，第 442 页。
② ［德］马克思：《1844 年经济学哲学手稿》，中共中央著作编译局译，人民出版社 2000 年版，第 4 页。
③ ［德］马克思：《1844 年经济学哲学手稿》，中共中央著作编译局译，人民出版社 2000 年版，第 96 页。

身的矛盾,看作在否定神学(超验性等)之后又肯定神学的哲学,即同自身相对立而肯定神学的哲学"①。有学者认为这句话是马克思批判费尔巴哈对否定之否定规律做了片面的理解,批判费尔巴哈把否定之否定规律"仅仅看作是哲学同自身的矛盾"。这种理解其实是对原意的误解。此句话中的"否定的否定"并非指辩证法中的否定之否定规律,而是指黑格尔的理念运动经过否定之否定的过程。黑格尔认为,理念作为一种纯粹的概念存在,没有对象,不能认识自己。只有通过理念的内在冲动外化自身,表现为一种不同于纯概念的外在物。这种外在物最初是自然界,然后理念离开自然界表现为人类社会。有了人类社会就有人,人有思维,能认识外部世界。理念通过人认识外部世界,从而达到自我认识,理念返回自身。理念的运动过程从理念外化(否定自身)——理念通过人认识自身(否定之否定)——理念返回自身,这就是否定之否定过程。费尔巴哈揭示了黑格尔理念运动的这个过程,马克思肯定这个过程是正确的。这个肯定就是马克思在"对黑格尔的辩证法和整个哲学的批判"一章中所概括的费尔巴哈的"三大功绩"的一个表现。

第二处是"被抽象地理解的,自为的,被确定为与人分隔开来的自然界,对人来说也是无。不言而喻,这位决心转向直观的抽象思维者是抽象地直观自然界的"②。学界有学者认为这句话是马克思批判费尔巴哈不承认存在不依赖于人的自然界。其实,这句话是批判黑格尔的抽象自然观,批判黑格尔所说的那种抽象的自然界是不存在的。把这句话放回原文③可以看出,这句话的主语是"抽象思维者",而这个"抽象思维者"是指黑格尔,非费尔巴哈。黑格尔认为自然界是理念这种抽象概念外化出来的"抽象的自然界",这"整个自然界不过是感性的,外在的形式下重复逻辑的抽象概念而已"④,而马克思认为,黑格尔的这种"抽象的自然界"

① 〔德〕马克思:《1844 年经济学哲学手稿》,中共中央著作编译局译,人民出版社 2000 年版,第 96 页。

② 〔德〕马克思:《1844 年经济学哲学手稿》,中共中央著作编译局译,人民出版社 2000 年版,第 116 页。

③ 〔德〕马克思:《1844 年经济学哲学手稿》,中共中央著作编译局译,人民出版社 2000 年版,第 116 - 117 页。

④ 〔德〕马克思:《1844 年经济学哲学手稿》,中共中央著作编译局译,人民出版社 2000 年版,第 117 页。

是"无"，即不存在的。

在《神圣家族》中，马克思再次对费尔巴哈进行高度的评价。他说："他们（指青年黑格尔主义者——引者注）之中无论哪一个都只是代表了黑格尔体系的一个方面。只有费尔巴哈才是从黑格尔的观点出发而结束和批判了黑格尔的哲学。费尔巴哈把形而上学的绝对精神归结为'以自然为基础的现实的人'，从而完成了对宗教的批判，同时也巧妙地拟定了对黑格尔的思辨以及一切形而上学的批判的基本要点。"① "然而，到底是谁揭露了'体系'的秘密呢？是费尔巴哈。是谁摧毁了概念的辩证法即仅仅为哲学家们所熟悉的诸神的战争呢？是费尔巴哈。是谁不是用'人的意义'（好像人除了是人之外还有其他的意义似的！）而是用'人'本身来代替包括'无限的自我意识'在内的破烂货呢？是费尔巴哈，而且仅仅是费尔巴哈。他所做的事情比这还要多。他早已摧毁了现今正被'批判'乱用的那些范畴：'人类关系的真正丰富性、历史的无穷无尽的内容、历史的斗争、群众和精神的斗争'等。"②

马克思甚至写信给费尔巴哈表示了自己的崇敬之情。在 1844 年 8 月 11 日给费尔巴哈的信中，他说："我趁此机会冒昧地给您寄上一篇我写的文章……我并不认为这篇文章有特殊意义，但我能有机会表示我对您的极崇高的敬意和爱戴（请允许我用这个字眼），我感到高兴。您的两部著作《未来哲学》和《信仰的本质》，尽管篇幅不大，但它们的意义，却无论如何要超过目前德国的全部著作。" "在这些著作中，您（我不知道是否有意地）给社会主义提供了哲学基础，而共产主义也就立刻这样理解了您的著作。"③ 从以上这些表明马克思对费尔巴哈态度的内容可以看出，马克思当时对费尔巴哈哲学不是持批评态度的，而是高度赞扬和认可。

证据三：马克思此间的诸多思想都表现出费尔巴哈人本主义的痕迹。

马克思在 1843—1844 年的哲学思想并非纯粹的费尔巴哈的思想，其已经有超越费尔巴哈思想的地方，但马克思本人当时还没有自觉意识到这一点，他把当时的思想都看成是费尔巴哈原则的发挥。他不仅大量沿用费尔巴哈普遍使用的"类""类本质""类生活""类存在物""自我异化"

---

① 《马克思恩格斯选集（第 2 卷）》，人民出版社 1972 年版，第 177 页。
② 《马克思恩格斯选集（第 2 卷）》，人民出版社 1972 年版，第 118 页。
③ 《马克思恩格斯全集（第 27 卷）》，人民出版社 1972 年版，第 449 - 450 页。

等哲学术语，还自觉地以费尔巴哈的"颠倒"的方法和人本主义思想为原则来观察和分析历史问题，在历史观上表现出唯心主义倾向，在唯物主义与唯心主义的对立问题上表现出"超越"的思想。

费尔巴哈的人本主义思想对马克思的历史观的影响主要表现在马克思对人的本质的看法以及对异化劳动和共产主义的理解上。在对人的本质的认识上，费尔巴哈认为，人的本质在于他的理性，而理性并非个人属性，而是类属性，"人的基本特征是他的思考；因此它是某种共通的，普遍的；理性是人类的人性，是他们——如果他们有思想——的类"①。因此，只有当人能够体现出作为类的本质，也就是当人能够体现出他具有的理性特征时，他才被看作是"真正的个人"。马克思也认为人生而有使其成为人的"类本质"，人的"类本质"就是"自由自觉"的劳动。由于种种原因，在劳动中，人的存在与"类本质"相分离，人失去了"类本质"导致人的自我异化。为了成为"真正的个人"，人必须克服"异化"以重新复归"类本质"，而共产主义就是人的本质的复归。人的自我异化与异化的克服和扬弃就是人类历史的运动，这种关于人类历史运动的观点就是人本主义历史观。马克思的人本主义历史观充分体现在其1843年至1844年的著作中。

1843年年初，马克思在给卢格的信中也表现出人本主义思想。他说："庸人的世界就是政治动物的世界……这种制度的原则就是使世界不成其为人的世界。"②"专制制度的唯一原则就是蔑视人，使人不成其为人。"③

1843年夏，马克思在《黑格尔法哲学批判》中也表现出人本主义思想。他说："等级不仅建立在社会内部的分裂这一当代的主导规律上，而且还使人脱离自己的普遍本质，把人变成直接受本身获得规定性所摆布的动物。"④

1844年年初，在《论犹太人问题》和《〈黑格尔法哲学批判〉导言》中，马克思大量使用了费尔巴哈的"类生活""类存在物""自我异化"等术语，还提出了"人是人的最高本质"这一费尔巴哈式的哲学命题。他

① 《费尔巴哈哲学著作选集》上卷，商务印书馆1984年版，第225页。
② 《马克思恩格斯选集（第1卷）》，人民出版社1956年版，第410页。
③ 《马克思恩格斯选集（第1卷）》，人民出版社1956年版，第441页。
④ 《马克思恩格斯选集（第1卷）》，人民出版社1956年版，第346页。

说，基督教国家中的人是"被我们整个社会组织败坏了的人，失掉自身的人，自我排斥的人，被非人的关系和势力控制了的人，一句话，还不是真正的类存在物"①。"任何一种解放都是把人的世界和人的关系还给人自己。"②"人的自我异化的神圣形象被揭穿以后，揭露非神圣形象中的自我异化，就成为了历史服务的哲学的迫切任务。"③"德国人唯一实际可能的解放就是从宣布人本身是人的最高本质这个理论出发的解放。"④

在《1844年手稿》中，马克思全面阐述了其人本主义历史观。他以费尔巴哈的人本主义思想考察了劳动的异化，揭示了异化劳动的根源、异化劳动和私有制的关系，论证了共产主义学说。马克思首先依据费尔巴哈的异化概念提出了自己的异化观。他认为人生而有人之为人的"类本质"即"自由自觉的活动"⑤，但随着历史的发展，人在劳动中异化了，"劳动不是自愿的劳动，而是被迫的强制劳动。因而，它不是满足劳动的需要，而只是满足劳动需要以外的需要的一种手段。劳动的异化性质明显地表现在，只要肉体的强制或其他强制一停止，人们就会象逃避鼠疫那样逃避劳动"⑥。所以，劳动不再是人的类生活，人失去了自己的"类本质"以致不再成为人，这就是劳动的异化，其表现在四个方面。第一，人和自己的劳动产品相异化，"工人同自己的劳动产品的关系就是同一个异己的对象的关系"⑦。第二，人同自己的生产劳动相异化，"劳动对于工人来说是外在的东西，也就是说，不属于他的本质的东西"⑧。第三，人同自己的类本质相异化，"人的类本质……变成人的异己的本质，变成维持他的个人生存的手段。异化劳动使人自己的身体，以及在他之外的自然界，他的精神本质，他的人的本质同人相异化。"⑨。第四，"人同人相异化"⑩。异化

① 《马克思恩格斯选集（第1卷）》，人民出版社1956年版，第343页。
② 《马克思恩格斯选集（第1卷）》，人民出版社1956年版，第443页。
③ 《马克思恩格斯选集（第1卷）》，人民出版社1956年版，第453页。
④ 《马克思恩格斯选集（第1卷）》，人民出版社1956年版，第16页。
⑤ 《马克思恩格斯全集（第42卷）》，人民出版社1979年版，第96页。
⑥ 《马克思恩格斯全集（第42卷）》，人民出版社1979年版，第94页。
⑦ 《马克思恩格斯全集（第42卷）》，人民出版社1979年版，第91页。
⑧ 《马克思恩格斯全集（第42卷）》，人民出版社1979年版，第91页。
⑨ 《马克思恩格斯全集（第42卷）》，人民出版社1979年版，第97页。
⑩ 《马克思恩格斯全集（第42卷）》，人民出版社1979年版，第98页。

的本质是人的存在与人的本质相分离。

按照这种人本主义逻辑,马克思紧接着分析了异化劳动的根源以及异化劳动和私有制的关系。他认为不是私有制产生异化劳动,而是异化劳动产生了私有制,虽然二者之间有相互作用的关系,但异化劳动的作用更根本。他说:"总之,通过异化的、外化的劳动,工人生产出一个跟劳动格格不入的、站在劳动之外的人同这个劳动的关系。工人同劳动的关系,生产出资本家(或者不管人们给雇主起个什么别的名字)同这个劳动的关系。从而,私有财产是外化劳动即工人同自然界和自身的外在关系的产物、结果和必然后果。"① 从这句话可以看出,马克思认为异化劳动是产生私有财产的原因。但同时,马克思又不否定异化劳动和私有财产之间的相互作用。他说:"诚然,我们从国民经济学得到作为私有财产运动之结果的外化劳动(外化的生命)这一概念。但是对这一概念的分析表明,与其说私有财产表现为外化劳动的根据和原因,还不如说它是外化劳动的结果,正像神原先不是人类理性迷误的原因,而是人类理性迷误的结果一样。后来,这种关系就变成相互作用的关系。"② "私有财产一方面是外化劳动的产物,另一方面又是劳动借以外化的手段,是这一外化的实现。"③ "私有财产作为外化劳动的物质的、概括的表现。"④ 马克思虽然承认私有财产对异化劳动的作用,但他认为异化劳动的真正根源并不是私有财产。"人怎么使他的劳动外化、异化?这种异化又怎么以人的发展的本质为根据?我们把私有财产的起源问题变成异化劳动同人类发展进程的关系问题,也就为解决这一任务得到了许多东西。因为当人们谈到私有财产时,认为他们谈的是人之外的东西。而当人们谈到劳动时,则认为是直接谈到人本身。问题的这种新的提法本身就已经包含问题的解决。"⑤ 马克思的这句话表明,私有财产"是人之外的东西",不能成为异化劳动这一属于"人本身"的东西的根源,异化劳动的根源在于属于"人本身"的"人的发展的本质"。

---

① 《马克思恩格斯全集(第42卷)》,人民出版社1979年版,第100页。
② 《马克思恩格斯全集(第42卷)》,人民出版社1979年版,第100页。
③ 《马克思恩格斯全集(第42卷)》,人民出版社1979年版,第100页。
④ 《马克思恩格斯全集(第42卷)》,人民出版社1979年版,第100页。
⑤ 《马克思恩格斯全集(第42卷)》,人民出版社1979年版,第102页。

马克思之所以对私有制和异化劳动关系进行分析，目的是要论证私有制必然消亡，驳斥资本主义私有制的神圣性和永恒性，从而得出共产主义的合理性和必然性的结论。既然私有制是异化劳动的产物，而异化劳动必将随着人的自我异化的克服而消亡，所以私有制也必然会消亡。而"共产主义是私有财产即人的自我异化的积极的扬弃，因而是通过人并且为了人而对人的本质的真正占有；因此，它是人向自身、向社会的（即人的）人的复归，这种复归是完全的、自觉的而且保存了以往发展的全部财富的"。① 马克思的这句话表明，共产主义是实现人性复归的必由之路，所以其是合理的和必然的。马克思把这种合理的共产主义叫作"人道主义"和"自然主义"。"这种共产主义，作为完成了的自然主义，等于人道主义，而作为完成了人道主义，等于自然主义，它是人和自然界之间、人和人之间的矛盾的真正解决，是存在和本质、对象化和自我确证、自由和必然、个体和类之间的斗争的真正解决。"② 之所以称共产主义为"人道主义"，是因为共产主义符合人性复归的人本要求，又因为回归人性就是回归人生而有之的自然本性，所以又把共产主义叫作"自然主义"。从马克思的整个论证过程可以看出，他此时论证的逻辑基本上是一种人性逻辑：人的发展经过异化（人失去本质），必然达到对人性的复归，而共产主义就是对人性复归的结果。

在《神圣家族》中，马克思仍旧高举人本主义的旗帜。他在"序言"的第一句话就说："在德国，对真正的人道主义说来，没有比唯灵论即思辨唯心主义更危险的敌人了。"③ 其次，他还依据法国唯物主义对人的态度的不同分成两派："一派是机械唯物主义，它成为真正获得法国自然科学的财产"④，但在其后的发展中却"变得敌视人了"⑤；另一派"主要是法国有教养的分子，它直接导向社会主义"，这一派是"和人道主义相吻合的唯物主义"⑥，而"比较有科学根据的法国共产主义者德萨米、盖依

---

① 《马克思恩格斯全集（第42卷）》，人民出版社1979年版，第120页。
② 《马克思恩格斯全集（第42卷）》，人民出版社1979年版，第120页。
③ 《马克思恩格斯选集（第2卷）》，人民出版社1957年版，第7页。
④ 《马克思恩格斯选集（第2卷）》，人民出版社1957年版，第160页。
⑤ 《马克思恩格斯选集（第2卷）》，人民出版社1957年版，第164页。
⑥ 《马克思恩格斯选集（第2卷）》，人民出版社1957年版，第160页。

等人，像欧文一样，也把唯物主义学说当做现实的人道主义学说和共产主义的逻辑基础加以发展"①。

费尔巴哈的人本主义思想对马克思的影响还表现在马克思的"超越"唯物主义与唯心主义对立的思想上。按思想实质来说，费尔巴哈的确是一位唯物主义者，但是他并不承认自己的哲学是唯物主义。他说："唯物主义、唯心主义、生物学、心理学都不是真理；只有人本学是真理，只有感性、直观的观点是真理，因为只有这个观点给予我整体性和个别性。"②"告诉你吧，'唯一者'，费尔巴哈既不是唯心主义者，也不是唯物主义者!"③"既不应当称费尔巴哈为唯物主义者，也不应当称他为唯心主义者，又不应当称他为同一哲学家。"④ 受费尔巴哈超越唯物主义与唯心主义对立的影响，马克思在"费尔巴哈派"阶段上也表现出某种"超越"的思想。他这时并不明确地称自己的哲学是唯物主义，而把自己的哲学叫作"彻底的自然主义或人道主义"，并认为"彻底的自然主义或人道主义，既不同于唯心主义，也不同于唯物主义，同时又是把二者结合的真理。我们同时也看到，只有自然主义能够理解世界历史的行动"⑤。马克思还称赞费尔巴哈，说："唯灵论和唯物主义过去在各方面的对立已经在斗争中消除，并为费尔巴哈永远克服。"⑥

从以上材料可以看出，马克思的思想进程中确实有过一个"费尔巴哈派"阶段。否认马克思思想发展中的这个阶段，就无法解释马克思对费尔巴哈的崇拜、迷信的事实，更无法解释马克思当时的实际思想。但承认马克思思想发展中的"费尔巴哈派"阶段，并不意味着马克思在这个阶段上的思想都是费尔巴哈的思想，没有超越费尔巴哈思想的因素。事实上，马克思的思想在这个阶段上存在着矛盾的因素：一方面，有费尔巴哈的人本主义历史观的因素，马克思自觉地以费尔巴哈的原则和方法来观察历史问题；另一方面，又有超越费尔巴哈人本主义的"新世界观"的因素。但

---

① 《马克思恩格斯选集（第2卷）》，人民出版社1957年版，第167－168页。
② 《费尔巴哈哲学著作选集》上卷，商务印书馆1984年版，第205页。
③ 《费尔巴哈哲学著作选集》下卷，商务印书馆1984年版，第434页。
④ 《费尔巴哈哲学著作选集》下卷，商务印书馆1984年版，第435页。
⑤ 《马克思恩格斯全集（第42卷）》，人民出版社1979年版，第160页。
⑥ 《马克思恩格斯全集（第42卷）》，人民出版社1979年版，第120页。

是，马克思此时还没有自觉意识到此两种世界观的对立，他把所有的思想都看成是费尔巴哈的原则的发挥。但事实上，在这一时期，马克思不同于费尔巴哈哲学的"新世界观"因素大量增长，为马克思和费尔巴哈的人本主义的决裂做了量的积累。这些"新世界观"因素主要有以下三个方面。

第一方面，唯物主义实践观的因素。马克思在接受费尔巴哈的唯物主义之后，不同于费尔巴哈自然唯物主义的方面，就是特别关注社会现实生活，重视对劳动、生产实践的研究，并在此基础上产生了唯物主义实践观的因素。具体体现为以下几点。

其一，在《1844 年手稿》中已经开始把实践理解为人们改造自然、创造世界的活动，即"通过实践创造对象世界，即改造无机界，证明人是有意识的类存在物"①，并认为"真正的人"就是这种活动的创造物，正如他在批判黑格尔的劳动思想时说到的，黑格尔的"伟大之处首先在于，黑格尔把人的自我产生看作一个过程，把对象化看作非对象化，看作外化和这种外化的扬弃；因而，他抓住了劳动的本质，把对象性的人、现实的因而是真正的人理解为自己的劳动的结果"。②

其二，在《1844 年手稿》中已经看到了实践具有能动性和受动性的特点。他说："人作为自然的存在物，而且作为有生命的自然存在物，一方面具有自然力、生命力，是能动的自然存在物；这些力量作为天赋和才能、作为欲望存在于人身上；另一方面，人作为自然的、肉体的、感性的、对象性的存在物，同动植物一样，是受动的、受制约的和受限制的存在物，就是说，他的欲望的对象是作为不依赖于他的对象而存在于他之外的；但是，这些对象是他的需要的对象；是表现和确证他的本质力量所不可缺少的、重要的对象。"③ 这里所说的"能动"即创造性，实践主体能动地创造世界的能力；"受动"即实践主体创造世界的活动受客观规律和物质条件的制约。马克思在黑格尔阶段就已经汲取了黑格尔哲学的主体能动性思想，所以能看到作为实践主体的人是既有主动性又有受动性这双重特点的。

---

① 《费尔巴哈哲学著作选集》下卷，商务印书馆 1984 年版，第 96 页。

② 《费尔巴哈哲学著作选集》下卷，商务印书馆 1984 年版，第 163 页。

③ ［德］马克思：《1844 年经济学哲学手稿》，中共中央著作编译局译，人民出版社 2000 年版，第 105 页。

其三，在《1844 年手稿》中已经看到实践创造人的现实自然界，提出"人化自然"的概念，并确立了人化自然观的思想。马克思在谈到人的意识的对象时说："人的感觉、感觉的人性，都是由于它的对象的存在，由于人化的自然界，才产生出来的。五官感觉的形成是以往全部世界历史的产物。"① 而"人化自然"即"在人类历史中即在人类社会的产生过程中形成的自然界"，它"是人的现实的自然界"。②

其四，确立了理论和实践相统一的原则。马克思在《1844 年手稿》中说："思维和存在虽有区别，但同时彼此又处于统一之中。"③ 这里的"存在"是指作为意识现实基础的存在，也就是人们的实践活动，或人化的自然界。同时，理论和实践相统一的原则还表现在许多方面。首先，提出了实践是意识的现实基础。马克思在《1844 年手稿》中提道："说生活有它的一种基础，科学有它的另一种基础——这根本就是谎言。"④ 在《神圣家族》中又说："难道批判的批判以为，只要从历史运动中排除掉人对自然界的理论关系和实践关系，排除掉自然科学和工业，它就达到即使是才开始的对历史现实的认识吗？"⑤ 这种实践对意识的基础作用具体体现在：①实践为意识提供了对象。马克思在《1844 年手稿》中说："动物和它的生命活动是直接同一的，动物不把自己同自己的生命活动区别开来。它就是这种生命活动。人则使自己的生命活动本身变成自己的意志和意识的对象……他自己的生活对他是对象。"⑥ 马克思这里已经提出了实践是意识的对象的思想，此思想正是《提纲》第一条的意识对象观思想的萌芽。②人的五官感觉是实践的产物。马克思在《1844 年手稿》中说："只是由于人的本质的客观地展开的丰富性，主体的、人的感性的丰富性，如有音乐感的耳朵、能感受形式美的眼睛，总之，那些成为人的享受的感觉，即确证自己是人的本质力量的感觉，才一部分发展起来，一部分产生出来。因为，不仅五官感觉，而且所谓精神感觉、实践感觉（意志、爱等

---

① 《马克思恩格斯全集（第 42 卷）》，人民出版社 1979 年版，第 126 页。
② 《马克思恩格斯全集（第 42 卷）》，人民出版社 1979 年版，第 128 页。
③ 《马克思恩格斯全集（第 42 卷）》，人民出版社 1979 年版，第 123 页。
④ 《马克思恩格斯全集（第 42 卷）》，人民出版社 1979 年版，第 128 页。
⑤ 《马克思恩格斯全集（第 42 卷）》，人民出版社 1979 年版，第 191 页。
⑥ 《马克思恩格斯全集（第 42 卷）》，人民出版社 1979 年版，第 96 页。

等），一句话，人的感觉、感觉的人性，都只是由于它的对象的存在，由于人化的自然界，才产生出来的。五官感觉的形成是以往全部世界历史的产物。"① ③已经有了实践是检验认识真理性的思想的萌芽。马克思在《1844 年手稿》中说："我们看到，理论的对立本身的解决，只有通过实践方式，只有借助于热的实践力量。才是可能的；因此，这种对立的解决不只是认识的任务，正因为哲学把这仅仅看作理论的任务。"② 马克思在这里已经看到要解决理论上的对立，只有通过实践的方式才可能，这就是实践是检验认识真理性的思想的萌芽。④实践是意识实现自身的根本途径。马克思在《神圣家族》中说："思想根本不能实现什么东西。为了实现思想，就要有使用实践力量的人。"③ "这一运动（指社会主义运动——引者注）决不会像批判的批判所想的那样完成于纯粹的，即抽象的理论中，而必定完成于决不去关心批判的那种无条件的范畴的实实在在的实践中。"④ 从这些话可以看出，马克思当时已经认识到意识不能单独起作用，而必须通过实践来实现的思想。

其次，还认识到理论对实践的指导作用。马克思主张理论要从"骨子里都卷入了斗争的漩涡……要对现存的一切进行无情的批判"⑤。"把我们的批判和实际斗争结合起来，并把批判和实际斗争看作同一件事情。"⑥ "哲学把无产阶级当作自己的物质武器，同样地，无产阶级也把哲学当作自己的精神武器。"⑦ "理论一经掌握群众，也会变成物质力量。"⑧ 也正因为马克思认识到了理论和实践的统一，理论必须符合实践又指导实践，所以，马克思高举反教条主义的旗帜，"不主张我们竖起任何教条主义的旗帜"⑨。

第二方面，唯物主义历史观的因素。马克思在此阶段还提出了许多有

---

① 《马克思恩格斯全集（第 42 卷）》，人民出版社 1979 年版，第 126 页。
② 《马克思恩格斯全集（第 42 卷）》，人民出版社 1979 年版，第 127 页。
③ 《马克思恩格斯选集（第 2 卷）》，人民出版社 1979 年版，第 152 页。
④ 《马克思恩格斯选集（第 2 卷）》，人民出版社 1979 年版，第 194 页。
⑤ 《马克思恩格斯选集（第 1 卷）》，人民出版社 1956 年版，第 416 页。
⑥ 《马克思恩格斯选集（第 1 卷）》，人民出版社 1956 年版，第 417－418 页。
⑦ 《马克思恩格斯选集（第 1 卷）》，人民出版社 1956 年版，第 467 页。
⑧ 《马克思恩格斯选集（第 1 卷）》，人民出版社 1956 年版，第 460 页。
⑨ 《马克思恩格斯选集（第 1 卷）》，人民出版社 1956 年版，第 416 页。

历史唯物主义意义的观点，比如：关于社会意识和社会存在、思想和利益的关系的观点。马克思在《论犹太人问题》中指出：要"把神学问题化为世俗问题"①，"用历史来说明迷信"②。"神学问题"和"迷信"即社会意识的问题，而"世俗问题"和"历史"则是社会存在的问题。马克思此时已经看到了社会存在决定社会意识的关系。在《神圣家族》中，马克思指出："'思想'一旦离开'利益'，就一定会使自己出丑"③，"资产阶级在1789年革命中的利益决不是'不成功的'，它'压倒了'一切，并获得了实际成效……这种利益是如此强大有力，以致顺利地征服了马拉的笔、恐怖党的断头台、拿破仑的剑，以及教会的十字架和波旁王朝的纯血统"④。由此可见，马克思在《神圣家族》中已经认识到利益决定思想的关系。

关于家庭、市民社会与国家的关系和历史发展的动力问题。马克思在《黑格尔法哲学批判》中认识到不是国家决定家庭和市民社会，而是家庭和市民社会决定国家，"家庭和市民社会是国家的前提，它们才是真正的获得者"⑤，"家庭和市民社会本身把自己变成国家。它们才是原动力"。在《神圣家族》中，马克思还提出了"历史的发源地"不是"在天上的云雾中"，而是"在尘世的粗糙的物质生活中"。⑥

关于人的本质问题。马克思在《黑格尔法哲学批判》中指出，人的"本质不是人的胡子、血液、抽象的肉体的本性，而是人的社会特质"⑦。在《1844年手稿》中提出："个人是社会存在物。"⑧ 马克思此时对人的本质的认识已经有了唯物史观的意思，不再把人的本质归结为自然性，而是从社会性来考察。

关于人民群众的历史作用问题。马克思已经认识到人是历史活动的主体，是历史的主要创造者，无产阶级必须自己解放自己。马克思在《神圣

---

① 《马克思恩格斯选集（第1卷）》，人民出版社1956年版，第416页。
② 《马克思恩格斯选集（第1卷）》，人民出版社1956年版，第425页。
③ 《马克思恩格斯选集（第2卷）》，人民出版社1957年版，第103页。
④ 《马克思恩格斯选集（第2卷）》，人民出版社1957年版，第103页。
⑤ 《马克思恩格斯选集（第1卷）》，人民出版社1956年版，第250–251页。
⑥ 《马克思恩格斯选集（第2卷）》，人民出版社1957年版，第191页。
⑦ 《马克思恩格斯全集（第42卷）》，人民出版社1979年版，第131页。
⑧ 《马克思恩格斯选集（第1卷）》，人民出版社1956年版，第251页。

家族》中说:"创造这一切、拥有这一切并为这一切而斗争的,不是'历史',而正是人,现实的、活生生的人。'历史'并不是把人当作达到自己目的工具来利用的某种特殊的人格。历史不过是追求着自己目的的人的活动而已。"① 在资本主义社会中,"工人才创造这一切"②;"历史活动是群众的事业,随着历史活动的深入,必将是群众队伍的扩大。"③ "无产阶级能够而且必须自己解放自己。"④

第三方面,唯物辩证法的因素。马克思在信仰黑格尔哲学时,就已经汲取了黑格尔哲学中的辩证法思想。不过,在《莱茵报》时期,马克思的辩证法还是唯心主义的辩证法。转向费尔巴哈之后,马克思认识到黑格尔的辩证法的唯心主义性质,就开始在唯物主义的基础上改造黑格尔的唯心主义辩证法。在《1844 年手稿》的"对黑格尔的辩证法和整个哲学的批判"一节中,马克思就在肯定黑格尔的辩证法的合理性的基础上指出其唯心主义性质。马克思说:"黑格尔的《现象学》及其最后成果——作为推动原则和创造原则的否定性的辩证法——的伟大之处首先在于,黑格尔把人的自我产生看作一个过程,把对象化看作是失去对象,看作外化和这种外化的扬弃;因而,他抓住了劳动的本质,把对象性的人、现实的因而是真正的人理解为他自己的劳动的结果。"⑤ 他充分肯定了黑格尔的辩证法思想的合理之处,同时,他又指出:黑格尔的"整整一部《哲学全书》不过是哲学精神的展开的本质,是哲学精神的自我对象化;而哲学精神不过是在它的自我异化内部通过思考理解即抽象地理解自身的、异化的世界精神。"⑥ 也就是说,黑格尔的辩证法是绝对精神运动的辩证法,不是现实事物的辩证法,现实事物的辩证法只是精神辩证法的外部表现。此阶段的马克思在揭示黑格尔辩证法的唯心主义性质的同时,也积极利用黑格尔辩证法的合理思想来分析现实生活中的矛盾。例如,他分析了思维和存在的关系,迷信(宗教)和历史的关系,哲学和无产阶级的关系,批判的武

---

① 《马克思恩格斯选集(第 2 卷)》,人民出版社 1957 年版,第 118 – 119 页。
② 《马克思恩格斯选集(第 2 卷)》,人民出版社 1957 年版,第 104 页。
③ 《马克思恩格斯选集(第 2 卷)》,人民出版社 1957 年版,第 104 页。
④ 《马克思恩格斯选集(第 2 卷)》,人民出版社 1957 年版,第 45 页。
⑤ 《马克思恩格斯全集(第 42 卷)》,人民出版社 1979 年版,第 163 页。
⑥ 《马克思恩格斯全集(第 42 卷)》,人民出版社 1979 年版,第 160 页。

器和武器的批判的关系，思想和利益的关系，自然界和人的关系，人的存在和人的本质的关系，资本和劳动的关系，等等。

以上三种哲学思想就是马克思在创立马克思主义哲学以前的哲学信仰。在"从前的哲学信仰"阶段，尤其是在"费尔巴哈派"阶段，马克思虽然萌发了新世界观的因素，但总体上还没有形成自己的世界观，还主要是以费尔巴哈的人本主义思想为基础来观察和分析现实问题。所以作为一种新世界观体系的马克思主义哲学还没有诞生。即便是这样，马克思在此阶段也并不是完全简单地吸收这些哲学信仰，而是在吸收的基础上进行创造性的改造，并产生了许多新世界观的思想，从而为马克思的新世界观的诞生奠定了扎实的思想基础。

（二）《提纲》批判费尔巴哈的直观唯物主义，创立"新唯物主义"

1845 年 2 月，马克思被法国政府驱逐到了比利时的布鲁塞尔。在布鲁塞尔，马克思重新阅读了费尔巴哈的著作，认识到了费尔巴哈的人本主义哲学的缺陷，自觉意识到自己的思想与费尔巴哈思想的对立，开始批判费尔巴哈的人本主义。原来处于局部因素的新世界观上升为自觉的世界观，新世界观脱离母体而诞生。所以，对费尔巴哈哲学这个马克思的最后一个"从前的哲学信仰"的清算，标志着马克思"从前的哲学信仰"阶段的结束和马克思主义新世界观的诞生。1845 年春写的《关于费尔巴哈的提纲》是马克思公开彻底批判费尔巴哈的第一个文件。马克思在《提纲》中提纲挈领地提出了对费尔巴哈的直观唯物主义和人本主义的批判，阐述了自己的新世界观思想。1845 年 4 月 5 日，马克思、恩格斯在布鲁塞尔第二次见面，他们决定共同钻研他们的见解与德国哲学思想体系之间的对立，实际上是把他们"从前的哲学信仰"进行清算。这个心愿以批判黑格尔以后的哲学（重点是费尔巴哈的哲学）的形式实现，成果就是《形态》。在《形态》中，马克思、恩格斯全面展开《提纲》中对费尔巴哈的批判，最终确立了"新唯物主义"，完成了哲学革命的变革。

1. 批判费尔巴哈"不了解'革命的''实践批判的'活动的意义"

（1）批判费尔巴哈哲学的根本缺点：不能把"感性"当作"人的感性活动，当作实践去理解"。

在《提纲》第一条中，马克思说：

　　从前的一切唯物主义（包括费尔巴哈的唯物主义）的主要缺点是：对对象、现实、感性，只是从客体的或者直观的形式去理解，而不是把它们当做感性的人的活动，当做实践去理解，不是从主体方面去理解。因此，和唯物主义相反，唯心主义却把能动的方面抽象地发展了，当然，唯心主义是不知道现实的、感性的活动本身的。费尔巴哈想要研究跟思想客体确实不同的感性客体，但是他没有把人的活动本身理解为对象性的〔gegenständliche〕活动。因此，他在《基督教的本质》中仅仅把理论的活动看做是真正人的活动，而对于实践则只是从它的卑污的犹太人的表现形式去理解和确定。因此，他不了解"革命的""实践批判的"活动的意义。①

　　马克思开宗明义地批评了包括费尔巴哈在内的所有旧唯物主义的根本缺点是直观性，指出他们对感性对象的理解方式是一种直观的理解方式，即把意识的对象——"对象、现实、感性"仅仅理解为既成的自然存在物，而不是理解为主体的能动的创造性活动，即感性活动（实践）。
　　"对象、现实、感性"这三个词是同位语，在费尔巴哈看来是同一个意思，都是指能被人感觉到的客观的自然存在物。"对象"即指与主体相对立的意识的对象，在费尔巴哈看来，意识的对象就是自然存在物，这种对象是先在的、既成的，不是历史地产生和发展的主体的创造性活动。"只是从客体的或者直观的形式去理解"的"客体"，即费尔巴哈所理解的主体之外的既成的自然存在物。"从客体的或者直观的形式去理解"，就是指包括费尔巴哈在内的所有旧唯物主义者都只是把"对象、现实、感性"当作既成的自然存在物去理解。"不是从主体方面去理解"的"主体"指实践主体，即以自身的客观物质力量改造外部世界的人。"从主体方面去理解"就是把"对象、现实、感性"理解为"人的感性活动"，理解为"实践"。从古代朴素唯物主义到费尔巴哈的唯物主义，都把意识的对象理解为既成的自然存在物，而不是理解为主体的能动的创造性活动（实践）。因为他们"不了解'革命的''实践批判的'活动的意义"，即使是"从前的一切唯物主义"的最杰出的代表费尔巴哈也一样，他虽然有

_____

① 《马克思恩格斯选集（第 1 卷）》，人民出版社 2012 年版，第 133 页。

了实践的思想，但把实践理解为牟利的活动，"没有把人的活动本身理解为对象性的活动"。这里的"人的活动"不是指通常意义上理解的既包括人的精神活动又包括物质活动的活动，而是指人的物质活动即实践活动，因为这才与马克思所批判的费尔巴哈"仅仅把理论的活动看做是真正人的活动"的精神活动相区别。在费尔巴哈看来，真正的人的活动只是理论活动，所以他不能"把人的活动本身理解为对象性的活动"，也就是说，他不懂得把实践活动本身理解为意识的对象，而只能把主体的实践活动之外的自然存在物理解为意识的对象。

在《提纲》第五条中，马克思再次指出了费尔巴哈唯物主义的直观性缺点，"费尔巴哈不满意抽象的思维而喜欢感性的直观；但是他把感性不是看做实践的、人的感性的活动"①。"费尔巴哈不满意抽象的思维而喜欢感性的直观"，表明费尔巴哈已抛弃唯心主义而走向唯物主义，这是他的进步之处。但"他把感性不是看做实践的、人的感性的活动"，即费尔巴哈把意识的对象——"感性"事物仅仅看成是既成的自然存在物，而不是把它看成是不断生成的人的实践活动。这就是他的唯物主义的缺点：直观的唯物主义。《提纲》第九条中，马克思对"直观的唯物主义"做出了明确的界定："直观的唯物主义，即不是把感性理解为实践活动的唯物主义"②。这就意味着，与此相对立的马克思的"新唯物主义"就是"把感性理解为实践活动的唯物主义"。

在《形态》中，马克思进一步批判了费尔巴哈对意识对象的直观理解，阐述了他对意识对象的实践理解方式。马克思指出："费尔巴哈对感性世界的'理解'一方面仅仅局限于对这一世界的单纯的直观，另一方面仅仅局限于单纯的感觉。"③ 当仅仅依靠"单纯的感觉"和"单纯的直观"无法认识复杂的社会现象时，为了解决这种矛盾，他又提出"普通直观"和"高级的哲学直观"。"在对感性世界的直观中，他不可避免地碰到与他的意识和他的感觉相矛盾的东西……为了排除这些东西，他不得不求助于某种二重性的直观，这种直观介于仅仅看到'眼前'的东西的普通直观

---

① 《马克思恩格斯选集（第1卷）》，人民出版社2012年版，第135页。
② 《马克思恩格斯选集（第1卷）》，人民出版社2012年版，第140页。
③ 《马克思恩格斯选集（第1卷）》，人民出版社2012年版，第155页。

和看出事物的'真正本质'的高级的哲学直观之间。"① 甚至还有自然科学家专门认识自然的"自然科学的直观"②。然而，他的企图并不能消除他的矛盾。"他没有看到，他周围的感性世界决不是某种开天辟地以来就直接存在的、始终如一的东西，而是工业和社会状况的产物，是历史的产物，是世世代代活动的结果，其中每一时代都立足于前一代所奠定的基础上，继续发展前一代的工业和交往，并随着需要的改变而改变他们的社会制度。甚至连最简单的'感性确定性'的对象也只是由于社会发展、由于工业和商业交往才提供给他的。大家知道，樱桃树和几乎所有的果树一样，只是在几个世纪以前由于商业才移植到我们这个地区。由此可见，樱桃树只是由于一定的社会在一定时期的这种活动才为费尔巴哈的'感性确定性'所感知。"③ 费尔巴哈把"他周围的感性世界"看成是"某种开天辟地以来就直接存在的、始终如一的东西"，是"先于人类历史而存在的自然界"，他认为他意识到的一切都是既成的、先在的自然物，他的这种理解方式就是一种直观的理解方式。马克思明确指出，"先于人类历史而存在的自然界，不是费尔巴哈生活其中的自然界"，费尔巴哈所意识到的这些感性世界"是工业和社会状况的产物，是历史的产物，是世世代代活动的结果"，"甚至连最简单的'感性确定性'的对象也只是由于社会发展、由于工业和商业交往才提供给他的"。也就是说，就像"樱桃树只是由于一定的社会在一定时期的这种活动才为费尔巴哈的'感性确定性'所感知一样"，费尔巴哈意识的对象只能是"世世代代活动的结果"，即历史的实践。实践"是整个现存的感性世界的基础，它哪怕只中断一年，费尔巴哈就会看到，不仅在自然界将发生巨大的变化，而且整个人类世界以及他自己的直观能力，甚至他本身的存在也会很快就没有了"。④ "先于人类历史而存在的自然界，不是费尔巴哈生活其中的自然界；这是除去在澳洲新出现的一些珊瑚岛以外今天在任何地方都不再存在的、因而对于费尔巴哈来说也是不存在的自然界。"⑤

---

① 《马克思恩格斯选集（第1卷）》，人民出版社2012年版，第155页。
② 《马克思恩格斯全集（第3卷）》，人民出版社1995年版，第49页。
③ 《马克思恩格斯选集（第1卷）》，人民出版社2012年版，第156页。
④ 《马克思恩格斯选集（第1卷）》，人民出版社2012年版，第157页。
⑤ 《马克思恩格斯选集（第1卷）》，人民出版社2012年版，第157页。

从以上《提纲》和《形态》的内容可以看出，马克思通过批判以费尔巴哈为代表的"直观唯物主义"的缺点，指出新唯物主义和"直观唯物主义"（旧唯物主义）的根本区别在于对意识对象的理解。"直观唯物主义"把意识的对象理解成既成的自然存在物，而新唯物主义则把意识的对象理解为不断生成的现实的人的实践活动。对意识对象的不同理解，实际上表现了对思维和存在关系的不同理解。"直观唯物主义"把思维和存在的关系理解为人们的意识和自然存在的关系，而新唯物主义则把思维和存在的关系理解为人们的意识和人们的存在即实践的关系。对思维和存在关系的新理解也表明了马克思对新唯物主义的出发点有新的认识。一切旧唯物主义都是从存在出发来说明思维，"直观唯物主义"从自然存在出发来说明思维，而马克思则从现实的实践出发来说明思维，这不仅是一种新的思维方式，也是一种新的世界观。费尔巴哈的"直观的唯物主义"从自然存在物出发去思考和解释观念，这一根本的路线导致其认识论的错误和历史观上不可避免陷入唯心主义的泥沼。所以，马克思在《提纲》和《形态》中进一步批判了费尔巴哈在认识论和历史观上的错误。

（2）批判费尔巴哈在认识论上的错误。

费尔巴哈的"直观唯物主义"在认识论上从自然存在出发去解释认识的对象、源泉，认识的真理性标准，意识的作用。马克思在《提纲》的第一、二和十一条中，也正是通过批判费尔巴哈在认识的对象、源泉，认识的真理性标准，意识的作用等方面的错误来表明自己的新唯物主义认识论。

马克思首先在《提纲》第一条揭示费尔巴哈在认识的对象、源泉方面的认识。由于费尔巴哈的"直观唯物主义"把自然存在物理解为意识的对象，所以其认识的对象就是感性的自然存在物、"感性世界"，一切认识都是来源于"感性世界"的感性事物。马克思在《形态》中揭示了他这种认识的根源是由于不懂得实践活动及其意义，对感性世界的把握只是"单纯直观"，而不是历史地理解。"费尔巴哈对感性世界的'理解'一方面仅仅局限于对这一世界的单纯的直观，另一方面仅仅局限于单纯的感觉。"① 在费尔巴哈眼中，"他周围的感性世界"只是"某种开天辟地以来

---

① 《马克思恩格斯选集（第 1 卷）》，人民出版社 2012 年版，第 155 页。

就直接存在的、始终如一的东西"，是"先于人类历史而存在的自然界"①。他不懂得"他周围的感性世界"其实是"历史的产物，是世世代代活动的结果"②，实践活动"是整个现存的感性世界的基础，哪怕它只是中断一年，费尔巴哈就会看到，不仅在自然界将会发生巨大的变化，而且整个人类世界以及他自己的直观能力，甚至他本身的存在也会很快就没有了"③。

　　在《提纲》第二条，马克思紧接着第一条的内容批判了费尔巴哈在检验认识真理性标准方面的观点，第一次明确提出了新唯物主义的真理标准：实践检验标准。在真理标准问题上，费尔巴哈肯定认识具有客观的真理性，这与他对对象的客观性理解一致。但是，他还没能找到真正解决认识的客观真理性的标准，而是常常求助于经验标准和直观标准。他认为："只有那通过感性直观而确定自身，而修正自身的思维，才是真实的，反映客观的思维——具有客观真理性的思维。"④从这句话可以看出，费尔巴哈把感性直观当作检验认识是否具有真理性的标准。但是，人们对同一事物的直观常常并不是相同的，因而他又认为，少数人的直观还不是判别真理的最终标准，只有多数人的一致意见（他称为"类意识"）才能成为检验真理的标准。他说："一致是真理的第一象征，而这却只是因为类是真理之最终尺度。"⑤从费尔巴哈的这些言论可以看出，他是在思维、理论的范围内寻找检验真理的标准的。思维或理论本身怎么能检验自己是否具有真理性呢？针对费尔巴哈的错误，马克思开宗明义地指出，"人应该在实践中证明自己思维的真理性"⑥。"关于思维——离开实践的思维——的现实性或非现实性的争论，是一个纯粹经院哲学的问题。"⑦经院哲学是欧洲中世纪占统治地位的一种哲学流派，其特点是脱离实践、冗长空

①　《马克思恩格斯选集（第1卷）》，人民出版社2012年版，第155页。
②　《马克思恩格斯选集（第1卷）》，人民出版社2012年版，第155页。
③　《马克思恩格斯选集（第1卷）》，人民出版社2012年版，第157页。
④　《费尔巴哈哲学著作选集》上卷，生活·读书·新知三联书店1959年版，第178页。
⑤　《费尔巴哈哲学著作选集》下卷，生活·读书·新知三联书店1959年版，第194页。
⑥　《马克思恩格斯选集（第1卷）》，人民出版社2012年版，第134页。
⑦　《马克思恩格斯选集（第1卷）》，人民出版社2012年版，第134页。

洞、烦琐无聊、咬文嚼字、没有任何意义。马克思说"离开实践的思维""是一个纯粹经院哲学的问题",就是要强调离开实践来讨论真理性的问题是一个像经院哲学一样毫无意义的问题。

在《提纲》第十一条,马克思揭示了以费尔巴哈为代表的旧唯物主义在对意识作用理解方面的错误。由于以费尔巴哈为代表的旧唯物主义把认识的对象理解为自然存在物,所以他们不懂得意识对存在物的能动作用,认为意识不会直接对存在物发生作用,意识的作用仅仅在于"解释世界",以获得理性的自我满足。虽然费尔巴哈也曾经看到意识对实践的指导作用,例如,他说:"人做成了自身以外的事业,但自身以内预先就有了这事业的思想、草案、概念,这事业是以一种计划、一种目的为基础的。当人建筑一座房子时,他先有一个观念、一个影像在头脑内,然后照样建筑,然后实现出来,转变为或翻译为自身以外的一座用木头和石子建筑的房子;人建筑房子也一定有个目的,他或是要建筑一座住房,或是园亭,或是工厂,总而言之,他建筑房子,为了这个或那个目的。"① 但他对实践的偏见导致他更多地只是把理论对实践的指导作用贬低为"功用主义",主张"理论之立场",反对"实践之立场"。他说:"理论之立场,就意味着与世界的和谐相处。……与此相反,如果人仅仅立足于实践的立场,并由此出发来解释世界,而使实践的立场成为理论的立场时,那他就跟自然不睦,使自然成为他的自私自利、他的实践利己主义的最顺从的仆人。"② 他认为只有理论活动才能使人与自然和睦相处,理论活动才是"真正人的活动"。"理性的目的是什么呢? 就是理性。……我们为认识而认识,我们为爱而爱,为愿望而愿望——愿望得到自由。"③ 所以,哲学家的任务就是"解释世界"以获得理性的自我满足。

马克思由于把意识的对象理解为人们的感性物质活动,这样就很容易看到意识对存在的能动的反作用。因为意识存在于人的大脑之中,意识是人的意识,存在是人的存在,意识和存在是人的活动的两个方面,统一于人的活动之中,因而必然会发生相互作用。意识的作用一方面表现为反映

---

① 《费尔巴哈哲学著作选集》下卷,生活·读书·新知三联书店 1959 年版,第627 页。

② 《费尔巴哈著作选集》下卷,商务印书馆 1984 年版,第28 页。

③ 《费尔巴哈著作选集》下卷,商务印书馆 1984 年版,第19 页。

人们的存在，另一方面是指导人们的实践，改变人们的存在。所以，马克思在《提纲》中批判费尔巴哈的错误，指出意识的作用不仅是"解释世界"，更重要的是"改变世界"。在《形态》中，马克思继续批判费尔巴哈，指出费尔巴哈"和其他理论家一样，他只是希望确立对现存事实的正确理解，然而一个真正的共产主义者的任务却在于推翻这种现存的东西"①。

（3）批判费尔巴哈在历史观上的唯心主义性质。

由于费尔巴哈把思维和存在的关系理解为人们的意识和自然存在的关系，从自然存在出发去解释观念，这就导致他离开实践抽象地、非历史地理解"人的本质""社会生活的本质"以及"宗教感情"等问题，从而陷入唯心主义历史观的泥沼。马克思在《提纲》的第四、六、七、八条中深刻地批判了费尔巴哈不了解宗教产生的社会根源，指出其对"人的本质""社会生活的本质"以及"宗教感情"等问题的认识错误，揭露了其唯心史观的实质。

《提纲》第四条首先肯定了费尔巴哈在把"宗教世界归结于它的世俗基础"方面的贡献。费尔巴哈从世界被宗教二重化为两个世界的事实出发：一个是宗教的世界，即想象的、虚构的神或上帝的世界；另一个是世俗的世界，即现实的人间世界。宗教把世俗世界与神的世界对立起来，神是完善的、万能的、永生的、神圣的；人则是不完善的、软弱的、短暂的、有罪的。一切宗教都宣称人和世界都是由神创造并受神支配的，而费尔巴哈则认为宗教是人的本质的异化，是人与自己的本质的分离，人与上帝的对立就是人与自己本质的对立，从而剥掉了宗教的神秘外衣，给宗教世界找到了它的世俗基础。费尔巴哈的这一思想在当时的反宗教斗争中起到了很大的作用，但是，"他没有注意到，在做完这一工作之后，主要的事情还没有做"。费尔巴哈以为把宗教世界还原到它的世俗基础之后，批判宗教的任务就已经完成。他说："我们的主要任务完成了。我们把上帝的全世界的、超自然的和超人类的本质归结为人类本质的组成部分，即人类的基本部分。最后，我们又回到开始，人是宗教的开始、中心和结

---

① 《马克思恩格斯选集（第1卷）》，人民出版社2012年版，第177页。

束。"① 可实际上，由于费尔巴哈不懂得"世俗基础"本身是人类实践活动的产物，他也就不懂得从人们的实践活动中去分析"世俗基础"本身的矛盾，因而也就不能找到产生宗教的根源和消灭宗教的途径。为什么"世俗基础使自己从自身中分离出去，并在云霄中固定为一个独立王国"？即人们为什么虚构出一个宗教世界，然后把它从地上搬到天国（云霄），使它成为一个凌驾于现实世界之上的独立王国？"这一事实，只能用这个世俗基础的自我分裂和自我矛盾来说明。"所谓"世俗基础"是指人间世界或人类社会。"世俗基础的自我分裂"是指人类社会分裂为对立的阶级，如资产阶级和无产阶级。② 也就是说，当人间社会分裂为对立的阶级后，人民群众不仅受到自然力的压迫，还受到社会力量的压迫。当人们不能解释自己受压迫的原因，也不能掌握自己命运的时候，就会产生把希望寄托在"来世"和"上帝"身上的念头，宗教由此产生和发展起来。正如恩格斯所说："一切宗教都不过是支配着人们日常生活的外部力量在人们头脑中的幻想的反映。"③ 而统治阶级为了防止人民的反抗，就利用宗教来麻醉和欺骗群众，这就使得宗教长期存在下来。这些就是宗教产生和发展的社会根源和阶级根源。找到原因后怎么办呢？马克思接着提出了消灭宗教的途径即"用排除矛盾的方法在实践中使之革命化"。也就是说，"通过无产阶级和广大人民群众的革命实践去改造旧世界、克服旧社会矛盾。一方面，通过社会革命的办法摧毁旧上层建筑、根本改造旧经济基础，克服由私有制造成的旧有性质的社会基本矛盾，使各种社会关系、社会制度和社会机构适应新生产力不断发展的要求；另一方面，还要通过最广大人民群众的生产实践，充分发展社会生产力，在社会物质财富和精神财富充分涌流的基础上，实现人的全面发展，实现人和人、人和自然界的和谐发展"④。最后，马克思还举了神圣家族的例子来说明本条提纲的意思。所谓"神圣家族"即由圣父（圣约瑟）、圣母（玛利亚）、圣子（耶稣）以

---

① 《费尔巴哈全集（第2卷）》，俄文版，第196页。引自乐燕平《〈路德维希·费尔巴哈和德国古典哲学的终结〉解说》，河北人民出版社1960年版，第291页。

② 乐至强：《马克思哲学观与恩格斯——〈费尔巴哈论〉和〈关于费尔巴哈的提纲〉研究》，中山大学出版社1993年版，第287页。

③ 《马克思恩格斯选集（第3卷）》，人民出版社1972年版，第354页。

④ 乐至强：《马克思哲学观与恩格斯——〈费尔巴哈论〉和〈关于费尔巴哈的提纲〉研究》，中山大学出版社1993年版，第287页。

及其他诸神所构成的宗教家族。费尔巴哈把神圣家族归结为人间世界，指出"神圣家族"的秘密在于它是人间世界的虚幻反映，这点是对的，但不能到此为止，还应该在人间世界中通过理论批判和实践改造来消灭宗教世界。

在《提纲》第六条中，马克思批判了费尔巴哈对人的本质认识的错误，阐明了自己关于人的本质的观点。费尔巴哈的人本主义哲学的核心是人，但他始终没有真正理解人，而是把人自然化、抽象化，并用这种抽象化、自然化的"人"去解释社会历史现象，因此，便不可避免陷入历史唯心主义。

费尔巴哈对人的理解之所以不科学，首先因为他在人的问题上宣扬一种自然主义观点。在费尔巴哈看来，人如同动物一样只是自然界的一部分，是"自然界的产物"，所不同的是人是自然界的特殊的、有意识的存在物，而这种意识也不过是自然人固有的属性而已。他说，一个实体是什么样的，只有从它的对象中认识，而一个实体所牵涉的对象不是别的，只是自己明显的本质。"因此我们在生活中也只是按照事物和实体的对象来称事物和实体。……谁耕种土地，谁就是农夫；谁以打猎为生，谁就是猎人；谁捕鱼，谁就是渔夫，诸如此类。"[①] 在费尔巴哈看来，决定人之为农夫、猎人、渔夫之本质的东西，不是他们从事的活动，而是他们活动的对象，如农田、野兽、鱼类等。由此可见，他完全是从纯自然条件看人的本质的。马克思和恩格斯在《形态》中也指出："费尔巴哈在那里阐述道：某物或某人的存在同时也就是某物或某人的本质；一个动物或一个人的一定生存条件、生活方式和活动，就是使这个动物或这个人的'本质'感到满意的东西。"[②] 他进而把人性归于人的自然性，归于两性关系，他说："男人的本质就是男性，而女人之本质就是女性。"[③] 所以，在《提纲》中，马克思批判费尔巴哈把人的本质看成是"单个人所固有的抽象物"，即人生而具有的"理性、意志、心"。"一个完善的人，必定具备思维力，意志力和心力。思维力是认识之光，意志力是品性之能量，心力是

---

① 《费尔巴哈哲学著作选集》上卷，生活·读书·新知三联书店 1959 年版，第 530 页。

② 《马克思恩格斯选集（第 1 卷）》，人民出版社 2012 年版，第 177 页。

③ 《费尔巴哈著作选集》下卷，商务印书馆 1984 年版，第 122 页。

爱。理性、爱、意志力，就是完善性，这就是最高的力，就是人作为人的绝对本质，就是人生存在的目的。"① 针对费尔巴哈的这种认识，马克思提出："人的本质不是单个人所固有的抽象物，在其现实性上，它是一切社会关系的总和。"② "社会关系"这一概念的提出，在马克思主义形成中具有重要的意义。他不同于费尔巴哈的"类关系"，"费尔巴哈从来没有看到真实存在着的、活动的人，而是停留在抽象的'人'上，并且仅仅限于在感情范围内承认'现实的、单独的、肉体的人'，也就是说，除了爱与友情，而且是理想化了的爱与友情以外，他不知道'人与人之间'还有什么其他的'人的关系'"。③ 因为费尔巴哈对人的认识只是停留于"抽象的人"，他所谈的"人"只是"人自身"，而不是"现实的历史的人"。《提纲》中，费尔巴哈把人的本质理解为"类"，理解为"单个人所固有的抽象物"，这个抽象物就是他事先假定好的诸多"人类个体"的特性的"集合"，即"把许多个人纯粹自然地联系起来的普遍性"。他所假定的"人类个体"这个概念，是与社会历史毫无联系的单纯生物学上的自然人，这样的个体除了具有自然肉体和理想化的友谊和爱情之外，什么也没有，因而作为这样个体的人完全是一种虚构。以这样的在现实中根本不存在的"人类个体"为前提概括出来的所谓"人的本质"，这个既脱离现实生活，又脱离历史发展的抽象物，只能是概念和观念的别名。费尔巴哈以抽象的"人"的概念出发去说明现实的历史，把这样一个"抽象的人"称之为"真正的人"，并以之为历史的出发点和追求的终极目的。这样，在他的眼中，历史进程就完全变成了"人"的发展过程。最终，不管费尔巴哈怎样把他的"人"解释为感性的对象、实在的客体，他都不可避免地会陷入唯心主义的泥沼。所以，在《形态》中，马克思尖锐地揭露了费尔巴哈的人本主义历史观的唯心主义实质："哲学家们在不再屈从于分工的个人身上看见了他们名之为'人'的那种理想，他们把我们所阐述的整个发展过程看做是'人'的发展过程，从而把'人'强加于迄今每一历史阶段中所存在的个人，并把'人'描绘成历史的动力。这样，整个历史过程就被看成是'人'的自我异化的过程，实质上这是因为，他们总是把后来阶段的

① 《费尔巴哈著作选集》下卷，商务印书馆 1984 年版，第 27－28 页。
② 《马克思恩格斯选集（第 1 卷）》，人民出版社 2012 年版，第 135 页。
③ 《马克思恩格斯全集（第 1 卷）》，人民出版社 2012 年版，第 157 页。

一般化的个人强加于先前阶段的个人，并且把后来的意识强加于先前的个人。借助于这种从一开始就撇开现实条件的本末倒置的做法，他们就可以把整个历史变成意识的发展过程了。"① 费尔巴哈"从来没有把感性世界理解为构成这一世界的个人的全部活生生的感性活动……这就是说，正是在共产主义的唯物主义者看到改造工业和社会结构的必要性和条件的地方，他却重新陷入唯心主义"②。换言之，"当费尔巴哈是一个唯物主义者的时候，历史在他的视野之外；当他去探讨历史的时候，他决不是一个唯物主义者"③。

马克思认为，人的本质（指人之为人的本质，人区别于自然存在的本质）不能从自然存在中去寻找。人虽然是自然存在物，但自然存在物不是任何动物的区别，人区别于动物的地方在于人是社会存在物。人的社会存在首先在于他是劳动的存在，所以人和动物的本质区别在于人能劳动。马克思、恩格斯就曾在《形态》中指出这一思想，"一当人开始生产自己的生活资料的时候，即迈出由他们的肉体组织决定的这一步的时候，人本身就开始把自己和动物区别开来。人们生产自己的生活资料，同时间接地生产着自己的物质生活本身"④。人不仅与动物相区别，人与人之间也是不同的。不同时代的人们，以及同一时代的不同的人们之间的区别，不是由他们的自然存在决定的，而是由他们的社会存在决定的。因而，马克思在《提纲》中提出"人的本质是一切社会关系的总和"。在《形态》中马克思从物质生产实践出发来进一步考察了人及人的本质，他指出："个人怎样表现自己的生命，他们自己就是怎样。因此，他们是什么样的，这同他们的生产是一致的——既和他们生产什么一致，又和他们怎样生产一致。因而，个人是什么样的，这取决于他们进行生产的物质条件。"⑤ 他认为物质生产实践是人的根本的存在方式，历史中的人总是以一定的生产方式从事生产活动的人。人们在生产过程中必然会形成一定的生产关系，在此关系基础上还会发生政治、思想等关系。在阶级社会中，生产关系还表现

① 《马克思恩格斯选集（第1卷）》，人民出版社2012年版，第210–211页。
② 《马克思恩格斯选集（第1卷）》，人民出版社2012年版，第157–158页。
③ 《马克思恩格斯选集（第1卷）》，人民出版社2012年版，第158页。
④ 《马克思恩格斯选集（第1卷）》，人民出版社2012年版，第147页。
⑤ 《马克思恩格斯选集（第1卷）》，人民出版社2012年版，第147页。

为一定的阶级关系，不同阶级的阶级地位决定了人的阶级性。因此，考察人的本质，就应该从人的全部社会关系的总体上去考察。由于人总是历史中的人，实践也总是一定历史阶段的实践，所以人的本质也是一个具体的历史概念，不存在抽象不变的人性。

揭示人的本质，同时也就意味着揭示社会生活的本质，因为社会生活无非是无数个人的活动的总和，社会不过是人们的有目的的活动而已。而人们的活动有精神活动和物质活动（实践）两方面，物质活动决定精神活动，所以考察人的本质不能从抽象的观念去考察，而必须从具体的物质生活即实践中去考察。据此，马克思在《提纲》第八条揭示"全部社会生活在本质是实践的"①。费尔巴哈由于从抽象的"人性""类本质"中理解人的本质，所以不懂得社会生活的本质是人们的物质生产活动，即实践。

《提纲》第七条继续第六条的批判，指出"费尔巴哈没有看到，'宗教感情'本身是社会的产物，而他所分析的抽象的个人，是属于一定的社会形式的"②。由于费尔巴哈从自然存在出发来解释社会意识，所以他就不可能知道"宗教感情"是一种社会意识，是一定的经济关系的反映，是社会的产物。"而他所分析的抽象的个人"实际上也是生活于一定的社会形态中进行具体的社会生产活动的人，抽象的个人不存在。正因为费尔巴哈只是从直观的角度去理解人，不懂得人是从事实践活动的历史中的人，所以他不懂得在实践中寻找解决各种社会问题的答案，而是诉诸"最高的直观"和"类的平等化"来实现人与人之间的和谐和社会的稳定。由此可见，费尔巴哈把人的解放和社会的和谐发展寄托于一种道德理想和说教，这就不可避免陷入历史唯心主义的泥沼。对此，马克思在《形态》中指出，费尔巴哈"从来没有把感性世界理解为构成这一世界的个人的全部活生生的感性活动，因而比方说，当他看到的是大批患瘰疬病的、积劳成疾的和患肺痨的穷苦人而不是健康人的时候，他便不得不求助于'最高的直观'和观念上的'类的平等化'，这就是说，正是在共产主义的唯物主义者看到改造工业和社会结构的必要性和条件的地方，他却重新陷入唯心主义"③。换言之，"当费尔巴哈是一个唯物主义者的时候，历史在他的视野

---

① 《马克思恩格斯选集（第1卷）》，人民出版社2012年版，第135页。
② 《马克思恩格斯选集（第1卷）》，人民出版社2012年版，第135页。
③ 《马克思恩格斯选集（第1卷）》，人民出版社2012年版，第157–158页。

之外；当他去探讨历史的时候，他不是一个唯物主义者"。①

从以上马克思在《提纲》和《形态》中对费尔巴哈"直观唯物主义"的批判中可以看出，由于费尔巴哈把意识的对象理解为自然存在物，从自然存在出发去解释观念，所以他"不了解'革命的''实践批判的'活动的意义"，必然会在认识论和历史观上陷入唯心主义。马克思通过对费尔巴哈"直观唯物主义"的意识对象观、认识论和历史观的批判，阐述了自己的新唯物主义，即"把感性理解为实践的唯物主义"，新世界观由此诞生。

2. 创立"把感性理解为实践的唯物主义"：实践唯物主义

马克思并没有把自己的新世界观命名为"实践的唯物主义"，他在《形态》中讲的"实践的唯物主义"，并不是为自己的新世界观取名，而只是强调自己的唯物主义的实践目的和实践功能。但是，马克思的"实践的唯物主义"用语给我们一个启示，即可用"实践唯物主义"这个术语来命名马克思的新唯物主义。马克思把直观唯物主义叫作"不是把感性理解为实践活动的唯物主义"。而与直观唯物主义对立的是新唯物主义，据此，可以把马克思的新唯物主义看作是"把感性理解为实践活动的唯物主义"，用马克思自己用过的用语来命名即实践唯物主义。不过应当清楚，当我们把马克思的新唯物主义命名为"实践唯物主义"时，"实践唯物主义"这个用语就和马克思原来的用法有重大区别。马克思原来的"实践的唯物主义"用语强调马克思新唯物主义的实践目的、实践功能，而作为马克思新唯物主义名称的"实践唯物主义"用语，则标示马克思新唯物主义的根本出发点是实践。

（1）《提纲》确立新唯物主义的根本出发点：实践。

一切旧唯物主义哲学（包括费尔巴哈的哲学）的根本出发点是自然，从自然存在出发来理解世界。他们鄙视实践，"不了解'革命的''实践批判的'活动的意义"，"仅仅把理论的活动看做是真正人的活动，而对于实践则只是从它的卑污的犹太人的表现形式去理解和确定"。② 由于他们鄙视人的实践活动，所以当他们坚持唯物主义的时候，就只能从自然存在出发来解释人们的意识，而且只能把人看作是自然存在的个人。这种唯

---

① 《马克思恩格斯选集（第1卷）》，人民出版社2012年版，第158页。
② 《马克思恩格斯选集（第1卷）》，人民出版社2012年版，第133页。

物主义必然不能科学说明人们的意识的真实运动，更不能科学说明人的本质和社会生活的本质。所以马克思在《提纲》第九条指出："直观的唯物主义，即不是把感性理解为实践活动的唯物主义，至多也只能达到对单个人和市民社会的直观。"① 《提纲》第十条又说："旧唯物主义的立脚点是市民社会。"② 这两条实质上指出，由于旧唯物主义的立脚点是自然存在，因而只能从自然存在形态去理解人，把人理解为单个的自然的人。而当旧唯物主义者把人、社会和其他自然区别开来时，由于他们鄙视实践，所以把理论活动看作是真正人的活动，从人的精神活动出发去理解人的本质，理解社会历史的运动，从而在历史观上陷入唯心主义。鄙视实践，从自然出发来理解世界，这正是费尔巴哈不能超越旧唯物主义和在历史观上陷入唯心主义的根本原因。

马克思的新唯物主义的根本出发点是实践。马克思在《提纲》第十条中说："新唯物主义的立脚点则是人类社会或社会的人类。"③ 在马克思看来，人类社会或社会的人类的本质是实践的产物，因此，立足人类社会或社会的人类，也就是立足于人类实践。所谓实践，就是人们改造世界的感性物质活动。马克思在《提纲》第三条就指出，"环境的改变和人的活动或自我改变的一致，只能被看做是并合理地理解为革命的实践"④。这就强调环境的改变和人的活动是同一个实践过程，人类改变环境的过程也正是人类的实践活动的过程。与不了解实践活动的意义的费尔巴哈不同，马克思深刻地理解了实践对于人类生活的根本意义并把人类的实践活动提到了新世界观的首位。实践出发点的确立，使马克思从根本上超越了旧唯物主义而创立了新唯物主义。

新唯物主义的出发点与唯物主义的出发点是既相互区别又相互联系的。实践是人类的物质生活，是物质的社会存在形式。因此，从实践出发来解释观念的东西的新唯物主义仍然坚持唯物主义的从物质出发来解释观念的基本路线，仍然坚持物质第一性、意识第二性的唯物主义基本观点。

新唯物主义的出发点不同于从前的一切唯物主义。实践这种物质运动

---

① 《马克思恩格斯选集（第1卷）》，人民出版社2012年版，第136页。
② 《马克思恩格斯选集（第1卷）》，人民出版社2012年版，第136页。
③ 《马克思恩格斯选集（第1卷）》，人民出版社2012年版，第136页。
④ 《马克思恩格斯选集（第1卷）》，人民出版社2012年版，第134页。

形式，是主体改造世界的能动的、创造性的活动。旧唯物主义鄙视人们改造世界的能动的创造性的实践活动，它们只能从自然存在出发来解释观念的东西，因而在出发点上就缺乏主体能动性。马克思主义哲学从实践出发来解释观念的东西，它在出发点上就具有主体能动性。主体能动性思想是马克思从唯心主义哲学特别是德国古典唯心主义哲学中批判地继承过来的。马克思在《提纲》第一条指出从前的一切唯物主义缺乏能动性的思想时说，"和唯物主义相反，唯心主义却把能动的方面抽象地发展了"①。这个"能动的方面"，就是主体的创造性思想。马克思从唯心主义哲学中吸取主体能动性的思想，使之与唯物主义相结合，这就使唯物主义从缺乏主体能动性思想的旧唯物主义发展为具有主体能动性思想的新唯物主义。

（2）《提纲》提出新唯物主义认识论和历史观的一些基本问题，奠定新唯物主义的理论原理。

第一，提出理解意识对象的方式。意识总是对对象的意识，但是，不同的哲学对意识的对象有不同的理解方式。马克思在《提纲》中提出对意识对象的三种不同的理解方式：直观唯物主义的理解方式，唯心主义的能动的理解方式，马克思自己的唯物主义的实践的理解方式。②

第一种理解方式是直观唯物主义的理解方式。"对对象的直观理解方式，就是离开主体的实践活动，从直接的自然形态上去理解对象的存在方式，把意识的对象理解为单纯自然存在，这种对象对于主体来说是先在的、既成的，不是历史地生成和发展的。"③"从前的一切唯物主义（包括费尔巴哈的唯物主义）的主要缺点是：对对象、现实、感性，只是从客体的或者直观的形式去理解，而不是把它们当做感性的人的活动，当做实践去理解，不是从主体方面去理解。"④"费尔巴哈想要研究跟思想客体确实不同的感性客体，但是他没有把人的活动本身理解为对象性的活动。"⑤"费尔巴哈不满意抽象的思维而喜欢直观；但是他把感性不是看做实践的、

---

① 《马克思恩格斯选集（第1卷）》，人民出版社2012年版，第133页。

② 王金福：《马克思的哲学在理解中的命运——对马克思主义哲学史的解释学考察》，苏州大学出版社2003年版，第113-114页。

③ 王金福：《马克思主义新世界观的诞生地——马克思〈关于费尔巴哈的提纲〉研读笔记》，载《高校理论战线》2007年第1期，第28页。

④ 《马克思恩格斯选集（第1卷）》，人民出版社2012年版，第133页。

⑤ 《马克思恩格斯选集（第1卷）》，人民出版社2012年版，第133页。

人的感性的活动。"① 直观的唯物主义，即不是把感性理解为实践活动的唯物主义，至多也只能达到对单个人和市民社会的直观。② 这些都是《提纲》指出的旧唯物主义对意识对象的直观理解方式。对直观唯物主义的意识对象观，马克思虽然主要是批评，但也有所肯定。马克思没有批评旧唯物主义对对象的客观理解，而只是批评旧唯物主义对客观对象的直观理解。

第二种理解方式是唯心主义的能动理解方式。"唯心主义的能动理解方式"认为意识的对象是主体的创造性活动，是生成的而非既成的，肯定意识对象的非直观性，但却把此活动理解为精神主体的创造性活动，而不是理解为现实的主体人的能动活动。在对意识对象的理解问题上，唯心主义不同于旧唯物主义，因为"唯心主义却发展了能动的方面"。这里的"能动的方面"是指主体能动地创造对象。唯心主义否认对象的先在性、既成性，认为对象是主体创造的。这与旧唯物主义对意识对象的直观理解不同，旧唯物主义认为意识的对象不是主体的创造的，所以旧唯物主义对对象的理解是非能动的；而唯心主义认为意识的对象是主体创造的，所以唯心主义对对象的理解是能动的，它"发展了能动的方面"。但唯心主义"只是抽象地发展了，因为唯心主义当然是不知道现实的、感性的活动本身"，这是指唯心主义虽然认为是主体创造了对象，但这个主体是精神主体，精神主体能动地创造了一切，现实的一切都是精神的产物。比如，黑格尔的"绝对精神"就是创造宇宙万物的本源。这种"绝对精神"具有能动性，它能动地创造了世界万物。但是，唯心主义却"不知道现实的、感性的活动本身"，也就是说，唯心主义的精神主体的活动只是精神活动，而不是"现实的、感性的活动"。唯心主义把主体的创造性活动理解为精神创造性活动，而不是理解为真正的现实的主体的能动的活动，即现实的人的实践活动。

第三种理解方式是唯物主义的实践理解方式。这种理解方式既不同于旧唯物主义对意识对象的理解方式，又不同于唯心主义的，即把"对象、现实、感性……当做人的感性活动，当做实践去理解"，从"主体方面去理解"，"把人的活动本身理解为对象性的活动"，把作为主体的人创造对

---

① 《马克思恩格斯选集（第1卷）》，人民出版社2012年版，第135页。
② 《马克思恩格斯选集（第1卷）》，人民出版社2012年版，第136页。

象的实践活动本身理解为意识的对象。对象并不是主体活动之外的自然存在物，而是主体的创造性的客观物质活动，即历史的实践，其是不断生成的而非既成的。既成的存在物，如玻璃杯，是不能成为意识的对象的。通过直观的方式观察到的玻璃杯怎样能成为意识的对象？只能通过实践，通过化学实验人们发现了玻璃这种物质，知道它有透明、耐热、易碎等性质，然后通过化学工艺把它做成盛水的容器，并把它命名为杯子。如果没有化学实验和化学工艺制作这些实践，人们就根本不可能知道直接观察到的那个东西是什么，更不可能知道它具有透明、耐热、易碎、能盛水等性质。马克思对意识对象的这种理解充分体现了主体性和能动性，肯定了意识对象的非直观性。所以，依据对意识对象的不同理解方式，马克思把对意识对象作直观理解的包括费尔巴哈的学说在内的所有旧唯物主义称为"直观的唯物主义"："直观的唯物主义，即不是把感性理解为实践活动的唯物主义"；而把对意识对象作唯物主义实践理解的唯物主义称为"新唯物主义"，即"把感性理解为实践活动的唯物主义"。

第二，提出解决思维是否具有客观真理性问题的方法。马克思在《提纲》第二条指出："人的思维是否具有客观的真理性，这不是一个理论的问题，而是一个实践的问题。人应该在实践中证明自己思维的真理性，即自己思维的现实性和力量，自己思维的此岸性。"[①] 后来，列宁、毛泽东等根据《提纲》的这一思想以及恩格斯的相关思想，提出了"实践是检验认识真理性的标准"的命题。

思维的"真理性""现实性"和"力量"这三个词意思相近。"真理性"即思维和思维所反映的客观对象相符合；思维如果与客观对象相符合，它就能转化为现实，就能成为指导人们认识世界和改造世界的能力。马克思认为，要检验思维是否具有客观真理性的问题，实质上就是检验思维与其所反映的对象是否相符合的问题。思维或理论本身不可能自己检验自己，只有思维所反映的对象本身才能检验思维和这个思维所反映的对象是否相符。而思维的对象是人自身的现实物质生活实践活动本身，所以，马克思说"人应该在实践中证明自己思维的真理性"。

而思维的客观真理性也就是"此岸性"。"此岸性"一词是康德哲学

---

① 《马克思恩格斯选集（第 1 卷）》，人民出版社 2012 年版，第 134 页。

的用语。康德认为，意识的对象不是"自在之物"，而只是自在之物对人显现的表象，自在之物不在思维的此岸而在思维的彼岸，人的思维永远不能达到处在彼岸的自在之物。马克思借用康德哲学的用语，目的是说明意识的对象不是处在彼岸世界的自在之物，而正是人自身的现实物质生活实践，思维能够正确反映现实生活，正确反映了现实生活的思维就是具有现实性、此岸性的思维，是具有客观真理性的思维。要解决某种思维是否具有客观的真理性，是否具有现实性、此岸性的问题，不能靠理论上的争论来解决，归根到底，只能由实践来解决。马克思提出的人应该在实践中证明自己思维的真理性的思想，对于反对一切从原则出发的旧唯物主义的真理观具有十分重要的意义。

第三，提出对解释世界和改造世界关系问题的新理解。《提纲》最后一条说："哲学家们只是用不同的方式解释世界，问题在于改变世界。"①在解释世界和改变世界的关系问题上，以费尔巴哈为代表的旧唯物主义的理解是错误的。由于他们把认识的对象理解为自然存在物，所以他们不懂得意识对存在物的能动作用，认为意识不会直接对存在物发生作用，意识的作用仅仅在于"解释世界"，以获得理性的自我满足。所以，从前的哲学家们满足于"解释世界"，把解释世界看作是认识的终极目的。而马克思由于把意识的对象理解为人们的感性物质活动，这样就很容易看到意识对存在的能动的反作用。因为意识存在于人的大脑之中，意识是人的意识，存在是人的存在，意识和存在是人的活动的两个方面，统一于人的活动之中，因而必然会发生相互作用。意识的作用一方面表现为反映人们的存在，另一方面是指导人们的实践，改变人们的存在。所以，马克思认为意识的作用不仅是"解释世界"，更重要的是"改变世界"。改造世界比解释世界更为重要、更为根本。只有在改变世界中才能认识世界，而认识世界的根本目的又在于指导实践、改变世界。《提纲》的这一思想在《形态》中再次被强调：费尔巴哈"和其他的理论家一样，他只是希望确立对现存的事实的正确理解，然而一个真正的共产主义者的任务却在于推翻这种现存的东西"②。"对实践的唯物主义者即共产主义者来说，全部问题都

---

① 《马克思恩格斯选集（第1卷）》，人民出版社2012年版，第136页。
② 《马克思恩格斯选集（第1卷）》，人民出版社2012年版，第177页。

在于使现存世界革命化，实际地反对并改变现存的事物。"①

　　第四，提出对人的本质、社会生活本质问题的历史唯物主义理解。人的本质、社会生活的本质问题，一直是历史观的基本问题。对这个问题，唯心主义向来是离开人的现实的物质生活，从精神方面来理解人的本质、社会生活的本质。马克思在《提纲》中，立足于人类实践，提出对人的本质、社会生活的本质的科学理解，揭露了唯心史观的错误。"费尔巴哈把宗教的本质归结于人的本质"，这本来有一定的合理性，问题是费尔巴哈对"人的本质"做了抽象的理解，他把"人的本质"看作"单个人所固有的抽象物"，这个抽象物就是人的"类"本质，即理性、宗教感性、爱等，它们是每个人生而具有的。费尔巴哈对人的本质之所以如此理解，是因为他鄙视实践，撇开人的社会性，离开人的历史进程，自然主义地理解人，把人理解为单个的自然存在。然而，费尔巴哈所说的那种人并不是现实中生活的个人，而是费尔巴哈"假定"的"抽象的——孤立的——人的个体"②，现实生活中的个人总是处在一定社会关系中的人。同时，理性、宗教感情、爱等也并不是人所固有的东西，它们本身是社会的产物，必须从人们的实际生活、实践活动来分析才能理解和说明。与费尔巴哈相反，马克思把人看作实践着的人，实践是人的根本存在方式，而实践总是在一定社会关系中进行的，因而，每个人并不是孤立的、离开社会关系的单个人，而是处在一定社会关系中生活的个人，他们的具体的社会关系的总和就构成这些个人的具体的社会本质："人的本质不是单个人所固有的抽象物，在其现实性上，它是一切社会关系的总和。"③ 不仅不同历史时代的人们有不同的社会本质，而且处在同一历史时代的人们，由于他们所处的具体社会关系不同，也具有不同的社会本质。人的本质不是先天地固有的，而是在实践中历史地生成和变化的。

　　揭示了人的本质，同时也就意味着揭示社会生活的本质，因为社会生活无非是无数个人的活动的总和，社会不过是人们的有目的的活动而已。而人们的活动有精神活动和物质活动（实践）两方面，一切唯心主义历史观都把人们的精神生活看作是社会生活的本质，看作是历史发展的根本动

---

① 《马克思恩格斯选集（第1卷）》，人民出版社2012年版，第155页。
② 《马克思恩格斯选集（第1卷）》，人民出版社2012年版，第135页。
③ 《马克思恩格斯选集（第1卷）》，人民出版社2012年版，第135页。

力。针对这一点，马克思在《提纲》第八条指出，"全部社会生活在本质是实践的。"① 实践是社会的物质生活，说社会生活在本质上是实践的，这正是说，社会物质生活是社会生活的本质方面，社会精神生活是派生的，是由社会物质生活决定的。这是对社会生活本质的唯一科学的历史唯物主义理解。一切从精神生活方面去理解社会生活的本质、社会发展的动力的观点都是不科学的，是历史唯心主义的观点。

此外，《提纲》中已经蕴含了历史唯物主义的社会基本矛盾学说，但是没有展开。马克思指出，对于这个世俗基础本身应当在自身中、从它的矛盾中去理解，并在实践中使之革命化。在随后的《形态》和其他著作中，马克思对"世俗基础"即人类的物质生活的自我矛盾进行了深入的分析。人类最基本的物质生活是生产实践，生产实践最基本的矛盾是生产力和生产关系的矛盾，这一矛盾决定了社会的基本面貌和整个精神生活的过程。在生产力发展的一定阶段上，产生了私有制。在私有制的基础上，产生了国家和与之相适应的意识形态。社会基本矛盾学说的展开，使得《提纲》中提出的从实践来理解人的本质、社会生活的本质的历史唯物主义基本观点更深入和具体化了。

综上所述，马克思在《提纲》中已经彻底告别了"从前的哲学信仰"，创立了立足于人类现实生活，从实践出发来理解各种问题的新唯物主义世界观。借用马克思在《形态》中的"实践的唯物主义"这一用语，我们把这一新唯物主义称为"实践唯物主义"。当然，由于《提纲》是马克思在笔记本上匆匆写成的，只是为了供自己进一步研究用的一个简单纲要，因而它虽然包含了新世界观的思想，但还是很简单。

三、《提纲》的时代价值

中国特色社会主义进入新时代，要坚持马克思主义思想的指导地位，就要重温马克思主义经典著作，"坚持学以致用、用以促学，原原本本学，熟读精思、学深悟透，熟练掌握马克思主义立场、观点、方法，不断提高马克思主义理论素养"。把马克思主义经典著作中蕴含的"科学原理和科

---

① 《马克思恩格斯选集（第1卷）》，人民出版社2012年版，第56页。

学精神运用到统揽伟大斗争、伟大工程、伟大事业、伟大梦想的实践中去，不断谱写新时代坚持和发展中国特色社会主义新篇章"①。《提纲》是马克思主义哲学发展史中具有里程碑意义的经典著作，文中所阐发的哲学原理在当今仍然具有真理性，对我们认识和解决新时代建设中国特色社会主义所面临的各种深层次的问题和矛盾仍然具有指导价值。

1．《提纲》在马克思主义哲学史中的历史地位和价值

自《提纲》公开发表以来，其在马克思主义哲学史中的历史地位和理论价值一直是国内外学术界研究和争论的重要问题。研究《提纲》130 多年的理解史，不仅能够梳理哲学界 130 多年来研究《提纲》的成果，彰显《提纲》在马克思主义哲学史上的历史地位和理论价值，还能澄清学术界对马克思的哲学革命的各种曲解，推进 21 世纪马克思主义哲学研究在新时代的繁荣和发展。

正如恩格斯所言，《提纲》"它作为包含着新世界观的天才萌芽的第一个文献，是非常宝贵的"②。130 多年来，传统马克思主义、国外马克思主义和我国"反思哲学"时期的一些学者都非常看重《提纲》，他们把《提纲》看作是马克思发动哲学革命的标志性文献，看作是研究马克思主义哲学发展史中具有里程碑意义的著作。《提纲》通过对以费尔巴哈为代表的旧唯物主义思想的批判，不仅让我们对旧唯物主义思想和唯心主义思想有了一个更清晰的认识，同时还让我们认识到马克思的"新唯物主义"的实质。学者们立足于他们所处时代的马克思和恩格斯的原始文献资料的研究，揭示了《提纲》与《形态》之间的密切联系，解开了"新世界观"之谜，阐明了马克思的"新世界观"与历史唯物主义的本质关系。也正是通过这个文献，学术界认识到了实践思想在马克思主义哲学史中的重要地位和意义，从而引发了对马克思主义哲学的实践唯物主义的热烈探讨。该著作是学术界了解和研究马克思科学实践观和唯物史观的重要文献。自我国 20 世纪 80 年代"反思哲学"时期以来，《提纲》在学术界的影响力持续 40 年没有间断，以《提纲》作为研究对象的论文和著作数以千计。这些研究成果大大丰富了我国马克思主义思想史的研究资料，也推动了 21

① 新华社：《习近平主持中共中央政治局第五次集体学习并讲话》，见人民网（http：//politics．people．com．cn/n1/2018/0424/c1024 - 29947140．html）。

② 《马克思恩格斯选集》（第 4 卷），人民出版社 2012 年版，第 219 页。

世纪中国马克思主义哲学的研究，夯实了我国坚持以马克思主义作为党的指导思想的理论基础。

2.《提纲》在建设中国特色社会主义中的思想价值

实践思想是贯穿于《提纲》中的核心思想。马克思在《提纲》中把客观对象理解为实践活动，不仅强调实践在人的认识、在社会生活中的作用，还强调用革命的实践去改造世界，这是马克思主义的"新世界观"哲学区别于以往一切旧唯物主义哲学的根本之处。《提纲》的字里行间所体现出的马克思主义实践思想，对建设中国特色社会主义具有积极的指导意义。

要把客观对象当作感性的人的活动，当作实践去理解，能动地认识和把握客观事物，这是《提纲》第一条的重要思想。要能动地认识客观对象，必须在实践的基础上尊重客观规律，发挥主观能动性。建设中国特色社会主义是一项前所未有的伟大事业，如果仅以客体的、直观的形式去认识和理解，是不可能成功的。所以，中国共产党在建设中国特色社会主义的伟大进程中始终立足于中国的实践，"摸着石头过河"去探索中国特色社会主义发展道路。改革开放40多年来，中国共产党正是能动地认识和把握了中国特色社会主义建设和国家治理体系构建的客观规律，才取得了举世瞩目的伟大成就。正如习近平总书记在庆祝改革开放40周年大会上的讲话中指出的："历史发展有其规律，但人在其中不是完全消极被动的。只要把握住历史发展大势，抓住历史变革时机，奋发有为，锐意进取，人类社会就能更好前进。""40年来，我们始终坚持解放思想、实事求是、与时俱进、求真务实，坚持马克思主义指导地位不动摇，坚持科学社会主义基本原则不动摇，勇敢推进理论创新、实践创新、制度创新、文化创新以及各方面创新，不断赋予中国特色社会主义以鲜明的实践特色、理论特色、民族特色、时代特色，形成了中国特色社会主义道路、理论、制度、文化，以不可辩驳的事实彰显了科学社会主义的鲜活生命力，社会主义的伟大旗帜始终在中国大地上高高飘扬！"①

"实践是检验真理的唯一标准"是马克思在《提纲》中提出的另一重要思想。"文革"结束后，针对"两个凡是"的错误方针，中国共产党通

---

① 习近平：《在庆祝改革开放40周年大会上的讲话》，载《人民日报》2018年12月19日第2版。

过在理论界开展"实践是检验真理的唯一标准"的大讨论，推倒了"两个凡是"，冲破了"左"的思想禁锢。党的十一届三中全会高度评价了关于真理标准问题的讨论，果断结束了"以阶级斗争为纲"的基本路线，重新确立了马克思主义的思想路线，开启了改革开放的历史进程，走上了建设有中国特色的社会主义的发展道路。中国特色社会主义道路到底好不好，由中国人民的实践来检验。改革开放40多年的成就充分彰显了中国特色社会主义制度的正确性和优越性，也充分证明了党的十一届三中全会以来党团结带领全国各族人民开辟的中国特色社会主义道路、理论、制度、文化是完全正确的，形成的党的基本理论、基本路线、基本方略是完全正确的。正如习近平总书记在中国共产党第十九届中央委员会第四次全体会议上所说："实践证明，中国特色社会主义制度和国家治理体系是以马克思主义为指导、植根中国大地、具有深厚中华文化根基、深得人民拥护的制度和治理体系，是具有强大生命力和巨大优越性的制度和治理体系，是能够持续推动拥有近十四亿人口大国进步和发展、确保拥有五千多年文明史的中华民族实现'两个一百年'奋斗目标进而实现伟大复兴的制度和治理体系。"① 所以，在中国特色社会主义建设中，我们要始终立足中国实践，坚持以马克思主义思想为指导，坚定"四个自信"，努力实现中华民族的伟大复兴。

3.《提纲》在解决中国问题中的方法论价值

马克思在《提纲》中指出，"新唯物主义的立脚点则是人类社会或社会的人类"②，强调马克思主义哲学立足于人类社会，是为整个人类社会服务的思想。马克思主义哲学作为当今具有重大国际影响的思想，为我们提供了认识世界和改造世界的强大思想武器。正如《提纲》最后一条所说，哲学的根本任务是改造世界。马克思主义哲学在指导中国革命和现代化建设的历程中，其科学性和真理性已得到了充分检验。

立足人类社会的现实、关注现实，一切从实际出发，解放思想，实事求是，这是对马克思主义哲学方法论的科学概括。解放思想，实事求是，是马克思主义思想家一以贯之的思想，也是指导我国新民主主义革命胜利

① 习近平：《中国共产党第十九届中央委员会第四次全体会议公报》，载《旗帜》2019 年第 11 期，第 9 页。

② 《马克思恩格斯选集》（第 1 卷），人民出版社 2012 年版，第 136 页。

和中国特色社会主义建设的思想武器。在民主革命时期，为了解决中华民族独立和解放的问题，毛泽东同志领导全党确立了解放思想，实事求是的思想路线，保证了新民主主义革命和社会主义改造的胜利。社会主义基本制度建立之后，社会的主要矛盾问题则成了关系全党今后确定什么样的基本路线和根本任务的重大问题。1956 年党的八大明确指出，"我们国内的主要矛盾，已经是人民对于建立先进的工业国的要求同落后的农业国的现实之间的矛盾，已经是人民对于经济文化迅速发展的需要同当前经济文化不能满足人民需要的状况之间的矛盾"。① 此后，由于反右派斗争扩大化，党对社会主要矛盾的认识发生偏差。1957 年中共八届三中全会提出，当前我国社会的主要矛盾是"无产阶级和资产阶级的矛盾，社会主义道路和资本主义道路的矛盾"。② 党对社会主义时期主要矛盾认识的失误导致了后来党和国家一系列重大政策和决策的失误。改革开放后，党的十一届三中全会全面拨乱反正，坚持解放思想，实事求是的思想路线，不再提"以阶级斗争为纲"的基本路线，决定将全党工作的重点转移到社会主义现代化建设上来。1981 年，党的十一届六中全会通过的《中国共产党中央委员会关于建国以来党的若干历史问题的决议》重新肯定了党的八大的路线及关于社会主要矛盾的论述，并提出："在社会主义改造基本完成以后，我国所要解决的主要矛盾，是人民日益增长的物质文化需要同落后的社会生产之间的矛盾。党和国家工作的重点必须转移到以经济建设为中心的社会主义现代化建设上来，大大发展社会生产力，并在这个基础上逐步改善人民的物质文化生活。"③

经过 40 多年的改革开放，我国的社会生产力水平总体上显著提高，社会生产能力在很多方面位于世界前列。我国实现了从站起来、富起来，到如今强起来的飞跃。随着我国社会经济持续快速增长，富裕起来的人民群众对美好生活的需求日益扩大，不但对物质文化生活提出了更高要求，

---

① 韩振峰：《中国共产党对我国社会主要矛盾的认识过程》，载《光明日报》2018 年 6 月 6 日第 11 版。

② 韩振峰：《中国共产党对我国社会主要矛盾的认识过程》，载《光明日报》2018 年 6 月 6 日第 11 版。

③ 李慎明：《正确认识中国特色社会主义新时代社会主要矛盾》，载《红旗文稿》2018 年第 5 期，第 9－10 页。

而且对民主、法治、公平、正义、安全、环境等方面的需求也日益增长。所以，当下我国社会更加突出的问题是发展不平衡不充分的问题，这已经成为制约满足人民日益增长的美好生活需要的主要因素。习近平总书记在中国共产党第十九次全国代表大会上明确指出："中国特色社会主义进入新时代，我国社会主要矛盾已经转化为人民日益增长的美好生活需要和不平衡不充分的发展之间的矛盾。"① 我国社会主要矛盾的变化，意味着社会全局的历史性变化，意味着党和国家工作重心的改变。以习近平同志为核心的党中央，始终坚持以马克思主义为指导，坚持解放思想、实事求是的思想路线，立足于对当下中国社会实践的分析和研究，围绕解决我国新时代社会主要矛盾"提出一系列新理念新思想新战略，出台一系列重大方针政策，推出一系列重大举措，推进一系列重大工作，解决了许多长期想解决而没有解决的难题，办成了许多过去想办而没有办成的大事，推动党和国家事业发生历史性变革。这些历史性变革，对党和国家事业发展具有重大而深远的影响"②。

4.《提纲》在构建人类命运共同体中的理论价值

人的本质思想是《提纲》中的一个重要思想。马克思在文中指出，"人的本质不是单个人所固有的抽象物，在其现实性上，它是一切社会关系的总和"③，就是强调要从人所处的社会关系中去理解人的本质。在《形态》中，马克思又进一步解释，个人是怎样的，"这同他们的生产是一致的——既和他们生产什么一致，又和他们怎样生产一致。因而，个人是什么样的，这取决于他们进行生产的物质条件"④。而个人的生产总是在具体的社会群体里进行的。个人以其共同性而组成的社会群体称为社会共同体。社会共同体是由个人组成的，但不是由个人机械地相加，而是由处于一定社会关系中的现实个人所组成。所以，现实个人是处于一定社会

① 习近平：《决胜全面建成小康社会 夺取新时代中国特色社会主义伟大胜利——在中国共产党第十九次全国人民代表大会上的报告》，载《人民日报》2017 年 10 月 28 日第 1 版。

② 习近平：《决胜全面建成小康社会 夺取新时代中国特色社会主义伟大胜利——在中国共产党第十九次全国人民代表大会上的报告》，载《人民日报》2017 年 10 月 28 日第 1 版。

③ 《马克思恩格斯选集》（第 1 卷），人民出版社 2012 年版，第 139 页。

④ 《马克思恩格斯选集》（第 1 卷），人民出版社 2012 年版，第 147 页。

共同体关系中的个人，现实的生产是社会共同体中的生产。马克思认为，这种生产方式历史地制约和规定着现实的个人。每一个个人总是在历史所提供的生产力的条件下来进行生产的。因此，人的本质"在其现实性上，它是一切社会关系的总和"就可以延伸为一定生产方式制约的特定共同体社会关系的总和。人的本质随着共同体社会关系的发展而发展，而人的本质的发展反过来又推动共同体社会关系的进步。人类就是这样通过社会关系和生产力的生产，最终创造出真正属于人的世界。

马克思的人的本质思想为构建人类命运共同体提供了理论指导。把人类世界建成符合人之为人的状态，是全人类共同的期望。正如习近平总书记在第70届联合国大会上所说："'大道之行也，天下为公。'和平、发展、公平、正义、民主、自由是全人类的共同价值，也是联合国的崇高目标。"① 当今世界全球化的飞速发展已经让各国不能独善其身，各国处于一荣俱荣、一损俱损，命运与共的国际环境中。如何引导全人类构建一种超越民族国家意识的、符合人之为人的共同体的国际共识，是新时代人类面临的世界性问题。习近平总书记在第70届联合国大会上倡导构建以合作共赢为核心的新型国际关系，打造人类命运共同体。人类命运共同体理念倡导在政治、安全、发展、文化、生态方面构建"共商、共建、共享"的"五位一体"的人类命运共同体，在世界范围内规划和追求人的本质的发展与完善，既尊重民族国家在历史文化、价值观、经济发展和国家治理等方面的差异，又尊重人类对自由解放的共同要求。这种理念既与马克思的人的本质思想的价值取向一致，又具有现实的可行性。② 因此，2017年2月，联合国社会发展委员会将"构建人类命运共同体"理念载入联合国决议，引导全人类构建人类命运共同体。

5.《提纲》在高校思想政治教育中的育人价值

《提纲》中的人的本质理论对高校思想政治教育具有重要的引导作用。思想政治教育的对象是人，对人的本质的认识是高校思想政治教育的理论基础。在思想政治教育的过程中，要始终把"人"放在工作中最重要的环

---

① 习近平：《携手构建合作共赢新伙伴 同心打造人类命运共同体》，载《人民日报》2015年9月29日第2版。

② 参见黄婷《再思马克思人的本质思想：逻辑维度、实践意涵、新时代价值》，载《贵州社会科学》2019年第2期，第35–36页。

节。正如习近平总书记在全国高校思想政治工作会议上所指出的："思想政治工作从根本上说是做人的工作，必须围绕学生、关照学生、服务学生，不断提高学生思想水平、政治觉悟、道德品质、文化素养，让学生成为德才兼备、全面发展的人才。"① 要坚持把立德树人作为中心环节，把思想政治工作贯穿教育教学全过程。

青年学生是高校思想政治工作的主要对象，要做好他们的工作，就应当充分了解和认知青年学生。要把青年学生放在当下的社会历史条件中进行研究，在他们所处的社会关系中去考察他们，了解他们的愿望、诉求、困惑和问题。改革开放 40 多年来，国家和社会的飞速发展为青年学生提供了前所未有的机遇，也带来了巨大的挑战。青年学生作为中国梦的继承者，面临着更多的压力和挑战。他们在走向社会的过程中，由于自身未定型的价值观与社会现存的多元的价值观相碰撞，难免产生各种困惑。面对青年学生的困惑，思想政治教育工作者应该及时回应、解疑释惑。《提纲》为思想政治教育工作者怎样正确理解和引导当代青年学生提供了重要的启示。马克思的人的本质理论有助于引导思想政治教育工作者从"树人"的角度，更好地关注青年学生的问题、倾听青年学生的心声，引导青年学生在实践中认识和改造客观世界的同时完成对自身主观精神世界的改造。②

《提纲》中的人与环境、教育关系的理论对思想政治教育具有启示作用。培养人的思想政治教育只能在社会环境中才能进行，离开环境或者对环境把握不准确，思想政治教育就会失去现实基础。深入了解和研究思想政治教育活动的环境，是做好思想政治教育的前提。这就要求思想政治教育工作者必须了解当下的社会环境，正确理解社会环境，并创造良好的思想政治教育环境来进行教育工作。思想政治品德形成发展的过程既是在一定外界环境影响下学生内在的知、情、信、意、行诸心理要素辩证运动的过程，又是在社会实践的基础上，社会环境对学生的思想政治品德产生影响和学生对社会环境产生影响的双向互动过程。受教育者在实践中将自己的"知"转化为"行"，通过"行"深化"知"，反过来又能促进"行"，

① 张烁：《把思想政治工作贯穿教育教学全过程 开创我国高等教育事业发展新局面》，载《人民日报》2016 年 12 月 9 日第 1 版。
② 参见祝大勇、贾立平《〈关于费尔巴哈的提纲〉对于认知思想政治教育对象的启示》，载《河北农业大学学报》2019 年第 1 期，第 2－3 页。

最终达到知行合一的作用。① 所以，思想政治教育工作者要充分发挥社会实践在高校思想政治教育中的重要作用，开设思想政治理论社会实践课，带领学生走出课堂，走进社会，把理论和实践结合起来，加深大学生对国情、省情和乡情的了解，增强学生的责任感和使命感，提升观察、分析和解决实际问题的能力，掌握社会实践和调研的基本方法，使学生的品格和能力在具体的社会实践中得到全面的发展。

---

① 参见吴云、夏康康《〈关于费尔巴哈的提纲〉对思想政治教育的启示》，载《淮海工学院学报（人文社会科学版）》2013 年第 17 期，第 117 – 118 页。

参 考 文 献

[1] 阿尔都塞. 保卫马克思 [M]. 顾良，译. 北京：商务印书馆，1984.

[2] 奥古斯特·孔德. 论实证精神 [M]. 黄建华，译. 北京：商务印书馆，1996.

[3] 北京大学哲学系编. 人道主义和异化问题研究 [M]. 北京：北京大学出版社，1985.

[4] 布洛赫. 希望的原理：第一卷 [M]. 梦海，译. 上海：上海译文出版社，2012.

[5] 陈海飞. 解释学基本理论研究 [M]. 北京：中共党史出版社，2005.

[6] 恩格斯. 路德维希·费尔巴哈和德国古典哲学的终结 [M]. 北京：人民出版社，1972.

[7] 费尔巴哈. 费尔巴哈哲学著作选集：上卷 [M]. 北京：生活·读书·新知三联书店，1959.

[8] 费尔巴哈. 费尔巴哈哲学著作选集：上卷 [M]. 容震华，等，译. 北京：商务印书馆，1984.

[9] 费尔巴哈. 费尔巴哈哲学著作选集：下卷 [M]. 北京：生活·读书·新知三联书店，1959.

[10] 费尔巴哈. 费尔巴哈哲学著作选集：下卷 [M]. 荣震华，等，译. 北京：商务印书馆，1984.

[11] 弗洛姆. 马克思关于人的概念 [M] //俞吾金，吴晓明总主编；陈学明主编. 二十世纪哲学经典文本：西方马克思主义卷. 上海：复旦大学出版社，1999.

[12] 高光，等. 马克思恩格斯早期著作研究：从《博士论文》到《德意志意识形态》[M]. 北京：中共中央党校出版社，1992.

[13] 高清海. 高清海哲学文存 1：哲学的创新 [M]. 长春：吉林人民出版社，1997.

[14] 高清海. 哲学思维方式变革 [M]. 长春：吉林人民出版社，1997.

[15] 葛兰西. 实践哲学 [M]. 徐崇温，译. 重庆：重庆出版社，1990.

[16] 黑格尔. 哲学史讲演录：第1卷 [M]. 北京：商务印书馆，1959.

[17] 侯鸿勋，郑涌. 西方著名哲学家评传：第七卷 [M]. 济南：山东人民出版社，1985.

[18] 胡福明. 《马克思主义实践论与邓小平理论的哲学基础》论文集 [M]. 南京：南京大学出版社，1998.

[19] 胡克. 对卡尔·马克思的理解 [M]. 徐崇温，译. 重庆：重庆出版社，1989.

[20] 胡乔木. 关于人道主义和异化问题 [M]. 北京：人民出版社，1984.

[21] 黄枬森. 哲学的科学之路：马克思主义哲学的科学体系研究 [M]. 北京：北京师范大学出版社，2005.

[22] 霍克海默. 批判理论 [M]. 李小兵，等，译. 重庆：重庆出版社，1989.

[23] 考茨基. 唯物主义历史观（第一分册）[M]. 《哲学研究》编辑部编. 上海：上海人民出版社，1964.

[24] 柯尔施. 马克思主义和哲学 [M]. 王南湜，荣新海，译. 重庆：重庆出版社，1989.

[25] 科尔纽. 马克思恩格斯传：第3卷，历史唯物主义的形成：1845—1846 [M]. 管士滨，译. 北京：生活·读书·新知三联书店，1980.

[26] 拉宾. 论西方对青年马克思思想的研究 [M]. 马哲，译. 北京：人民出版社，1981.

[27] 拉布里奥拉. 关于历史唯物主义 [M]. 杨启潾，孙魁，朱中龙，等，译. 北京：人民出版社，1984.

[28] 拉法格. 拉法格文选 [M]. 北京：人民出版社，1985.

[29] 拉法格. 思想起源论 [M]. 北京：生活·读书·新知三联书店，1963.

[30] 乐志强. 马克思哲学观与恩格斯：《费尔巴哈论》和《关于费尔巴哈的提纲》研究 [M]. 广州：中山大学出版社，1993.

[31] 李秀林，王于，李淮春. 辩证唯物主义和历史唯物主义原理 [M]. 北京：中国人民大学出版社，1982.

［32］列宁. 列宁论马克思恩格斯及马克思主义［M］. 唯真，译. 北京：
人民出版社，1949.

［33］列宁. 列宁全集：第 1 卷［M］. 北京：人民出版社，1972.

［34］列宁. 列宁全集：第 2 卷［M］. 北京：人民出版社，1972.

［35］列宁. 列宁全集：第 38 卷［M］. 北京：人民出版社，1972.

［36］列宁. 列宁选集：第 1 卷［M］. 北京：人民出版社，1972.

［37］列宁. 列宁选集：第 2 卷［M］. 北京：人民出版社，1972.

［38］刘放桐，等. 现代西方哲学：上册［M］. 北京：人民出版社，
1981.

［39］卢卡奇. 历史和阶级意识：马克思主义辩证法研究［M］. 张西平，
译. 重庆：重庆出版社，1989.

［40］路淑英，张宏，姚艳. 神话的启示：人本主义问题的研究［M］. 成
都：西南交通大学出版社，2004.

［41］马尔科维奇，等. 南斯拉夫"实践派"的历史和理论［M］. 重庆：
重庆出版社，1994.

［42］马克思，恩格斯. 马克思恩格斯全集：第 1 卷［M］. 北京：人民出
版社，1956.

［43］马克思，恩格斯. 马克思恩格斯全集：第 2 卷［M］. 北京：人民出
版社，1957.

［44］马克思，恩格斯. 马克思恩格斯全集：第 3 卷［M］. 北京：人民出
版社，1960.

［45］马克思，恩格斯. 马克思恩格斯全集：第 4 卷［M］. 北京：人民出
版社，1995.

［46］马克思，恩格斯. 马克思恩格斯全集：第 19 卷［M］. 北京：人民
出版社，1963.

［47］马克思，恩格斯. 马克思恩格斯全集：第 23 卷［M］. 北京：人民
出版社，1972.

［48］马克思，恩格斯. 马克思恩格斯全集：第 27 卷［M］. 北京：人民
出版社，1972.

［49］马克思，恩格斯. 马克思恩格斯全集：第 31 卷［M］. 北京：人民
出版社，1972.

［50］马克思，恩格斯. 马克思恩格斯全集：第 39 卷［M］. 北京：人民

出版社，1974.

［51］马克思，恩格斯. 马克思恩格斯全集：第 40 卷［M］. 北京：人民
出版社，1982.

［52］马克思，恩格斯. 马克思恩格斯全集：第 42 卷［M］. 北京：人民
出版社，1979.

［53］马克思，恩格斯. 马克思恩格斯选集：第 1 至 4 卷［M］. 北京：人
民出版社，2012.

［54］马克思. 1844 年经济学哲学手稿［M］. 中共中央著作编译局，译.
北京：人民出版社，2000.

［55］毛泽东. 毛泽东选集：第 1 卷［M］. 北京：人民出版社，1991.

［56］梅林. 保卫马克思主义［M］. 吉洪，译. 北京：人民出版社，1982.

［57］梅林. 德国社会民主党史：第 1 卷：现代科学共产主义：1830—
1848［M］. 青载繁，译. 北京：生活·读书·新知三联书店，1963.

［58］梅林. 马克思传［M］. 樊集，译. 北京：人民出版社，1965.

［59］孟宪平，韩斌. 以人为本的理论与实践问题研究［M］. 北京：中共
中央党校出版社，2007.

［60］普列汉诺夫. 论一元论历史观之发展［M］. 博古，译. 北京：生活·
读书·新知三联书店，1965.

［61］普列汉诺夫. 论一元论历史观之发展问题［M］. 王荫庭，译. 北
京：商务印书馆，2012.

［62］普列汉诺夫. 普列汉诺夫哲学著作选集：第 3 卷［M］. 北京：生活·
读书·新知三联书店，1962.

［63］汝信主编，王树人，叶秀山，余丽娥，等，编著. 马克思主义的三
个来源［M］. 北京：人民出版社，1978.

［64］萨特. 辩证理性批判［M］//俞吾金，吴晓明总主编；陈学明主编.
二十世纪哲学经典文本：西方马克思主义卷. 上海：复旦大学出版
社，1999.

［65］上海社会科学院哲学研究所. 人道主义和异化三十题［M］. 上海：
上海人民出版社，1984.

［66］施密特. 马克思的自然概念［M］. 欧力同、吴仲昉，译. 北京：商
务印书馆，1988.

［67］斯大林. 辩证唯物主义与历史唯物主义［M］. 唯真，译. 解放社，

1949.

［68］孙伯鍨，张一兵．走进马克思［M］．南京：江苏人民出版社，
2001.

［69］孙伯鍨．探索者道路的探索［M］．南京：南京大学出版社，2002.

［70］王东．马克思学新奠基：马克思哲学新解读的方法论导言［M］．北
京：北京大学出版社，2006.

［71］王金福．马克思的哲学在理解中的命运：对马克思主义哲学史的解
释学考察［M］．苏州：苏州大学出版社，2003.

［72］王让新主编；李弦，谢霄男，叶先进副主编．新世界观的创立与哲
学史的伟大变革：马克思《关于费尔巴哈的提纲》研究［M］．成
都：电子科技大学出版社，2015.

［73］王若水．为人道主义辩护［M］．北京：生活·读书·新知三联书
店，1986.

［74］王荫庭．普列汉诺夫哲学新论［M］．北京：北京出版社，1988.

［75］吴晓明．历史唯物主义的主体概念［M］．上海：上海人民出版社，
1993.

［76］吴晓明．形而上学的没落：马克思与费尔巴哈关系的当代解读
［M］．北京：人民出版社，2006.

［77］辛敬良．马克思主义哲学导论［M］．上海：复旦大学出版社，
1991.

［78］徐崇温．用马克思主义评析西方思潮［M］．重庆：重庆出版社，
1990.

［79］徐崇温．柯尔施．卡尔·马克思：马克思主义的理论和阶级运动
［M］．雄子云、翁延真，译．重庆：重庆大学出版社，1993.

［80］徐琳．马克思主义哲学史：第3卷［M］．北京：北京出版社，
1996.

［81］薛德震．以人为本构建和谐社会20论［M］．北京：人民出版社，
2006.

［82］杨耕．"危机"中的重建：历史唯物主义的现代阐释［M］．北京：
中国人民大学出版社，1995.

［83］张奎良．马克思的哲学思想及其当代意义［M］．哈尔滨：黑龙江教
育出版社，2001.

［84］张一兵，胡大平．西方马克思主义哲学的历史逻辑［M］．南京：南京大学出版社，2003．

［85］张一兵．文本的深度耕犁：西方马克思主义经典文本解读：第一卷［M］．北京：中国人民大学出版社，2004．

［86］中共中央马克思恩格斯列宁斯大林著作编译局马恩室．《1844年经济学哲学手稿》研究：文集［M］．长沙：湖南人民出版社，1983．

［87］周树智．马克思的新世界观：马克思《关于费尔巴哈的提纲》研究文集［M］．北京：社会科学文献出版社，2012．

［88］周泽之，罗保国，刘国红，等．社会历史之谜的科学解答：马克思主义经典著作选讲［M］．上海：上海三联书店，2007．

［89］安启念．《关于费尔巴哈的提纲》第一条思想再探：兼评我国实践唯物主义思潮的实践观［J］．高校理论战线，2011（6）．

［90］安启念．再读《关于费尔巴哈的提纲》前三条：论马克思的核心哲学思想及其方法论价值［J］．马克思主义与现实，2015（3）．

［91］本刊记者．全国哲学观念变革讨论会侧记［J］．哲学动态，1988（10）．

［92］蔡维屏．纪念《关于费尔巴哈的提纲》写作150周年［J］．南京社会科学，1995（3）．

［93］曹克朴．重思《关于费尔巴哈的提纲》的学术价值：从恩格斯对马克思原稿的修改说起［J］．中共福建省委党校学报，2019（2）．

［94］车洪波．革命实践与哲学革命［J］．中国社会科学，1994（3）．

［95］陈剑涛．论《关于费尔巴哈的提纲》的哲学革命与当代价值［J］．江西社会科学，2008（2）．

［96］陈金山．近年来《关于费尔巴哈的提纲》的文本学研究述评［J］．长春师范大学学报，2015（1）．

［97］陈丽．《关于费尔巴哈的提纲》对思想政治教育的启示：基于人与环境、教育的关系层面［J］．河北工程大学学报，2012（1）．

［98］陈铁民．怎样理解马克思的哲学革命：对当前争论的若干问题的思考［J］．福建论坛，2006（2）．

［99］陈志良，杨耕．实践唯物主义是唯物主义的现代形态［J］．哲学动态，1989（3）．

［100］陈志良．实践范畴再认识［J］．哲学动态，1988（12）．

［101］陈志良. 主体性原则和哲学现代化［J］. 江海学刊，1987（5）.

［102］程秀霞. 马克思《关于费尔巴哈的提纲》对思想政治教育的现实意义［J］. 重庆交通大学学报，2018（5）.

［103］丛大川. 关于把马克思主义哲学"物质本体论化"的思考：评《马克思主义原理》·纪念马克思《关于费尔巴哈的提纲》150 周年［J］. 延边大学学报，1995（2）.

［104］单提平. "改变世界"的两个隐含维度：《关于费尔巴哈的提纲》第十一条的理解［J］. 社会科学研究，2010（4）.

［105］单提平.《关于费尔巴哈的提纲》：写作缘由及时间的探析［J］. 福建论坛，2006（7）.

［106］单提平. 从"立脚点"重思新唯物主义"新"在何处：《关于费尔巴哈的提纲》第 10 条的考辨［J］. 山东社会科学，2013（7）.

［107］单提平. 历史的自然与自然的历史：从《关于费尔巴哈的提纲》第 1 条看唯物史观的生态视角［J］. 山东社会科学，2015（4）.

［108］方以启. 马克思"实证科学"之"实证"概念解读［J］. 南昌大学学报（人文社会科学版），2011（6）.

［109］高清海. 论哲学观念的转变：哲学探进断想之一［J］. 哲学研究，1987（10）.

［110］高清海. 人的哲学的奥秘：我对哲学如是说［J］. 哲学研究，1993（6）.

［111］高清海. 再论实践观点的超越性本质［J］. 哲学动态，1989（1）.

［112］高清海. 重新评价唯物论唯心论的对立［J］. 哲学动态，1989（4）.

［113］戈德斯蒂克，坎宁安，朱伟，等. 马克思《关于费尔巴哈的提纲》第一命题与第三命题中的能动主义和科学主义［J］. 湖州师范学院学报，1995（2）.

［114］郝书翠. 主体感性理论革命：《实践唯物主义之奠基：读马克思〈关于费尔巴哈的提纲〉》［J］. 烟台大学学报，2000（3）.

［115］何畏. 马克思创立的是历史唯物主义一体化哲学［J］. 哲学研究，1983（6）.

［116］何中华. 超越"唯物—唯心"之争的纲领：再读马克思《关于费尔巴哈的提纲》第 1 条［J］. 山东社会科学，2015（4）.

[117] 何中华. 解释世界和改变世界：是补充还是超越？：再读马克思《关于费尔巴哈的提纲》第11条 [J]. 天津社会科学，2019（3）.

[118] 何中华. 论马克思实践观的本体论向度：重读《关于费尔巴哈的提纲 [J]. 河北学刊，2003（7）.

[119] 何中华. 实践唯物主义的奠基之作：再读马克思《关于费尔巴哈的提纲》[J]. 东岳论丛，2006（3）.

[120] 侯惠勤. 《德意志意识形态》的理论贡献及其当代价值 [J]. 高校理论战线，2006（3）.

[121] 黄明娣. "环境的改变"和人的"自我改造"的一致：论《关于费尔巴哈的提纲》关于人与环境的关系 [J]. 赣南师范学院学报，1996（2）.

[122] 黄楠森. 《德意志意识形态》与当代中国马克思主义哲学研究的三个问题 [J]. 马克思主义研究，2005（4）.

[123] 姜涌. 马克思劳动主体性的正义坐标：《关于费尔巴哈的提纲》第1条新解读 [J]. 山东社会科学，2015（4）.

[124] 金寿铁. "改变世界"的新哲学及其文化遗产：布洛赫对《关于费尔巴哈的提纲》命题11的解读 [J]. 中国社会科学，2010（3）.

[125] 冷梅. 从马克思感性活动看马克思的哲学革命 [J]. 兰州学刊，2005（4）.

[126] 李博. 论恩斯特·布洛赫对《关于费尔巴哈的提纲》的人本主义解读 [J]. 唐山学院学报，2016（1）.

[127] 李春生，史历. 马克思哲学新视域中的科学方法论究竟是什么：重读《关于费尔巴哈的提纲》[J]. 天中学刊，2004（4）.

[128] 李洪君. 马克思哲学的本质：实践的唯物主义辩证法：解读《关于费尔巴哈的提纲》及《德意志意识形态》[J]. 北方论丛，2000（4）.

[129] 李华平，曹明臣. 马克思哲学回归现实之路：从《博士论文》到《关于费尔巴哈的提纲》[J]. 天中学刊，2004（2）.

[130] 李景源. 论马克思的实践唯物主义 [J]. 哲学研究，1988（11）.

[131] 李龙强，李桂丽. 《关于费尔巴哈的提纲》中的自然观及其当代启示 [J]. 山东社会科学，2017（2）.

[132] 李龙强，李桂丽. 马克思主义实践观与生态文明建设：《关于费尔

巴哈的提纲》中人与自然关系的当代解读［J］. 甘肃理论学刊，2012（2）.

［133］李庆钧. 人的本质：从费尔巴哈到马克思：纪念《关于费尔巴哈的提纲》写作160周年［J］. 学术界，2005（2）.

［134］梁爽. 对《关于费尔巴哈的提纲》写作时间的再探讨：根据马克思原始手稿和 MEGA2 的重新考证［J］. 甘肃社会科学，2017（6）.

［135］廖航，喻学林. 人与环境、教育的辩证关系对思想政治教育的启示：基于《关于费尔巴哈的提纲》的分析［J］. 鄂州大学学报，2017（4）.

［136］林孟清. 试析《关于费尔巴哈的提纲》的"新世界观"［J］. 江西社会科学，1999（8）.

［137］刘同舫，黄漫. 在何种意义上区分马克思文本与恩格斯文本：基于《关于费尔巴哈的提纲》之思［J］. 人文杂志，2012（1）.

［138］鲁克俭. 基于 MEGA2 的《关于费尔巴哈的提纲》文本研究：一个路线图［J］. 创新，2016（1）.

［139］鲁克俭. 马克思实证方法与孔德实证主义关系初探［J］. 社会科学，1999（4）.

［140］马拥军. 略论马克思《关于费尔巴哈的提纲》的基本问题和理论框架［J］. 华侨大学学报，1998（2）.

［141］毛勒堂. 试论马克思哲学的革命性质及其当代价值［J］. 江淮论坛，2003（2）.

［142］蒙运芳. 对《关于费尔巴哈的提纲》第十一条的新理解［J］. 广西教育学院学报，2004（4）.

［143］南京大学课题组.《关于费尔巴哈的提纲》的学术影响力分析：基于 CSSCI 数据（2002—2012）的实证研究［J］. 黑龙江社会科学，2016（2）.

［144］潘惠香. 从"哲学"到"实证科学"：马克思研究立场转变的当代启示［J］. 江西社会科学，2011（11）.

［145］庞乃燕，彭俊桦. 重温经典：《关于费尔巴哈的提纲》的实践观及其现实意义［J］. 临沂大学学报，2019（2）.

［146］乔法容. 马克思的《关于费尔巴哈的提纲》一条未走之路［J］.

国外社会科学, 1995 (6).

[147] 任平. 论恩格斯对哲学革命的理解: 120 年后对《费尔巴哈论》出场学视域的新解读 [J]. 江苏社会科学, 2006 (2).

[148] 任平. 论恩格斯理解哲学革命的出场学视域: 120 年后对《费尔巴哈论》叙事方式的新解读 [J]. 学术研究, 2006 (7).

[149] 任平. 马克思哲学革命出场的现代性路径:《关于费尔巴哈的提纲》诞生 160 周年后的新解读 [J]. 江海学刊, 2005 (3).

[150] 汝信. 人道主义就是修正主义吗?: 对人道主义的再认识 [N]. 人民日报, 1980 – 8 – 15 (5).

[151] 商逾. 政治国家与市民社会之关系的哲学内涵: 马克思《关于费尔巴哈的提纲》第 1 条新释 [J]. 山东社会科学, 2015 (4).

[152] 舒永生. 论费尔巴哈"人是人的最高本质"的思想及其意义 [J]. 武汉大学学报, 2001 (1).

[153] 孙伯鍨. 马克思的实践概念: 纪念《关于费尔巴哈的提纲》写作 150 周年 [J]. 哲学研究, 1995 (12).

[154] 孙熙国. 唯物史观的创立与人的本质的发现: 从《关于费尔巴哈的提纲》一处误译谈起 [J]. 哲学研究, 2005 (11).

[155] 孙晓毛. 马克思主义世界观的宣言: 读马克思《关于费尔巴哈的提纲》[J]. 江汉论坛. 2001 (10).

[156] 孙正聿. 从两极到中介: 现代哲学的革命 [J]. 哲学研究, 1988 (8).

[157] 孙正聿. 怎样理解马克思的哲学革命 [J]. 吉林大学社会科学学报, 2005 (3).

[158] 唐斌.《关于费尔巴哈的提纲》的教育学意蕴解读: 兼与张楚廷先生商榷 [J]. 中国矿业大学学报 (社会科学版), 2009 (3).

[159] 田其治. 也谈实践的定义 [J]. 晋阳学刊, 1981 (2).

[160] 王翠英. 现代哲学革命与马克思的实践论转向 [J]. 马克思主义与现实, 2005 (6).

[161] 王德峰. 从"生活决定意识"看马克思的哲学革命的性质 [J]. 复旦学报, 2005 (1).

[162] 王东, 刘军. 马克思哲学革命的源头活水和思想基因:《1844 年经济学哲学手稿》的新解读 [J]. 理论学刊, 2003 (5).

［163］ 王东，刘军. 马克思哲学实践观思想的内外篇：《1844 年经济学哲学手稿》和《关于费尔巴哈的提纲》［J］. 武汉大学学报，2003（1）.

［164］ 王东，刘军. 哲学创新与哲学观创新：马克思哲学革命正副主题与四部曲［J］. 社会科学辑刊，2002（6）.

［165］ 王辉. 新哲学的诞生地：重读《关于费尔巴哈的提纲》［J］. 华北水利水电学院学报，2003（1）.

［166］ 王吉胜. 实践唯物主义三题［J］. 哲学动态，1991（5）.

［167］ 王金福. 从"哲学共产主义"到科学共产主义：马克思、恩格斯的哲学革命与共产主义学说的转变［J］. 哲学研究，2006（11）.

［168］ 王金福. 从哲学到实证科学：马克思恩格斯研究立场的重大转变［J］. 山东社会科学，2006（11）.

［169］ 王金福. 马克思主义研究中的多维视野［J］. 哲学研究，2005（3）.

［170］ 王敬华. 马克思科学实践观的方法论意义及当代价值：对《关于费尔巴哈的提纲》第一条的解读与思考［J］. 苏州科技学院学报（社会科学版），2013（4）.

［171］ 王守昌. 我对马克思主义的人道主义的理解，有没有马克思主义的人道主义：北京大学"马克思主义与人"学术讨论会部分发言摘要［J］. 哲学动态，1983（6）.

［172］ 王巍. "马克思—恩格斯关系"的文本学审视：以《关于费尔巴哈的提纲》原始稿与修改稿的比较为例［J］. 贵州师范大学学报，2016（2）.

［173］ 王晓升. 《关于费尔巴哈的提纲》研究中的一个问题［J］. 中共福建省委党校学报，1998（7）.

［174］ 王雅君. 结合《关于费尔巴哈的提纲》试析马克思主义实践观与生态文明建设的关系［J］. 经济师，2016（4）.

［175］ 魏义霞. 不同的哲学称谓：马克思哲学革命实质和演变脉络的历史再现［J］. 黑龙江社会科学，2000（5）.

［176］ 吴刚. 马克思《关于费尔巴哈的提纲》第二条是否具有历史观意义？［J］. 江淮论坛，1994（3）.

［177］ 吴仁平，匡显萍. 对马克思主义哲学三大重要问题的再认识：重读

《关于费尔巴哈的提纲》第一条 [J]. 江西师范大学学报，1999（4）.

[178] 吴仁平. 对《关于费尔巴哈的提纲》第一条的新理解 [J]. 赣南医学院学报，1994（3）.

[179] 吴仁平. 对马克思实现哲学变革实质的再认识：重读《关于费尔巴哈的提纲》[J]. 上饶师专学报，1996（5）.

[180] 吴晓明.《德意志意识形态》在马克思主义哲学史中的地位和意义 [J]. 湖北社会科学，1991（10）.

[181] 吴晓明. 马克思的哲学革命与全部形而上学的终结 [J]. 江苏社会科学，2000（6）.

[182] 吴晓明. 重估马克思哲学革命的性质与意义 [J]. 复旦学报，2004（6）.

[183] 吴云，夏康康.《关于费尔巴哈的提纲》对思想政治教育的启示 [J]. 淮海工学院学报（人文社会科学版），2013（17）.

[184] 习近平. 略论《关于费尔巴哈的提纲》的时代意义 [J]. 中共福建省委党校学报，2001（9）.

[185] 夏凡. 具体的人本主义与抽象的实践概念之悖谬：评布洛赫对马克思《关于费尔巴哈的提纲》的解读 [J]. 哲学研究，2006（2）.

[186] 夏建国. 马克思哲学是主体唯物主义：《关于费尔巴哈的提纲》的启示 [J]. 江汉论坛，2001（9）.

[187] 肖虹. 论实践的目的和实践的结果 [J]. 江汉论坛，1981（2）.

[188] 肖前. 实践是马克思主义哲学的出发点范畴：访肖前教授 [J]. 哲学动态，1994（7）.

[189] 肖婷婷，彭建国.《关于费尔巴哈的提纲》第三条对高校思想政治教育的启示 [J]. 佳木斯大学社会科学学报，2014（6）.

[190] 谢向阳，淦家辉. 什么是孔德的实证主义：对孔德实证主义体系的再认识 [J]. 学术探索，2005（2）.

[191] 徐崇温. 关于马克思的新唯物主义：纪念马克思写作《关于费尔巴哈的提纲》150 周年 [J]. 南京社会科学，1996（1）.

[192] 薛德震. 有没有马克思主义的人道主义：北京大学"马克思主义与人"学术讨论会部分发言摘要 [J]. 哲学动态，1983（6）.

[193] 薛晴，马改菊. 浅析 20 世纪七八十年代我国人道主义和异化问题

争论的历史背景［J］．理论界，2007（7）.

［194］杨耕．《重读马克思》［J］．哲学动态，1998（5）.

［195］杨建平．江苏省哲学界纪念《关于费尔巴哈的提纲》和《德意志意识形态》写作150周年研讨会综述［J］．南京社会科学，1995（11）.

［196］杨学功．超越哲学同质性神话：从哲学形态转变的视角看马克思的哲学革命［J］．复旦学报，2005（2）.

［197］姚顺良，夏凡．《关于费尔巴哈的提纲》写作时间的判定及其思想史定位：兼论文献考证与马克思主义思想史研究的关系［J］．马克思主义研究，2008（8）.

［198］叶险明．马克思的哲学革命与哲学的现实基础：兼论关于虚拟与现实关系研究的方法论［J］．哲学研究，2005（2）.

［199］尹继佐．回答争论中提出的三个问题，有没有马克思主义的人道主义：北京大学"马克思主义与人"学术讨论会部分发言摘要［J］．哲学动态，1983（6）.

［200］于婉华．浅析马克思主义实践的观点对当代大学生民族精神培育的启示：基于《关于费尔巴哈的提纲》的分析［J］．汉字文化，2019（12）.

［201］俞吾金．重新认识马克思的哲学和黑格尔哲学的关系［J］．哲学研究，1995（3）.

［202］袁方．对《关于费尔巴哈的提纲》的若干新思考［J］．理论月刊，2006（2）.

［203］张传华．哲学思维方式的根本变革：读马克思《关于费尔巴哈的提纲》［J］．山东社会科学，1999（4）.

［204］张传开．关于马克思主义哲学形态问题的思考：重读《关于费尔巴哈的提纲》和《德意志意识形态》［J］．哲学动态，2010（2）.

［205］张盾．反现代性：马克思哲学革命的真实意义［J］．长白学刊，2004（1）.

［206］张奎良，尹树广．欧洲近代哲学主题与马克思的哲学革命［J］．学习与探索，1997（6）.

［207］张奎良．哲学革命变革的源头和对"历史之谜"的解答：纪念马克思写作《1844年经济学哲学手稿》160周年［J］．现代哲学，

2004 （1）．

[208] 张立波.《关于费尔巴哈的提纲》第十一条的新理解 ［J］. 教学与研究，1995 （4）．

[209] 张青兰. 主体问题的存在论本质：重读《关于费尔巴哈的提纲》［J］. 哲学研究，2011 （8）．

[210] 张锡金. 开端：关于人道主义与异化的讨论 ［J］. 学海，2003 （6）．

[211] 张笑笑. 浅谈马克思《关于费尔巴哈的提纲》中的实践观 ［J］. 山西青年，2017 （10）．

[212] 张一兵，姚顺良，唐正东. 实践与物质生产：析马克思主义新世界观的本质 ［J］. 学术月刊，2006 （7）．

[213] 张一兵. 马克思的哲学革命与经验主义认识概念批判 ［J］. 福建论坛，2002 （1）．

[214] 张一兵. 马克思历史唯物主义中的历史概念 ［J］. 哲学研究，1998 （9）．

[215] 张一兵. 实践：在何种意义上成为马克思科学方法论的基石：经济学视域中的《关于费尔巴哈的提纲》 ［J］. 学习与探索，1998 （6）．

[216] 张早林. 实践，何以成为马克思哲学新视界的基石：对马克思《关于费尔巴哈的提纲》中"实践"概念的经济学解读 ［J］. 兰州学刊，2005 （1）．

[217] 赵天成. 实现新思维范式转换的表征：对马克思《关于费尔巴哈的提纲》的新理解 ［J］. 学习与探索，2002 （1）．

[218] 周敦耀.《关于费尔巴哈的提纲》第十条的传统解说评析 ［J］. 广西大学学报，2002 （2）．

[219] 周惠杰. 哲学的意义在于人：《关于费尔巴哈的提纲》解读与马克思主义哲学变革实质分析 ［J］. 黑龙江社会科学，2000 （4）．

[220] 周嘉昕.《关于费尔巴哈的提纲》：历史、理论和文本 ［J］. 山东社会科学，2015 （7）．

[221] 周嘉昕. 马克思"新唯物主义"之"新"在何处：纪念《关于费尔巴哈的提纲》写作 170 周年 ［J］. 哲学动态，2016 （1）．

[222] 周扬. 关于马克思主义的几个理论问题的探讨 ［N］. 人民日报，

1983 – 3 – 16.

[223] 朱宝信. 实践的主体性原则及其客体性基础：马克思《关于费尔巴哈的提纲》研究 [J]. 山东社会科学, 1996 (2).

[224] 朱慧欣. 马克思教育哲学的革命性变革及其实现路径：基于《关于费尔巴哈的提纲》第三条的考察 [J]. 高校马克思主义理论研究, 2017 (4).

[225] 朱静雅, 胡文远. 马克思、费尔巴哈 "实践" 概念及启示：以《关于费尔巴哈的提纲》为研究文本 [J]. 教育教学论坛, 2017 (17).

[226] 祝大勇, 贾立平.《关于费尔巴哈的提纲》对于认知思想政治教育对象的启示 [J]. 河北农业大学学报, 2019 (1).

[227] 邹广文, 崔唯航. 如何理解马克思的哲学革命 [J]. 天津社会科学, 2003 (1).

[228] 邹季荣. 马克思《关于费尔巴哈的提纲》第一条是一个完整的思想 [J]. 中共福建省委党校学报, 1996 (2).

[229] 邹诗鹏. "实践唯物主义" 与唯物史观的相通性：基于《关于费尔巴哈的提纲》与《德意志意识形态》的探讨 [J]. 马克思主义与现实, 2015 (4).

[230] 曾永成. 人的本质：从费尔巴哈到马克思：对《关于费尔巴哈的提纲》中一个重要观点的理解 [J]. 现代哲学, 2004 (2).

[231] ELSTER J. An introduction to Karl Marx [M]. Cambridge：Cambridge University Press, 1986.

[232] ELSTER J. Making sense of Marx [M]. Cambridge：Cambridge University Press, 1985.

[233] HOCK S. From Hegel to Marx：studies in the intellectual development of Karl Marx [M]. Ann Arbor：University of Michigan press, 1962.

[234] BLOCH E. Karl Marx's eleven theses on Feuerbach [J]. Deutsche zeitschrift fur philosophie, 2003, 51 (5)：805 – 833.

[235] GILESCCETERS A. Objectless activity：Marx's theses on Feuerbach [J]. Inquiry, 1985, 28 (1)：75 – 86.

[236] GOLDSTICK D. Activism and scientism in the interpretation of Karl Marx's first and third theses on Feuerbach [J]. Philosophical forum,

1976, 8 (2): 269.

[237] HEMMING L. Heidegger's "productive dialogue with Marxism" [J]. Philosophy today, 2014, 58 (2): 179 – 195.

[238] JAL M. Karl Marx's 'Theses on Feuerbach': towards an anti-hermeneutic study [J]. Indian philosophical quarterly, 1999, 26 (4): 515.

[239] LI Z. A critical understanding of the conception of man in Marx's theory of estranged labor [J]. Proceedings of the XXIII world congress of philosophy, 2018, 28: 93 – 96.

[240] MICALONI L. Hegelian logic and capitalist economy: the Hegel-Marx connection between ontology and method [J] Politica & societa, 2017, 6 (3): 485 – 50.

[241] RENTON D. 11 Karl Marx's theses on Feuerbach [J]. Marx on globalisation, 2005.

[242] SASS H M. The 'transition' from Feuerbach to Marx: a re-interpretation [J]. Studies in Soviet thought, 1983, 26 (2): 123 – 142.

[243] TRUMAN B C. Young Marx, Marxism: Viktor Chernov's use of the theses on Feuerbach [J]. Journal of the history of ideas, 1971, 32 (4): 600 – 606.

[244] Wikström J. Practice comes before Labour: an attempt to read performance through Marx's notion of practice [J]. Performance research, 2012, 17 (6): 22 – 27.

[245] ZHANG D. Display design in the view of practice—comments of the outline on Feuerbach [J]. Economics and social science, 2013, 14: 118 – 121.

后　记

自 2002 年开始攻读马克思主义哲学专业硕士研究生至今，不知不觉，我在哲学的殿堂里徘徊已将近 20 年。本书是在我 2008 年写作的博士学位论文《马克思的〈提纲〉在理解中的命运——对马克思的哲学革命的解读》的基础上修改而成。在苏州大学攻读博士期间，导师王金福教授引领着我一步步稳健地向更高的哲学殿堂迈进。他严密的逻辑思维、高屋建瓴的学术研究、鼓励创新的教学风格，促进了我的学术研究水平的提高；他淡泊名利、宽以待人、生活简朴的人生态度影响和坚定了我朴实的做人原则。在他的言传身教和潜移默化下，我在哲学基本理论和思辨能力方面逐渐由幼稚走向成熟，由感性走向理性。恩师的辛勤培养和谆谆教诲，我感激不尽，并终生铭记！十年磨一剑！值此拙著出版之际，我由衷地感谢恩师所给予我的所有指导和帮助！

感谢浙江省哲学社会科学发展规划领导小组办公室将本书列为浙江省哲学社会科学规划课题后期资助课题予以资助。感谢浙江工商大学马克思主义学院原理教研部的陈华兴教授、石敏敏教授、王华英副教授、郭飞副教授、于爽副教授，他们为本书提出了很好的建议。感谢马克思主义学院办公室主任白亚丽老师在出版资金咨询方面给予了大力的支持和帮助。感谢马克思主义学院已退休的王来法教授、何丽野教授和黄宏伟副教授，他们在我刚步入工作岗位时给予了我指导和帮助，使我能一直坚持从事马克思主义哲学的研究。感谢本书的责任编辑——我的妹妹潘惠虹为本书的出版付出了辛勤的劳动。衷心感谢所有对本书出版给予过帮助的老师、亲人和朋友！是你们支持着我在哲学探索之路上一直勇往直前，你们的爱和鼓励是我人生旅途中获得进步的不竭动力，感恩我的人生因为你们而更加精彩！

潘惠香

2021 年 1 月 22 日